Preparing for the Future of Marketing

마케팅의 미래준비

이성호 · 장우정 · 김재환 · 김모란
고인곤 · 박정은 · 김성진 · 김 훈 · 김주영

비앤엠북스

책을 만들면서…

1984년에 고려대학교 경영대학에 부임한 우리들의 스승 채서일 교수님이 고려대학교에서 33년간 근무하신 후 2017년 8월 정년을 맞이하십니다. 고려대학교에 부임하기 이전 미국 인디애나 대학교에서 1977년 1월부터 T.A. 로 대학강단에 오르신 이후, 1978년부터 전임강사 2년, Pittsburgh대학교 Katz경영대학원에서 조교수로 재직한 4년까지 합치면 약 40년 동안의 강의와 연구생활을 공식적으로는 마감하는 것입니다. 선생님의 약력과 경력을 보면 누구나 알 수 있듯이 선생님은 한국 경영학계와 마케팅학계 거두 중 한 명입니다. 많은 자문과 조언활동 등으로 우리나라의 정부기관, 산업계, 그리고 수많은 기업들에 기여한 공헌과 수많은 연구와 저술활동 및 학회장활동으로 한국마케팅학계와 경영학계에 대한 선생님의 공헌은 눈부십니다.

선생님으로부터 저희 제자들은 많은 것들을 배웠습니다. 그러나 저희 제자들이 고마움을 느끼는 부분은 제자들에 대한 선생님의 진정한 마음입니다. 본인이 가지고 있는 모든 지식, 영감과 학문에 대한 열정 등을 항상 제자들에게 다 주었던 그 마음을 저희들은 잘 알고 있습니다. 나아가 본인이 경험한 대로 학문적 진일보를 위해 적극적으로 제자들에게 유학을 권장하고 직접 추천까지 해 주었던 그 마음 또한 저희들은 잘 알고 있습니다. 그리고 학교와 직장 등까지 알아봐주면서 도움을 주셨던 그 마음도 알고 있습니다. 비록 그와 비슷한 정도로 되기 힘들지만 저희 제자들 또한 그가 저희들에게 베풀었던 것처럼 저희 제자들에게 하려고 노력해온 것 같습니다.

스승의 정년퇴임을 맞아 감사함을 표현할 방법을 고민하다 제자들이 본 서적을 준비하게 되었습니다. 시간과 공간 등의 제약으로 인해 물론 모든 제자들이 다 참여하지는 못했지만, 본 서적에 참여한 제자는 각자 지속적으로 스승인 채서일 교수님과 논의해 온 주제들 중 하나를 정해, 각자의 논문을 감사함의 표시로 스승의 정년퇴임을 기념하며 본서에 담게 되었습니다.

각자 다룬 구체적 주제는 다양하였지만 공통점은 마케팅의 미래준비와 관련되어 있습니다. 그리고 논문의 특성을 감안하여 마케팅 미래준비를 이론적 관점과 실천적 관점으로 분류하였습니다. 이론적 관점에 해당하는 논문들은 다음과 같습니다. 고객가치창출: 실용적 틀의 발전방향(이성호), 기업혁신과정에서 고객과의 가치 공동창출(장우정), Choice Modeling in Marketing: Method and Theory(김재환), 빅데이터와 디지털 마케팅(김모란), 마케팅윤리에 대한 소고(고인곤)로 이론적 마케팅의 준비라는 1부를 구성했습니다. 실천적 마케팅의 준비라는 2부에는 우리나라의 관계지향적 영업에 관한 고찰(박정은), 기업의 사회적 책임의 과거, 현재, 미래(김성진), 마케팅 개념의 확장: 도시마케팅 사례(김훈), 한국대학에서의 경영교육의 현재와 미래(김주영)가 수록되어 있습니다.

저희 스승 채서일 교수님께서 우리나라의 정년제도에 따라 공식적으로 학교에서 은퇴하시지만, 저희들은 연구 등 그의 활동이 멈추지 않을 것을 잘 알고 있습니다. 지금도 경영전략, 마케팅전략과 기업경쟁력의 미래, industry 4.0과 디지털라이제이션이 기업과 경영에 미치는 영향, 이를 위한 다양한 학제 간 융합적 접근, 효과적 학습효과를 위한 다양한 시뮬레이션 프로그램 개발 등 선생님의 열정은 계속될 것임을 알고 있습니다. 정년퇴임 후에도 저희 제자들은 계속 선생님께 지도받는 기쁨을 갖게 될 것입니다. 선생님께 받은 많은 것들에 비해 조그마하지만 감사함의 표시로 저희들은 본 서적을 정년퇴임기념으로 준비했습니다.

고맙습니다, 스승님!

2017년 6월

이성호, 장우정, 김재환, 김모란,

고인곤, 박정은, 김성진, 김훈, 김주영 일동

3막의 시작을 준비하며…

채 서 일

제자이자 같은 학문의 길을 가는 동료인 저자들로부터 논문집 헌정이라는 과분한 선물을 받는 이 행복함을 어떻게 표현할 수 있겠습니까? 이제 인생에서 배움과 가르침이라는 1막과 2막을 지나 나눔이라는 3막을 시작하는 저에게 더 없는 격려가 될 것입니다. 1977년 1월 제가 Teaching Assistant로서 대학강단에 선 지 40년의 세월이 지나 공식적인 은퇴를 하면서 정말로 제가 교수로서 행복하게 인생의 2막을 접을 수 있게 해준 이들에게 진심으로 감사의 마음을 전하며, 이제 마케팅학자로서 그리고 경영학자로서 지내온 시간들을 반추하며 저의 소회를 간단하게 적어 보고자 합니다.

학문을 하는 목적은 "현상을 설명하고 예측하여 인류의 복지 향상에 기여"하는 것이고 경영학의 주 분석 대상은 '기업'입니다. 즉 경영학자는 기업이 경쟁력을 배양하여 지속성을 가지는 방안에 대해 연구하고 이런 기업들이 인류와 사회의 복지를 위하여 어떠한 기여를 할 수 있는가에 대해 고민합니다.

그런데 기업은 기업을 둘러싸고 있는 환경에서 자유롭지 못합니다. 물론 기업이 자기를 감싸고 있는 환경을 바꿀 수 있다고 하지만 그런 경우는 거의 발생하지 않습니다. 또한 환경은 우리의 의도와 무관하게 끊임없이 변화합니다. 이런 변화는 학자들에게 큰 도전을 제기합니다. 왜냐하면 경영학자들은 과거의 성공과 실패로부터 어떤 법칙을 찾아내려 하고 이 결과들을 가지고 변해 버릴 미래에 그대로 적용하려는 오류에 빠지기 쉽기 때문입니다. 아마도 저를 포함하여 거의 대부분의 경영학자들과 성공한 경영자들이 쉽게 범하는 오류일 것이며, 이는 경영학이 미래지향이 되지 못하고 과거의 분석에 매달리게 된 이유라고 생각합니다.

기업의 목표는 생존과 성장입니다. 이를 위해 기업들은 자기만의 경쟁우위를 창출하려 합니다. 어느 한 기업의 경쟁우위는 다른 경쟁기업의 복제로 인해 경쟁우위를 잃어버리게 됩니다. 다른 말로 표현하면 경영학은 경쟁력의 원천을 창출하고 이를 기업에 적용하는 것에 대해 연구하는 학문이라고도 할 수 있을 것입니다. 산업사회 초기에는 작업의 효율성을 중시한 생산성향상이 주요 태스크였습니다. 우리가 알고 있는 경영학은 1911년 테일러(Frederick W. Taylor)의 《*The Principles of Scientific Management*》라는 책으로부터, 즉 생산의 효율성을 추구하는 것으로부터 시작되었다고 하겠습니다.

그러나 생산성 향상은 공급과잉을 필연적으로 초래합니다. 재고 문제를 해결하기 위해 기업들은 시장지향성을 향상시키는 것으로 경쟁우위를 만들어 가게 됩니다. 생산성과 시장지향성은 기업의 생존력을 높이는 경쟁력의 원천이 되었습니다. 생존의 문제가 어느 정도 해결되면 기업은 성장을 추구하게 됩니다. 단일제품 기업에서 다품종을 생산 판매하는 제품 포트폴리오의 확장, 생산기지 이전과 시장확장을 위한 글로벌리제이션은 기업이 성장하기 위한 수단들로서 기업의 새로운 경쟁력의 원천이 되어 주었던 것들입니다.

경영학의 한 기능인 마케팅은 기업과 소비자 간에 발생하는 교환과정에 대한 연구를 하는 학문입니다. 그렇기에 마케팅은 기업 경영에서 경쟁우위를 창출하는 큰 기능 중의 하나이고 기업이 교환과정을 통해 사회와 소통하는 중요한 역할을 합니다. 즉, 마케팅은 기업의 생존과 성장에 기여하며 가치제안을 통하여 인류사회의 복지향상에 기여해 왔습니다. 마케팅은 경영학을 기업의 관점에서만 보는 것이 아니라 소비자의 관점에서도 보아야 함을 알려주는 기여를 하였습니다.

이제 인류는 증기기관에 의한 1차 산업혁명 때와 비슷한, 어쩌면 더 급격한 변화를 가져오는 4차 산업혁명을 겪고 있습니다. 기업의 생산방식이 바뀌고 제품을 소비하는 방법이 바뀌고 있고 새로운 직업이 생겨나며 수없이 많은 직업이 없어지고 있습니다. IT와 인터넷이 바꾸는 세상입니다. 마케팅과 경영학은 이제 다시 기업경쟁력의 원천이 무엇이 되어야 하는가에 대한 연구에 많은 노력을 하여야 합니다.

지금까지 마케팅과 경영학이 말하는 기업의 경쟁력이라는 측면에 대해서만 이야기를 했는데 우리는 학문의 목적인 인류의 복지에 대해서 마케팅과 경영학이 무엇을 했는가와 무엇을 해야 하는가에 대해 생각해야 할 것 같습니다. 지금까지 경영학은 기업이 인류와 사회에 어떤 기여를 하여야 하는가에 대해 큰 노력을 할애하지 못해 온 것 같습니다. 아마도 대다수의 현대기업들에게는 생존 그 자체도 버거운 일이기 때문에 생존에 대한 연구가 중요하지만, 기업의 사회에 대한 기여는 기업이 사회구성원으로서 어떠한 의무를 가지고 있고 어떻게 그 의무를 이행할 것인지에 대한 것이기에 많은 연구가 필요한 중요한 문제라 하겠습니다. 요즈음과 같이 인터넷이 발달하고 SNS가 소통의 대세라서 혹시라도 기업이 불량 기업이라는 주홍글씨 낙인에서 벗어나려는 위험에 대응하는 관점에서만 기업의 사회적 책임을 본다면 거대한 힘을 가진 기업들이 그 힘에 합당한 의무를 저버리는 것이라 하겠습니다.

지금까지의 마케팅과 경영학은 응용력이 높은 사회과학으로서 사회에 많은 기여를 하였고 제가 그중 한 사람이었다는 점에서 많이 행복하게 생각합니다. 그러나 앞으로의 마케팅과 경영학은 IoT, AI, 빅데이터 등과 같은 신기술을 활용하여 현상의 설명보다는 예측에 자원을 배분하고, 기업만이 아니라 인류의 복지에 기여하는 학문이 되었으면 합니다. 저의 동료이자 제자인 논문의 저자들과 제가 이러한 노력을 이어갈 수 있도록 많은 격려를 부탁드립니다.

저에게 2017년 9월 1일은 나눔의 3막이 시작되는 날입니다. 저의 나눔의 장은 제가 그동안 마케팅과 경영학교수로서 쌓아온 지식과 네트워크를 이용하여 소외된 젊은이들에게 성공의 기회를 만들어 주는 재능기부가 될 것입니다. 이런 일이 가능하도록 허락해 주신 하느님의 축복에 감사드리고 이렇게 할 수 있도록 성원해 주신 많은 분들과 이렇게 행복한 삶을 살 수 있게 해준 가족 친지들에게 감사드립니다. 마지막으로 이제부터는 저의 든든한 후원자가 되어 줄 제자이자 동료들인 이들의 학문성취와 행복을 기원하며 이 글을 마치려 합니다. 감사합니다.

채서일(蔡瑞一)

■ 학 력

1980년 경영학박사 미국 인디아나대학교
1979년 경영학석사 미국 인디아나대학교
1976년 산업공학석사 한국과학원
1973년 경영학사 서울대학교 상과대학 경영학과

■ 경 력

고려대학교 경영대학 교수 (1988-현재)
고려대학교 기업경영연구원 마케팅센터 소장 (2009-2012)
고려대학교 기획처장 (1998-1999)
매경경영연구원 원장 (1995-1998)
스탠포드대학교 경영대학원 객원교수 (1993-1994)
고려대학교 경영대학 최고경영자과정 주임교수 (1990-1992)
고려대학교 경영대학 마케팅 주임교수 (1988-1993, 2004)
고려대학교 경영대학 부교수 (1985-1988)
고려대학교 경영대학 조교수 (1984-1985)
피츠버그대학교 조교수 (1980-1984)
인디아나대학교 전임강사 (1978-1980)
인디아나대학교 강사 (1976-1978)
한국마케팅 개발센터 연구원 (1973-1974)

■ 주요 시상 및 연구비

수암재단 연구기금 (2010)

KOSOMAR 저술상 (2008)
고려대학교 연구기금 (1991, 1992, 2000, 2006, 2014)
한국개발 연구원 연구기금 (1988)
교육부 연구기금 (1986-1987)
아산연구재단 기금 (1986-1987)
상공회의소 연구기금 (1984, 1992)
아시아 생산성 본부 (1984)
피츠버그대학교 연구기금 (1981-1982)
피츠버그대학교 GE재단 연구기금 (1981)
피츠버그대학교 연구기금 (1980-1981)
Beta Gamma Sigma (1980)
인디아나대학교 박사과정 하계 연구기금 (1979)
인디아나대학교 장학금 (1976-1978)
Sigma Iota Epsilon (1978)
한국과학원 장학금 (1974-1976)
서울대학교 장학금 (1969, 1972)

■ 연구관심분야

Business strategy and marketing strategy of firms
Corporate Social Responsibility
Future of management and Innovation
Application of choice and decision making to marketing
New product development
Entrepreneurship
Strategic alliance

■ 간 행 물

학위논문

"A Probabilistic Model for Estimating Preference Distributions," Indiana University, 1980.

"A Study on Store Location: With Emphasis on Supermarket," *Korea Advanced Institute of Science and Technology*, 1976.

연구논문

"A New Bayesian Spatial Model for Brand Positioning," (with Joonwook Park, Priyali Rajagopal, William Dillon and Wayne S. Desarbo), *Journal of Modelling in Management*(forthcoming).

"Why Do Firms Enter a New Product Market? A Two-Dimensional Framework for Market-Entry Motivation and Behavior," (with Namwoon Kim and Sungwook Min), *Journal of Product Innovation Management*, March 2015, vol. 32, issue 2, pp. 263-78.

"Frequency of CRM Implementation Activities: a Customer-Centric View," (with Molan Kim, Jeong Eun Park and Alan Dubinsky), *Journal of Services Marketing*, 2012, vol. 26, 2, pp. 83-93.

"'Made in' versus 'Shipped from': Country-of-Delivery-Origin Effects and the Role of Perceived Risk," (with Sohyun Shin, Sungho Lee and K. Damon Aiken), *Journal of Internet Commerce*, 2012,11,3, pp. 187-207.

"The Role of Learning Orientation and Market Orientation in Driving Marketing Capabilities and Firm Performance," (with Sohyun Shin and Sungho Lee), *Asia Marketing Journal*, 2011, vol. 13, 3, pp. 1-23.

"지각된 CSR 동기와 CSR 성과 평가가 개인과 기업의 관계에 미치는 영향," 상품학연구, 2011, vol. 29, 3, pp. 67-76.

"How does CRM Technology Transform into Organizational Performance? A Mediating Role of Marketing Capability," (with Woojung Chang and Jeong Eun Park), *Journal of Business Research*, August 2010, vol. 63, 8, pp. 849-55.

"원산지 개념의 구성 차원이 소비자의 제품평가에 미치는 영향: 동기성향의 효과," 한국마케팅저널, 제10권 2호, pp. 71-98, 2008년. (공저 신소현, 김상욱)

"마케팅혁신: 정의와 차원 그리고 기업성과와의 관계," 경영학연구, 제37권, 1호, pp. 133-164, 2008년. (공저 홍성준)

"사례 : e-plugin: 온라인쇼핑몰의 좌절과 오프라인에의 도전," 경영교육연구, 제11권, 1호, pp. 77-100, 2007년. (공저 김 훈)

"한국소비자관점의 시장구조파괴에 의한 시장개척," 한국마케팅저널, 제5권, 4호, pp. 72-90, 2003년. (공저 김주영, 유필화)

"시장진입순서에 대한 통합적 접근: 향후 연구방향에 대한 제안을 중심으로,"

한국마케팅저널, 제5권, 4호, pp. 1-30, 2003년. (공저 여준상, 한계숙)

"시장지향적 문화, 마케팅전략, 성과간의 관계에 대한 연구," 한국마케팅저널, 제5권, 1호, pp. 67-94, 2003년. (공저 김상욱, 이성호, 최수호)

"고객세분시장에 따른 KTF의 전략: 1318세대를 위한 Bigi브랜드를 중심으로," 한국마케팅저널, 제4권, 3호, pp. 42-54, 2002년. (공저 김상용, 한민희)

"한국통신의 신상품 메가패스의 마케팅전략," 한국마케팅저널, 제3권, 2호, pp. 125-141, 2001년. (공저 이성호, 박래안)

"농심의 성공사례: 라면의 후발주자가 강력한 리더가 되기까지," 마케팅연구, 제14권 3호, pp. 223-235, 1999년. (공저 유창조)

"서비스 제공자와 소비자간의 관계의 질이 만족과 재구매 의도 관계에 미치는 조정역할에 관한 탐색적 연구," 마케팅연구, 제13권 2호, pp. 119-139, 1998년. (공저 박정은, 이성호)

"환경의 불확실성과 기회주의가 유통경로구조에 미치는 영향," 경영연구, 제32권 1호, pp. 25-42, 1998년. (공저 김승범, 김재욱)

"초기 시장에서의 확산 모델의 예측력에 관한 실증 연구," 경영논총, 제41집, pp. 199-222, 1997년. (공저 박준욱)

"NewPro Project의 적용을 통한 국내 제조업체의 신제품 개발전략에 관한 분석," 마케팅연구, 제12권 1호, pp. 223-233, 1997년. (공저 최수호)

"한국형 신제품개발시스템 구축과 전략적 원칙," 서강-Harvard Business, Vol. 71, pp. 114-130, Nov-Dec., 1996년.

"제품에 대한 소비자 지식과 광고내용이 확장상표에 대한 태도에 미치는 영향에 관한 연구," 경영학연구, 제25권, 3호, pp. 1-28, 1996년. (공저 손영석, 이진용)

"한국기업과 국내진출 외국계 기업의 마케팅 전략 비교 연구," 마케팅연구, 제11권, 2호, pp. 45-65, 1996년. (공저 김 훈)

"기술적 성공 신제품의 상업적 성과에 영향을 미치는 요인에 관한 실증적 연구: 장영실상 수상 신제품을 중심으로," 경영논총, 제40집, pp. 87-107, 1996년.

"Preferences for Strategic Alliance Attributes: Contrasts Between Korean and U.S. Managers,: (with David B. Montgomery), *Advances in International Marketing*, vol. 7, Emerald Group Publishing Ltd, June 1996, pp. 21-32.

"시장점유율, 상표애호도 및 경쟁 구조에 대한 마케팅믹스 변수들의 효과분석," 경영학연구, 제23권, 3호, pp. 281-311, 1994년. (공저 임병훈)

"신세대에 관한 라이프 스타일 분석," 경영논총, 제38집, pp. 93-107, 1994년.
"국제화 시대의 마케팅의 가치," 경영논총, 제12집, pp. 94-95, 1994년.
"Multinomial Logit 모델을 이용한 점포선택행위에 대한 실증적 연구," 경영학연구, 제22권 2호, pp. 101-120, 1993년. (공저 안광호)
"한국 수출기업의 상표전략에 관한 연구," 마케팅연구, 제8권 2호, pp. 65-79, 1993년. (공저 김재환)
"베타-로지스틱 모형 (THE BETA-LOGISTIC MODEL)을 이용한 소비자의 상품애호도 및 판매촉진의 효과 분석," 소비자학연구, 제24권 2호, pp. 3-16, 1993년. (공저 임병훈)
"상표 연장전략에 대한 소비자의 정보탐색행동에 관한 연구," 경영연구, 제26권 1호, pp. 106-124, 1992년. (공저 손영석)
"거래특유자산이 유통경로의 수직적 통합에 미치는 영향에 관한 연구," 경영연구, 제26권 2호, pp. 150-124, 1992년. (공저 최수호)
"노인소비자에 관한 문헌적 연구," 경영논총, 제36집, pp. 67-84, 1992년. (공저 김동기, 이성근)
"체계적 분석틀에 의한 라이프스타일 연구," 소비자학연구, 제3권 1호, pp. 46-63, 1992년.
"마케팅 전략 선택이 상표성과에 미치는 영향에 관한 연구," 마케팅연구, 제7권 1호, pp. 203-217, 1992년.
"정보탐색효용이 상표전환에 미치는 영향," 소비자학연구, 제2권 1호, pp. 76-93, 1991년. (공저 현용진, 정재학)
"시장환경특성과 마케팅 노력이 성과에 미치는 영향," 마케팅연구, pp. 45-55. 1991년. (공저 김범종)
"마케팅에서 사용된 요인분석에 관한 문헌고찰," 경영학연구, pp. 218-231, 1988년.
"다양성추구가 소비자의 제품선택에 미치는 영향에 관한 연구," 경영논총, 제30집, pp. 117-138, 1987년.
"Mediating Effects of Trial and Learning on Involvement-Associated Characteristic," (with C.W. Park and H. Assael), *Journal of Consumer Marketing*, Vol. 4, No. 3, pp. 25-34, 1987.
"소비자 관점에서의 제품시장영역설정에 관한 연구," 서강-Harvard Business, pp. 45-55, 1987년.
"컨조인트 분석기법," 응용통계, pp. 41-58, 1986년. (공저 김범종, 임병훈)

"소비자 제품만족 · 불만족 정보탐색노력과 기대불일치와의 관계에 관한 연구," 마케팅연구, pp. 53-90, 1986년. (공저 박명희)

"마케팅 명칭규정과 통일에 관한 연구," 마케팅연구, 1권 1호, pp. 1-19, 1986년.

"Incorporating Heterogeneity and Uncertainty in Utility Estimates for Patronage Alternatives," (with D. Mackay), in W. Darden (ed.) *Patronage Theory and Retail Management*, North Holland, 1984.

"Parameter Estimation for the Thrustone Case III Model," (with D. MacKay), *Psychometrika*, September, Vol. 47, No. 3, pp. 353-359, 1982.

발표집(해외)

"Getting the Most Out of Customer Satisfaction Tracking: A Dynamic Multilevel Structural Equation Model of Key Performance Metrics," (with J. Park, W Dillon and S. Lee), *Marketing Dynamics Conference*, June 2015.

"A Dynamic Multilevel Structural Equation Model of Key Performance Metrics," (with Joonwook Park, Seokoo Lee, and William Dilon), *Marketing Science Conference*, June 2013.

"Simulating a Movie's Box Office Using an Agent-based Modeling Approach," (with Y.J. Park), Marketing Science Conference, June 2012.

"Developing a Corporate Social Responsibility Process Scale of Individual Stakeholder's Perception," (with Sungjin Kim and Heajung Chaiy) *AMA Summer Marketing Educators' Conference, Proceedings*, 2012, vol. 23, pp. 271-280.

"Consolidating the Properties of Market-based Capability from the Perspective of Viewing Marketing Activities as Organizationally Embeded Process: Conceptualization and Scale Development," (with Sohyun Shin and Sungho Lee), *AMA Summer Educators' Conference*, 2011, vol. 22, p. 721.

"Value-Based Marketing in Asia-Pacific Countries," (with Sungho Lee), *AMA Summer Marketing Educators' Conference, Proceedings*, August 2009.

"Exploring the Similarities and Differences of Deep-Rooted Cultural Values among China, S.Korea, and Japan: To Derive Some Implications in Analyzing Organization's Marketing Behavioral(Decision Making) Patterns," (with Sungho Lee), *AMA Summer Marketing Educators' Conference, Proceedings*, August 2009.

"The Effects of Customer's Attitude toward Various CRM Implementations on CRM Performance: A Customer Centric View of CRM," (with Jeong Eun Park and Mo-Lan Kim), *AMA Summer Marketing Educators' Conference, Proceedings*, August 2009.

"Developing a Body of Knowledge for the Management of Large-Scale," *PICMET Conference, Proceedings*, August 2009.

"Does Country of Delivery Origin Matter to Consumers in the Open World Online Retailing," (with Sohyoun Shin and Sungho Lee), *AMA Summer Marketing Educators' Conference, Proceedings*, August 2008.

"The Determinants and Outcomes of CRM Technology Use: The Mediating Role of Marketing Capability," (with Woojung Chang and Jeong Eun Park), *AMA Summer Marketing Educators' Conference, Proceedings*, August 2007.

"The Impact of Player Strikes on Professional Sports Spectator Attendance : The Case of the 1981 Baseball Season," (with M. Extejt), *Proceedings*: Applying Marketing Technology to Spectator Sports, Etzel and Gaski (ed.), April, pp.109-120, 1982.

"Consumer Satisfaction With Orthodontic Treatment," (with M. Saxton), *Proceedings*, Conceptual and Empirical Contributions to Consumer Satisfaction and Complaining Behavior, Hunt and Day (ed.), pp. 82-86, 1982.

"Consumer Complaint Behavior Among Credit Users," (with W. Sauer and R. Schwertzer), *Proceedings*: Conceptual and Empirical Contributions to Consumer Satisfaction and Complaining Behavior, Hunt and Day (ed.), pp. 87-90, 1982.

"Estimation and Evaluation of Two Comparative Judgment Models," *Proceedings*, Albert Haring Symposium, Indiana University, March, 1979.

■ 초록

"New Development in the Measurement of Consumer References," (with R. Day, E. Day, and T. Wu), *Proceedings*, National Meeting of the American Institute for Decision Sciences, pp. 262-264, 1981.

발표집(국내)

"기업간 관계에서 기업의 사회적 책임(CSR)의 확장적 적용," 한국마케팅학회, 2009 경영관련학회 통합학술대회, 강원도 휘닉스 파크, 2009년 8월. (공동발표: 김성진, 김종근)

"마케팅 프로세스 역량과 기업성과: 내부화 역량과 외부화 역량," 한국마케팅학회, 2009 경영관련학회 통합학술대회, 강원도 휘닉스 파크, 2009년 8월. (공동발표: 신소현, 이성호)

"기업의 사회적 책임 활동 유형별 부정적 정보가 기업 이미지에 미치는 영향," 한국마케팅학회, 2008 춘계학술대회, 서강대학교, 2008년 3월. (공동발표: 김성진, 박정은, 이성호)

"The Difference Between Product and Process Innovation: Research Propositions for Marketing Strategy," 한국마케팅학회, 2008 춘계학술대회, 서강대학교, 2008년 3월. (공동발표: 장우정, 박정은)

"영업단계별 판매활동 활용에 대한 탐색적 연구," 한국마케팅학회, 2008 춘계학술대회, 서강대학교, 2008년 3월. (공동발표: 신소현, 박정은, 이성호)

"원산지 개념의 구성 차원이 소비자의 제품평가에 미치는 영향: 동기성향의 효과," 한국마케팅학회, 2007 경영관련학회 통합학술대회, 부산 벡스코, 2007년 8월. (공동발표: 신소현, 김상욱)

"마케팅과 영업의 통합을 통한 마케팅 능력 향상과 기업 성과," 한국마케팅학회, 2007 경영관련학회 통합학술대회, 부산 벡스코, 2007년 8월. (공동발표: 장우정)

"디지털 컨버전스 제품의 구매요인에 대하여," 한국마케팅학회, 2007 경영관련학회 통합학술대회, 부산 벡스코, 2007년 8월. (공동발표: 이은의)

"기업의 사회적 책임이 성과에 미치는 영향 - 시장지향성과 경영자의 지원이 미치는 영향," 한국마케팅학회, 2007 경영관련학회 통합학술대회, 부산 벡스코, 2007년 8월. (공동발표: 장정우)

"가치혁신이 마케팅 성과에 미치는 영향에 대한 연구," 한국마케팅학회, 2006경영관련학회 통합학술대회, 강원도 휘닉스파크, 2006년 8월. (공동발표: 김철)

"기업연상유형에 따른 포지셔닝 전략에 대한 연구," 한국마케팅학회, 2006 경영관련학회 통합학술대회, 강원도 휘닉스파크, 2006년 8월. (공동발표: 장우정)

"마케팅 능력과 기업성과," 한국마케팅학회, 2005경영학관련 통합학술대

회, 강원도 휘닉스파크, 2005년 8월. (공동발표: 고인곤)

"마케팅혁신이 기업 성과에 미치는 영향," 한국마케팅학회, 2005경영학관련 통합학술대회, 강원도 휘닉스파크, 2005년 8월. (공동발표: 홍성준)

■ 저 서

마케팅 (5판), (공저 이성호) 옥당 B&M Books, 2015년

Doing Business with Koreans, Okdang Books, 2012

고객자산관리와 마케팅프로세스의 변화(경영연구시리즈1)(공저 이성호, 박정은), B&M Books, 2007년

원리이해와 토론을 위한 마케팅 성공 실패이야기 (공저 김 훈), B&M Books, 2007년

마케팅 (4판), B&M Books, 2006년

사회과학 조사방법론(3판), B&M Books, 2004년

SPSS/PC를 이용한 통계분석(공저 김선철, 최수호, 3판), B&M Books, 2002년

체계적 설문디자인(공저 손영석), B&M Books, 2002년

마케팅(3판), B&M Books, 1998년

HITMASS(공저 김주영, 초판), 학현사, 1998년

신제품 밀레니움(공저 장대한, 초판), 일송, 1997년

마케팅 조사론(3판), B&M Books, 1995년

유통관리(공저, 초판), B&M Books, 1995년

■ 박사 논문 지도

위원장

김성진 "기업의 사회적 책임이 기업과 이해관계자의 관계에 미치는 영향," 고려대학교 2010.

신소현 "A Study on Conceptualization of Market-based Capability and Its Nomological Validation," 고려대학교 2010.

김 철 "가치혁신과 마케팅성과 간의 관계에 대한 연구," 고려대학교 2006.

고인곤 "마케팅 능력과 기업성과- 마케팅 조직의 지식창출 및 본원적 전략 측면에서의 접근," 고려대학교 2005.

홍성준 "마케팅 혁신이 기업성과에 미치는 영향- 전략혁신의 관점," 고려대

학교 2005.
홍윤식 "시장지향성과 혁신적 기술지향성이 신제품 성과에 미치는 영향에 관한 연구,"고려대학교, 2003.
김상욱 "마케팅 능력과 성과와의 관계에 관한 연구," 고려대학교, 2001.
김선철 "상대적 상표효용에 의한 비모수 선택확률 모형에 관한 연구-상표 전환 자료를 이용한 경쟁적 시장구조분석에 대한 적용," 고려대학교, 1998.
김경미 "상표수준에서의 전략적 제휴방식 결정과 그에 따른 성과분석," 고려대학교, 1998.
최수호 "우리나라 주요제조업체의 신제품 성공/실패 결정요인과 신제품개발전략에 관한 실증적 연구-특히 국내 주요 소비재 및 산업재를 중심으로-," 고려대학교, 1994.
손영석 "연장된 상표에 대한 소비자의 태도에 영향을 미치는 요인에 대한 연구-서울지역 대학생의 지식수준을 중심으로-," 고려대학교, 1994.
김 훈 "한국기업과 국내진출 외국기업의 마케팅 전략 및 성과 비교에 관한 실증적 연구-국내 소비재제품 판매업체를 중심으로-," 고려대학교, 1993.
이경주 "마케팅환경에 따른 전략유형분류에 대한 실증적 연구-우리나라 식음료품 및 생활용품을 중심으로-," 고려대학교, 1991.
김범종 "동태적 시장변화에 대한 전략적 대응이 성과에 미치는 영향에 관한 연구," 고려대학교, 1990.
R. A Larkshmi-Ratan "Incorporating Interdependences Between Choice Alternatives: A Contextual Model of Choice," University of Pittsburgh, 1984.

위원

이창현 "트레이드쇼 참가성과 결정요인 연구- 참가성과 차원분석 및 성과결정 요인과의 관계연구," 고려대학교, 2006.
한계숙 "기업간 전략적 네트워크 특성이 하부 유통경로 구성원에 대한 고객지향성에 미치는 영향: 네트워크 혜택의 매개효과 - 산업클러스터 입주기업을 대상으로," 고려대학교, 2005.
이성근 "거래비용을 이용한 유통경로분석에 관한 실증적 연구-특히 서울소재 제조업체를 중심으로," 고려대학교, 1993.
정형명 "광고몰입유형별 반응행위에 관한 연구," 동아대학교, 1992.

이상협 "소비자의 선물증여 행위에 관한 연구," 동국대학교, 1992.

신지용 "우리나라 내구소비재 유통경로의 마케팅 전략에 관한 실증적 연구-특히 가전제품의 유통경로가 소비자 만족에 미치는 영향요인 분석을 중심으로," 고려대학교, 1991.

조창욱 "우리나라 소비재의 물적 유통 정보화에 관한 실증적 연구-특히 생활용품의 POS시스템 도입 영업을 중심으로," 고려대학교, 1991.

박두규 "한국대형 소매기관 영업성과의 결정요인분석," 고려대학교, 1989.

윤훈현 "우리나라 주요 소비재 제조업의 마케팅 전략에 관한 실증적 연구," 고려대학교, 1987.

한선민 "주요 외국기업의 대한 진출 마케팅전략에 관한 실증적 연구," 고려대학교, 1987.

이수동 "한국소매기구의 상권분석 및 입지선정에 관한 실증적 연구-특히 서울특별시소재 대형소매기구를 중심으로," 고려대학교, 1987.

이용학 "우리나라 취업주부의 소비자행동에 관한 실증적 연구," 고려대학교, 1985.

Banwari Mittal "Understanding the Bases and Effects of Involvement in Consumer Response to Alternative Product Offerings," University of Pittsburgh, 1983.

■ 위원회 경력

고려대학교

고려대학교

홍보위원회 (1985-1986)

국제 교류위원회 (1985-1987)

경영대학

경영대학인증준비 전략분과위원장 (2005)

장기발전위원회 (1988)

교과목개정위원회 (1987)

박사과정위원회 (1989-1991)

피츠버그대학교

교과과목개발위원 (1980-1984)

박사과정입학사정위원 (1982-1984)

■ 가입학술단체

한국 마케팅학회

한국 소비자학회

한국 경영학회

한국 상품학회

American Marketing Association

The Institute of Management of Science

■ 학술단체 활동

한국 소비자학회

- 회장 (1994-1996)
- 차기회장 (1992-1994)
- 상임이사 (1990-1992)

한국 마케팅학회

- 회장 (2001-2002)
- 차기회장 (2000-2001)
- 상임이사 (1993-1995, 1997-1999)
- 편집위원 (1987-1992)

한국 경영학회

- 회장 (2006-2007)
- 차기회장 (2005-2006)

한국 소비자학연구

- 편집위원장 (1990-1992)
- 편집위원 (1992-1998)

한국 마케팅연구

- 편집위원장 (1994-1996)
- 편집위원 (1984-1987, 1990-1993)

경영연구

편집부위원 (1987-1990)

경영논총

편집위원 (1985-1993)

Asian Journal of Marketing

편집위원 (1992-2005)

■ 학술발표

국 내

한국 소비자학회 (1990, 1991)

한국 마케팅학회 연례회의 (1985, 1986, 1987, 1991, 1998, 2008)

한국 경영학회 연례회의 (1985, 1986, 1988, 2005, 2006, 2007, 2009)

미 국

American Marketing Association (1994, 2007, 2008, 2009, 2010, 2011, 2012)

Marketing Science Conference (2010, 2012, 2013)

Sports Marketing Conference (1982)

Patronage Theory Conference (1982)

American Institute of Decision Science (1981)

Consumer Satisfaction/Dissatisfaction and Complaining Behavior (1981)

해 외

Marketing Dynamics Conference (2015)

Korea-Japan Marketing Conference, Japan (1991)

Asian Round Table Conference, Japan (1986)

Asian Productivity Organization, Philippine (1985), Indonesia (1984)

■ 공공기관 및 사회참여 활동

한국경영교육인증원, 운영위원 (Korean Association of Business Education Accreditation) (2006-현재)

경제사회연구회, 이사 (Korea Council of Economic and Social Research Institutes) (1999-2004)

This is the governing board of 14 Think Tank group of Korea's economic policy making institutions including Korea Development Institute, Korea Institute for Industrial Economics & Trade, Korea Information Society Development Institute, Korea Institute of Public Finance, Korea Institute for International Economic Policy, Korea Energy Economy Institute, Korea Maritime Institute, Korea Transport Institute, Korea Research Institute for Human Settlement, and Science & Technology Policy Institute.

강남구청 자문위원 (1987-1990)

산업자원부 자문위원 (1987-1989)

경제기획원

7차 경제개발계획 자문위원 (1991)

공기업 평가위원회 (1985-1987)

상공회의소 자문위원 (1987-2005)

한국통신공사 자문위원 (1992-1994)

외교통상부 자문위원 (1999-2002)

중소기업청 자문위원 (1997-2002)

S.K. Logistics, 고문 (1987-1990)

Deloitte 컨설팅, 고문 (Senior Advisor) (2001-2003)

Arthur D. Little 컨설팅, 고문 (Senior Advisor) (2003-2007)

기아 자동차, 경영위원 (Managing Board) (1997-1998)

현대 자동차, 고문 (2001-2003)

새한 실업, 사외이사 (1999-2000)

동원증권, 사외이사 (1999-2005)

LG 홈쇼핑, 사외이사 (2003-2005)

에스콰이아 문화재단, 비상임이사 (2003-2009)

B&G Steel, 사외이사 (2007-2010)

오리콤, 사외이사 (2008-2011)

차례

제1부 이론적 마케팅의 준비

제2부 실천적 마케팅의 준비

제1부

이론적 마케팅의 준비

이성호
서울시립대학교 경영대학

장우정
서울시립대학교 경영대학

김재환
고려대학교 경영대학

김모란
UNIT 경영대학

고인곤
강남대학교 경영대학

고객가치창출: 실용적 틀의 발전방향

이성호 | 서울시립대학교 경영대학

고객가치창출: 실용적 틀의 발전방향

이성호

서울시립대학교 경영대학

초록(Abstract)

고객을 위한 가치창출(creation of value for customers)은 현대마케팅개념에서 강조되는 근본적 원칙이며, 최근에는 마케팅을 넘어서서 전략연구분야에서도 중요한 위치를 차지하고 있다. 본 논문은 왜 이 개념이 학문적으로 발전하기 어려웠는지 간단히 살펴본다. 그 후, 고객가치창출의 이해와 응용을 위한 실용적 틀에 대한 기존의 유용한 논의들을 검토 · 통합하여 이러한 틀의 발전방향을 제시하고자 한다.

서론

현대사회의 급변하는 환경은 기업생존을 위해서 고객이 중요함을 강조하게 되었고, 기업은 마케팅의 초점을 고객가치창출에 맞추게 되었다. 이로써 기업은 고객의 현존하는 필요와 욕구를 이해하고 새로운 필요와 욕구를 더 적극적으로 발굴하여 대응함으로써 환경변화에 대처할 뿐 아니라 수익을 획득하고, 나아가 시장에서 경쟁우위를 점할 수 있게 된다. 이에 2004년 미국마케팅협회는 마케팅의 정의에 고객관계관리를 추가하여 관계마케팅을 강조하였다. 즉 마케팅을 '재화나 서비스를 통해 고객의 필요와 욕구를 충족시킬 수 있는 가치를 창출하고, 이를 고객에게 효과적으로 전달하고 유지하며 고객과의 관계를 관리하는 기능과 프로세스'로 정의했다(채서일 · 이성호, 2015, p.40).

이렇듯 고객가치창출(Value Creation for Customers, 이하 VC로 표현함)이라는 개념은 현대 마케팅개념의 근간을 이루고 있다. 고객의 관점에서 보면, 고객가치란 고객이 "포기(give up; costs 또는 sacrifices)"하는 것 대비 "얻어가는 것(get; benefits)"으로 개념화되어 왔다(Zeithaml, 1988). 이 개념화만 생각할 때 고객가치는 매우 상식적이고 당연하게 여겨진다. 물론 가치에 대한 개념화는 고전경제학, 철학영역에서도 다뤄졌으며(Woodwall, 2003) 마케팅영역에서는 1980년대 후반부터 지금까지 관련 연구와 논의들이 등장해 오고 있다. 그러나 학문적 관점에서 고객가치의 위상은 예상과 달리 그리 확고한 지위를 차지하고 있지 못한 것이 현실이다. 여러 가지 이유들이 있겠으나, 가장 타당한 이유는 개념의 조작적 정의와 측정의 어려움 때문이다.

한편, 전략연구흐름 또한 경쟁우위를 위해 가치창출과 가치사슬과 같은 가치창출활동의 중요성을 일찍이 강조했다(Porter, 1985). 예를 들어 경영컨설팅회사 맥킨지(McKinsey & Co.)는 1985년에 가치전달시스템 또는 순서(value delivery system or sequence)의 개발을 강조했다(Bower and Garda, 1985). 가치제안(value proposition)이라고 명명된 이 접근방법은 기업으로 하여금 비즈니스를 기능적 활동의 조합(set)으로 보는 전통적 · 내부적 관점(제품을 잘 만들어서 판다)을 외부의 고객관점으로 전환하여 가치전달시스템 또는 순서를 마련해야 함을 강조했다(Bower and Garda, 1985; Kumar, 2004). 그 이후, 고객의 활동사이클(the customer's activity cycle)을 분석하라는 Vandermerwe(1993)의 고객가치사슬분석, 고객가치를 창출하는 조직의 여러 프로세스분석 또는 가치시스템관점(Jüttner and Wehrli, 1994)

또한 고객가치의 중요성을 강조해 왔다. 이러한 강조점은 전략경영연구의 흐름과도 관련이 있다. 그 흐름을 보면 경쟁우위의 원천을 설명할 때 크게 자원・역량학파(Resource-Based View, Barney et al., 2011)와 포지션학파(Porter, 1996)의 주장이 있는데, 최근으로 올수록 시장기반의 포지션 중심 전략학자들은 최근 경쟁전략에서 달성해야 할 전략적 목표(objectives), 전략의 주요 구성요인인 사업범위(scope=where to compete)결정과 고객가치제안(customer value proposition, 경쟁우위포지션을 시장 중심으로 구체화한 개념으로 how to compete에 해당)결정을 강조해 오고 있다(Johnson, Christensen, and Kagermann, 2008; Kim and Mauborgne, 2005; Montgomery, 2012; Porter, 1996).

요약하면 VC개념은 마케팅의 근간개념임에도 불구하고 학문적 엄격함(rigor)으로 인해 관련 연구가 크게 발전하지 못한 반면, 전략영역에서는 엄격한 학문적 틀은 아니지만 규범적 틀(normative customer value frameworks, Kim and Mauborgne, 2005; Treacy and Wiersema, 1997)을 발전시켜 오고 있다. 이에 따라 본 논문은 먼저 왜 VC개념이 학문적으로 발전하기 어려웠는지를 간단히 살펴본다. 그 후, 고객가치창출의 이해와 응용을 위한 실용적 틀에 대한 유용한 기존논의들(Frow and Payne, 2011; Keller, 2013; Khalifa, 2004; Kotler, Kartajaya and Setiawan, 2010, 2017; Park, MacInnis, and Eisingerich, 2016; Payne and Holt, 2001; Smith and Colgate, 2007)을 검토한 후, 마지막으로 기존문헌고찰을 실무적 유용성을 높이는 방향으로 통합하여 VC 틀의 발전방향을 제안한다.

VC개념에 대한 학문적 논의의 어려움

고객가치(customer value)의 의미는 매우 다양하다. 먼저 누구의 관점에서 가치를 논하는가에 따라 고객가치는 크게 두 유형으로 구분되어 왔으며 이러한 측면에서 가치의 개념이 의미하는 바는 비교적 명확하다. 고객관점에서의 가치는 제품 · 서비스 등 기업의 오퍼에 대해 고객이 지각하는 가치를 의미하며, 이 개념이 바로 VC이다. 반면 기업관점에서의 고객가치는 기업성과에 공헌하는 고객의 가치(Value for the Firm 또는 Value of Customers for the Firm)를 의미하며 마케팅에서는 주로 CLV(Customer Lifetime Value)/ CE(Customer Equity)연구영역에서 논의되어 왔다. CRM 및 상세데이터의 등장으로 고객생애가치의 개념화/모델링에 의해 고객이 기업에게 공헌하는 기업수익가치(Firm Value)를 다룬 연구는 급진전되고 있다(Kumar and Reinartz, 2016; Rust, Zeithaml and Lemon, 2001). 물론 본 논문의 주안점은 VC개념이다.

VC개념에 대한 학문적 논의가 어려운 이유는 무엇보다도 VC의 핵심개념인 고객지각가치/ 고객가치(consumers'perceived value) 정의에 대한 합의 자체가 어렵기 때문이다. 이러한 난점은 Smith와 Colgate(2007)가 정리한 고객가치개념에 대한 주요 특징들에 의해 이해될 수 있다. 먼저 고객가치는 개인소비자에 따라 독특하게/다르게 인식될 수 있다. 고객가치는 개인, 상황, 제품 등 다양한 맥락(context)에 따라 다를 수 있다. 고객가치는 비교대안에 따라 상대적으로 달라질 수 있다. 또한 고객가치는 평가대상자(고객 또는 고객사)가 같다고 하더라도 시간에 따라 달라질 수 있다. 이러한 개념특성을 감안하였는지, 예를 들어 Woodruff(1997)는 고객가치에 대해 다음과 같이 넓은 정의를 제시하였다. "제품속성, 속성의 성과수준, 이러한 제품사용으로 소비자의 목적성취를 도와주거나 방해하는 결과에 대한 소비자의 지각된 선호나 평가, 물론 이러한 선호나 평가는 제품사용 이전이나 이후에 형성될 수 있다(p. 141)." 물론 이렇게 다양한 맥락(사용 전 상황과 사용 후 상황), 다양한 인지적 작업(선호와 평가), 다양한 평가기준(속성, 속성의 성과수준, 제품사용이 가져오는 결과)으로 인하여 고객가치는 측정과 조작적 정의에서 갈 길이 멀다는 비판을 받게 된다(Parasuraman, 1997).

Woodwall(2003)의 리뷰 및 개념적 논문은 고객가치에 대한 심도 깊은 문헌고찰을 토대로 하여 가능한 VC개념들을 제시하지만, 이 개념들을 실무적 틀로 활용하기는 매우 어렵다. 오히려 VC와 관련된 학문적 개념들이 너무 복잡할 뿐 아니라 무엇보다도 VC개념 정의에 대한 합의(consensus) 자체가 어려움을 보여주었다. 예를 들어, Woodwall(2003)은 ① Net VC(혜택과 희생의 균형을 고려하는 VC, balance of benefits and sacrifices), ② Marketing VC(지각된 제품속성, perceived product attributes), ③ Sale VC(가격 중심으로 고려한 선택, option determined primarily on price), ④ Rational VC(객관적 준거로부터의 화폐차액, monetary difference from objective reference point), ⑤ Derived VC(사용 및 경험결과, use/experience outcomes)과 같이 다섯 가지 주요한 VC개념의 형태들을 제시하였다.[1] 사실, 고객들에 대한 심층인터뷰 결과와 기존문헌을 종합적으로 고찰하여 가격, 품질, 가치에 대한 고객지각의 효시적 모형을 제시한 Zeithaml(1988)도 ① 가치=낮은 가격(희생에 중점), ② 가치=고객이 원하는 제품·서비스(혜택에 중

1 문헌고찰을 토대로 한 훨씬 더 복잡한 VC개념 및 관련 개념들은 Woodwall(2003)의 tables와 figures를 통해 확인하기 바란다.

점), ③ 가치 = 지불한 가격으로 획득한 품질(하나의 희생구성요인과 하나의 혜택구성요인 간의 상쇄관계), ④ 가치 = 전체적으로 발생한 희생으로 획득한 전체적 혜택(모든 관련된 요인들 고려)과 같이 VC의 다양한 개념들을 제시한 바 있다. 이와 유사하게 고객가치는 합산모형(혜택-희생), 비율모델(혜택÷희생)로 처리되어야 하는지, 또 보완적 모델(compensatory decision rules), 비보완적 모델(non-compensatory decision rules)로 처리되어야 하는지 등 개념적·실증적 합의 또한 발견하기 어려운 것이 현실이다(Anderson, 1981; Parasuraman, 1997; Smith and Colgate, 2007).

이러한 점들을 감안하면, 마케팅영역의 학문적 관점에서 VC개념은 고객만족이나 서비스품질 등의 개념과 비교할 때 그 개념적 중요성이나 논의에 비해서 신뢰성과 타당성을 갖춘 측정의 관문을 넘지 못하여 다양한 개념관계적 타당성(nomological validity)을 발견하고 확인하는 실증적 연구로 이어지지 못했다고 평가할 수 있다.[2] 최근 Kumar와 Reinartz(2016) 또한 이러한 평가와 일관된 주장을 제시하며 학문적 관점에서 VC에 대한 측정연구문헌을 자세히 정리하여 제시하고 있다.

한편, VC개념의 실용적 틀은 오히려 전략영역과 실무적 지침서와 컨설팅영역에서 고객가치제안(customer value proposition)을 고민하는 관리자의 관점(a manager or a strategist's perspective), 즉 규범적 관점에서 고객가치창출전략대안(normative customer value creation strategies) 도출을 돕는 방

2 물론 behavioral pricing research 연구를 주도한 Kent B. Monroe와 그의 동료들은 혜택(benefit)과 희생(sacrifice)의 상쇄(trade-off)관계를 기반으로 하는 고객가치측정치(consumer perceptions of value scale)를 만들어 일련의 연구를 진행해 왔지만(Dodds, Monroe, and Grewal, 1991; Grewal, Monroe, Krishnan, 1998 등), 그럼에도 불구하고 고객만족(customer satisfaction)이나 서비스품질(service quality), 그리고 그 개념들의 선행요인들과 결과를 측정하는 합의에 비교할 때 측정에 관한 합의정도는 상대적으로 낮다고 볼 수 있다.

향으로 제시되어 오고 있다(Kim and Mauborgne, 2005; Mittal and Sheth, 2001; Slywotzky, 1996; Treacy and Wiersema, 1997). 그러나 이러한 대안은 전반적으로 상당히 추상적 관점(예: 제품리더십product leadership, 운영의 수월성operational excellence, 고객친화customer intimacy) 또는 비즈니스 특유의 관점(예: 고객이 원하거나, 높이 평가할 수 있거나, 원하지 않는 속성들)에서 VC를 논의하고 있다.

그런데 고객이 가치가 있다고 지각하는 것을 바탕으로 어떠한 고객가치창출전략이 더 유효할 것인가를 고민하는 작업은 마케팅전략과 사고의 중심이었다. 다시 말하면 마케팅영역의 문헌을 잘 정리하면 고객가치창출에 실무적으로 도움을 줄 수 있는 개념적 틀(conceptual frameworks)과 유형(typologies)을 마련할 수 있을 것이다. 즉 VC개념의 실무적 틀의 발전방향을 도출할 수 있을 것으로 보인다. 예를 들어 어떠한 종류의 가치창출이 가능한가(what kinds of value can be created), 기업은 어떻게 해당가치를 창출할 수 있는가(how this value can be created by an organization), 그리고 나아가 특정조건에서 더 바람직한 고객가치와 고객가치창출전략은 무엇인가(under what conditions are some types of customer value creation more or less appropriate than others)와 특정조건에서 더 바람직한 고객가치이동 또는 전환전략은 어떻게 추진되어야 하는가(under what conditions are some value migration/transition strategies(patterns and progressions of value creation) more or less appropriate than others)와 같은 문제에 도움을 줄 수 있는 기본적 틀을 마련할 수 있다면 이러한 틀은 기업의 관리자에게 유용한 VC개념의 틀 역할을 할 수 있을 것이다. 이 모든 문제에 답을 줄 수 있는 완벽한 틀을 만들기는 어렵겠지만 그래도 유효한 답을 줄 수 있도록 VC개념의 실무적 틀을 도출 · 제안하는 것이 본 논문의 목적이며 이를 위해 먼저 VC개념의 실용적 틀에 대한 유용한 기존논의를 살펴보기로 한다.

VC개념의 실용적 틀에 대한 유용한 기존논의

이 섹션에서는 고객가치창출의 이해와 응용을 위한 실용적 틀에 대한 기존의 유용한 논의들을 검토한다. 각 논의를 개별적으로 고찰하기보다는 VC개념의 실용적 틀의 발전방향을 염두에 두고 각 논의에서 채택할 만한 장점을 중심으로 고찰한다. 먼저 Khalifa(2004)로부터는 VC개념의 구조를 명확하게 하는 데 도움이 되는 VC의 하부모델들(sub-models)을 고찰한다. 그 후, Smith and Colgate(2007)로부터는 '일반화할 수 있는' 가치구성모델(Generic Value Configuration Model)의 내용을 고찰한다. 그리고 나머지 논의들로부터는 추가적으로 고려해야 할 사항들을 추출하여 고찰한다(Frow and Payne, 2011; Keller, 2013; Kotler, Kartajaya and Setiawan, 2010, 2017; Park, MacInnis and Eisingerich, 2016; Payne and Holt, 2001; Ranjan and Read, 2016 등).

1) VC개념의 하부모델들(sub-models)

전술했듯이 Khalifa(2004)도 고객가치(customer value)의 다양한 의미로 인해 고객가치의 기존연구들을 하나의 틀로 제시하는 것은 매우 어렵고 오히려 혼란을 줄 수 있다고 하면서 VC개념의 통합적 구성과 배치를 위해 세 종류의 하부모델들(sub-models)을 제시하였다.[3]

(1) 가치교환모델(Value Exchange Model)

가치교환모델은 공급자인 기업과 고객과의 교환관점에서 가치를 바라본다. 즉 기본적으로 주고받는 모델(a give-and-take model) 또는 혜택과 비용 간의 상쇄관계를 개념화한 모델이다. 물론, 혜택과 비용의 관계에 관하여 기존연구들도 개념화를 제시하였는데(Huber, Herrmann, and Morgan, 2001; Parolini, 1999; Grönroos, 1997; Groth, 1994; Zeithaml, 1988 등), Khalifa(2004)는 가치교환모델로 혜택과 비용의 종류와 관계에 관한 기존 연구의 논의들을 포괄적으로 담아 제시하였다(그림 1 참조).

모델에 따르면 고객에게 제공되는 전체가치는 다양한 방식으로 제시되어 있다. 첫째, 고객에게 제공되는 전체가치(total value to customer)는 실용적 가치(utility value)와 '심리적' 가치(psychic value)로 구성되어 있다. 사실 이 구분은 매우 간결하고 상식적이다. 특히 마케팅관리자가 어떠한 종류의 가치창출이 가능한지(what kinds of value can be created), 기업은 어떻게 해당가치를 창출할 수 있는지(how this value can be created by an organization)를 고려할 때 도움을 줄 수 있는데, 상세한 유형은 본 논문이 제안하는 '일반화할 수 있는' 가치구성모델(Generic Value Configuration Model)에서 더욱 상세히 설명할 것이다. 둘째, 고객에게 제공되는 순가치(net customer value)는 고객에게 제공되는 전체가치와 고객이 부담하는 총비용(total customer cost) 간의 차이를 의미한다. 여기서 고객이 부담하는 총비용은 고객이 부담하는 가격(price)과 탐색비용, 획득비용, 라이프사이클비용 등을 전부 포함한 기타 모든 비용 또는 희생의 합이다.

3 하부모델들의 이름은 Khalifa(2004)가 사용한 것이다. 이름 자체보다는 하부모델의 개념과 역할에 초점을 맞춰 이해할 필요가 있다.

Zeithaml(1988)이 제시했던 전체적으로 발생한 희생(total sacrifices)과 일맥 상통하는 개념이다. 셋째, 가격과 공급자(기업)원가 간의 차이가 공급자(기업)의 수익이다.[4]

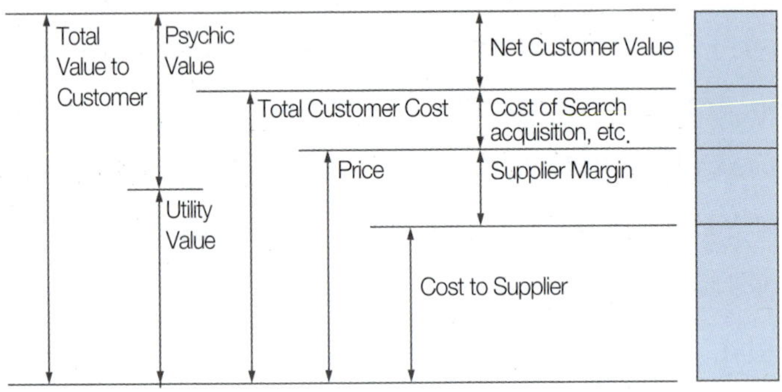

그림 1 Khalifa(2004)의 가치교환모델[4]

한편, 전략영역의 가치개념화 또한 **그림 1** 과 같은 방식으로 이루어졌다. Porter(1985)는 시장에서 정해진 가격(price)을 교환가치(value-in-exchange)로, 고객이 제품 · 서비스를 사용하면서 느끼는 가치를 사용가치(value-in-use)로 개념화하면서 사용가치와 교환가치의 플러스(+) 차이가 고객가치(value to customer)이며, 교환가치와 제품 · 서비스원가의 플러스(+) 차이를 기업가치(value to firm)로 제시하였다. 나아가 마케팅학자 Slater(1997)는 기업은 고객가치를 제공하기에 존재하며, 가치제공의 결과로 이익을 얻는 것이며(이익을 얻기 위해 기업을 설립하여 운영하는 방법 외에 다른 방법들도 있을 수 있음), 고객가치제공활동의 규모, 범위, 활동에 있어 기업들 간의 차이가 있으며, 그 차이가 기업 간 성과의 차이로 나

4 출처: Khalifa(2004)의 Figure 5(p. 656).

타남에 바탕을 두고 고객가치기반의 기업이론(customer value-based theory of the firm)을 주창하며 이에 대한 정교한 이론화의 필요성을 역설하였다(그림 2 참조). 즉 시장지식에 기반을 둔 혁신적인 고객가치의 제안이 경쟁우위와 성과를 창출한다는 것이다.

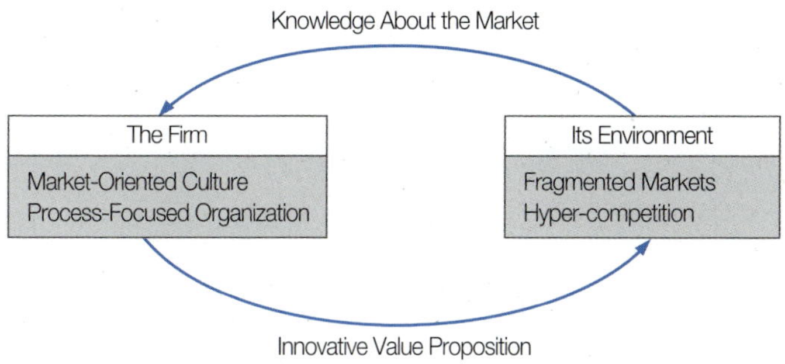

그림 2 고객가치중심의 기업과 환경과의 상호작용[5]

이러한 측면들을 감안할 때 가치교환모델(Value Exchange Model)은 합산모형(혜택-희생) · 비율모델(혜택÷희생) · 보완적 모델(compensatory decision rules) · 비보완적 모델(non-compensatory decision rules) 등과 같은 실증적 어려움에도 불구하고, 기업활동의 결과로 발생하는 고객가치의 규범적 모델(a normative model of customer value as a result of firm activities) 역할을 할 수 있다. 다시 말하면, 고객가치의 정도와 변화를 파악하는 수단(template)으로 활용할 수 있다. 가치교환모델이 결과템플릿(output or outcome template)이라면 어떠한 종류의 가치가 그러한 결과를 가져왔는지에 대한 중간과정으로서의 고객가치모델이 필요할 것이다. 다음에

5 출처: Slater(1997)의 Figure 1(p. 166).

서 이러한 중간과정 역할을 하는 고객가치모델인 가치증강모델(Value Buildup Model)을 살펴본다. 중간과정과 결과의 관계가 유효하다는 전제하에 이러한 중간과정모델이 잘 활용되어야 고객가치증진을 위한 기업활동의 방향, 즉 투입활동의 종류와 양(input)이 효과적으로 설정될 수 있을 것이다.

(2) 가치증강모델(Value Buildup Model)

Khalifa(2004)는 그림 1의 가치교환모델 중 고객에게 제공되는 전체가치를 구성하는 실용적 가치(utility value)와 심리적 가치(psychic value)를 정교화하고 가치가 증강되는 모습을 나타내는 가치증강모델(Value Buildup Model)을 제시하였다(그림 3 참조).

이 모델에 따르면 ① 고객니즈(실용적 니즈~'심리적' 니즈의 연속체), ② 고객혜택(유형적 혜택~무형적 혜택), ③ 기업과 고객의 관계관점(거래관계~상호작용관계의 연속체), ④ 고객에 대한 관점(소비자로서의 고객~친분이 있는 개인적 관계로서의 고객)의 네 가지 요인들이 고객에게 제공되는 전체가치(total value to customer)에 영향을 미치는 것으로 제시되어 있다. 나아가 이 네 가지 차원으로 이루어진 가치공간(value space)에서 가치가 증진되는 가치유형의 모습을 ① 기능성가치(value of functionality), ② 솔루션가치(value of solution), ③ 경험가치(value of experience or "living through"), ④ 의미가치(value of meaning or "living for")로 표시하고 있다. 개념용어들이 생소한 이유는 그의 모델과 개념들이 거의 모두 실무서적에 기반을 두고 있기 때문이다.[6]

---

6 참고문헌은 다음과 같은데, 구체적 사항들은 Khalifa(2004)의 references를 참조하기

실무적 틀의 발전방향 도출을 논의함에 있어 검토문헌이 실무서적을 토대로 한 것 자체가 문제가 되지는 않을 것이다. 그러나 이 모델의 경우, 개념들의 의미와 정의가 모호하고 가치개념의 유형 또한 그 근거가 미약하여 구체적 · 논리적이지 않은 것이 문제라 할 수 있다. 특히, 가치유형의 경우 마케팅영역의 학문적 문헌의 축적된 내용들이 도움을 줄 수 있다고 생각했는데, 이 내용들을 나름의 체계를 가지고 상당히 포괄적으로 정리한 기존연구(Smith and Colgate, 2007)도 발견했다. 이 내용은 뒤에 '일반화할 수 있는' 기존의 가치구성모델(Generic Value Configuration Model) 섹션에서 소개하겠다. 다만, 본 논문의 핵심으로 제안할 VC개념의 실무적 틀의 발전방향을 논의할 때, Khalifa(2004)의 가치증강모델의 구성요인들 중 기업과 고객의 관계(relationship)관점(거래관계~상호작용관계의 연속체)는 비슷한 주장을 하는 다른 참고문헌과 함께 중요한 역할을 할 것이다.

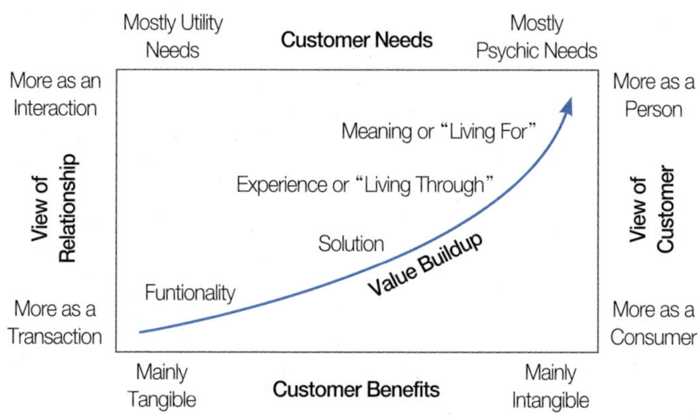

그림 3 Khalifa(2004)의 가치증강모델[7]

바란다(Groth, 1994; Horovitz, 2000; Lovelock, 1983; McKean, 2002; Schneider and Bowen, 1999; Smith and Wheeler, 2002).

(3) 가치역학모델(Value Dynamics Model)

Khalifa(2004)는 VC개념의 통합적 구성과 배치(configuration)를 위한 마지막 하부모델로 그림 4 와 같은 가치역학모델(Value Dynamics Model)을 제시하였다. 이 모델을 보면 실무적 활용방향에 대한 감(感)은 잡을 수 있을 것 같다. 그러나 모델의 내용 자체가 구체적이지도 않고 완벽하지도 않아 자세한 설명은 하지 않겠다.

Khalifa(2004)의 가치역학모델이 불편한 이유는 고객만족(customer satisfaction)개념이 갑자기 등장하기 때문이다. 고객가치는 사용 전 상황과 사용 후 상황에서 지각될 수 있는 반면(Woodruff, 1997), 고객만족은 사용 후 고객이 평가함을 감안하면 '구매나 사용 전 고객가치→만족→사용 후 고객가치'의 관계설정이 가능하다. 즉 '고객만족→고객가치'의 관계설

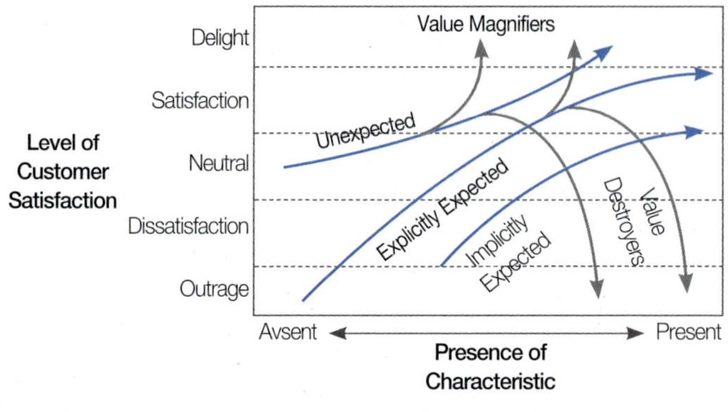

그림 4 Khalifa(2004)의 가치역학모델[8]

7 출처: Khalifa(2004)의 Figure 6(p. 657).

8 출처: Khalifa(2004)의 Figure 7(p. 658).

정은 그 근거가 미약하다. 나아가, 만족과 가치개념의 가장 큰 차이는 만족에 비하여 가치개념은 고객이 지각하는 가격 또는 희생을 비교적 명확하게 고려한다는 데서 찾을 수 있다.

Khalifa(2004)의 용어를 사용하면서 지금까지의 논의를 정리하면 가치교환모델은 고객에게 제공되는 전체가치(total value to customer)와 고객에게 제공되는 순가치(net customer value)를 정리하는 결과템플릿(output or outcome template) 역할을 할 수 있다. 그리고 어떠한 종류의 가치가 그러한 결과를 가져왔는지에 대한 중간과정(throughput)으로서의 가치증강모델이 필요한데, 그 내용은 바로 다음 섹션에서 마케팅연구흐름에 근거하여 설명할 것이다. 한편 Khalifa(2004)의 가치역학모델은 유용성이 떨어지는 것으로 평가된다. 대신 기업활동, 경쟁 등 환경변화에 따라 고객가치가 변화하는 개념화를 염두에 두면 될 것이다.

다만, 중간과정으로서의 가치증강모델에서 논의되는 가치유형과 구성은 기존의 다양한 연구들에서 추출된(업에 상관없이 일반화가 가능한 추상화된) 수준에서 다뤄진다. 그러나 이렇게 추상화된 개념을 실제로 기업에 적용하기 위해서는 업이나 영역에 따라 구체화 · 조작화할 필요가 있다. 대표적인 예로 Desarbo 등(Desarbo, Jedidi, and Sinha, 2001)은 계량적 방법론으로 고객가치분석(Customer Value Analysis)을 대형전력회사(a large electric utility company)에 적용하며 해당분석의 효용성을 입증하였다. 구체적으로 고객의 지각품질(perceived quality)을 구성하는 요인들로 전력신뢰성에 대한 평가(ratings of power reliability), 예방적 유지관리(preventive maintenance), 보수서비스(repair service), 고객에 대한 전담기업담당자의 케어(account representative), 기술적 서포트(technical support), 고객서비스(customer service), 기록관리(record keeping), 청구서비스(billing)를 발견하였다. 이 구체적 가치구성요인들과 추상화된 가치구성요인들(아래의 이탤릭 표시)을 매칭하면 다음과 같을 것이다(Ulaga and Eggert, 2006).

- 전력신뢰성에 대한 평가(ratings of power reliability): *기능적/실용적 가치*
- 보수서비스(repair service), 고객서비스(customer service), 기록관리(record keeping), 청구서비스(billing): *서비스지원에 의한 관계적 가치*
- 고객에 대한 기업담당자의 케어(account representative): *인적상호작용에 의한 관계적 가치*
- 예방적 유지관리(preventive maintenance), 기술적 서포트(technical support): *공급자노하우(know-how)에 의한 관계적 가치*

다시 말하면, '일반화할 수 있는' 가치구성모델(Generic Value Configuration Model)에서 논의되는 추상화된 가치유형과 구성개념이 실제로 기업에 적용되기 위해서는 업이나 영역에 따라 구체화·조작화되는 가치구성모델이 필요할 것이다. 이 구체적 수준의 모델에 대한 이름으로는 영역특유의 가치구성모델(Domain-Specific Value Configuration Model)이 적절할 것 같다. 본 논문의 주안점은 '일반화할 수 있는' 가치구성모델을 제안하고 이를 바탕으로 VC개념의 실용적 틀의 발전방향을 논의하는 것에 있음에 따라 영역특유의 가치구성모델을 보여준 기존연구들은 첨부 1(본서 57쪽)에 정리·제시하였다. 영역특유의 가치구성모델을 추상화하면 '일반화할 수 있는' 가치구성모델이 될 것이다. 즉 '일반화할 수 있는' 가치구성모델은 영역특유의 가치구성모델을 고민할 때 방향타 역할을 할 수 있을 것이다.

2) '일반화할 수 있는' 기존의 가치구성모델(Generic Value Configuration Model)

가치에 관한 기존연구를 많은 업이나 제품, 서비스영역에 걸쳐 일반적으로 적용할 수 있도록, 즉, '일반화할 수 있는' 수준으로 포괄하여 정리한 연구는 Smith와 Colgate(2007)의 연구일 것이다. 전술하였듯이, 이런 수준의 연구는 영역특유의 가치구성모델을 고민할 때 방향타 역할을 할 수 있음에 따라 실무적으로 활용가치가 있을 것이다. 이러한 이유로 Smith와 Colgate(2007)는 논문제목을 〈Customer Value Creation: A Practical Framework〉으로 정한 듯하다.

그들은 가치유형을 ① 기능적/수단적 가치(functional/instrumental value), ② 경험적/쾌락적 가치(experiential/hedonic value), ③ 상징적/자아표현적 가치(symbolic/expressive value), ④ 비용/희생가치(cost/sacrifice value)로 구분했다(본서 59~62쪽의 첨부 2, 3, 4, 5 참조). 첨부 2, 3, 4, 5처럼 Smith와 Colgate(2007)의 고찰은 많은 기존연구를 바탕으로 '일반화할 수 있는' 수준에서 포괄적으로 가치유형과 구성을 정리하는 데 공헌했다. 또한, 가치의 기본적 유형을 위의 네 가지로 구분한 것은 기존문헌의 근거(base or rational)를 잘 정리 · 분석한 결과로 판단된다.

그럼에도 불구하고 Smith와 Colgate(2007)의 가치개념화는 VC개념의 실용적 틀로 사용하는 데 있어 몇 가지 한계점을 가지고 있다. 첫째, 가치의 경우 가치구성개념들의 수준에 따라 구체적 가치～추상적 가치(예: 수단-목적연쇄모형(a means-end chain model), Gutman, 1982; Zeithaml, 1988)로 분류될 수 있는데, 가치의 유형과 수준을 함께 고려하는 개념화가 더 유용한 관리적 시사점을 제공할 수 있을 것 같다. 그들은 가치의 수준을 유형(기능적, 경험적, 상징적) 안에 포함시켜 분류하였는데, 이는 가치구성 개념화나 활용에 있어 혼란을 야기할 가능성이 높다.

두 번째 문제점은 가치유형의 명확한 개념구분에 비해 각 유형에 들어가는 구체적 하부개념들의 예는 과연 그 개념이 해당유형에 합당한가라는 의문을 불러일으킨다. 예를 들어, 美(aesthetics)개념은 기능적 가치와 경험적 가치에 모두 포함되어 있다. 또 다른 예로는 사회적/관계적 가치와 지식가치가 경험적 가치에 포함되어 있다. 다시 말해, 광범위한 포괄성 때문에 가치유형에 해당하는 개념들이 그 유형에 해당하는지 애매모호한 경우가 많아 실무적 시사점이 떨어질 수 있다.

세 번째 문제점으로는 소비자와 기업 간의 관계프로세스를 고려하지 않는 점이다. 가치의 개념은 구매 전 가치, 사용 및 경험, 구매 후 가치로 살펴볼 수 있는데 이는 소비자와 기업의 관계(relationship)가 개발되고 형성되는 데는 단계를 거치거나 시간을 필요로 함을 의미한다. 특히 이 점은 B2B 상황에서는 더욱 중요하다. 즉, 이 프로세스를 고려하지 않으면 관리적 유용성이 떨어질 수 있다.

다음에서는 실용성이 높은 VC개념의 틀 도출을 위해 이러한 문제점들을 해결하기 위하여, 그리고 기타 추가적으로 고려할 필요가 있는 사항들에 관한 기존문헌의 논의를 살펴보겠다.

3) 추가적으로 고려해야 할 사항들

여기에서는 VC개념의 실용적 틀의 발전방향을 도출하는 데 도움이 되는 사항들을 고찰한다. 전술한 문제점들의 해결방향 마련을 위해 먼저 가치의 수준/위계에 관한 문헌들을 고찰한다. 둘째, 최근에 전략적으로 강조되고 있는 가치의 공동창출(Value Co-Creation)개념을 간략히 살펴봄으로써 가치의 공동창출개념 또한 VC개념구성에 포함되어야 함을 논의한다. 셋째, VC개념은 구매 전 가치, 사용 및 경험, 구매 후 가치라는 프로세스를 고려하여 구성되어야 한다는 관점에서 관계적 가치(relationship value)개념을 고찰한다. 마지막으로 VC개념의 실용적 틀 구성 시 유용한 상황적 · 조건적 개념들로 산업/시장에서의 기업포지션에 따른 전략집단(strategic groups)개념과 시장리더와 추종자의 포지셔닝전략모드를 검토한다.

(1) 가치의 수준/위계(Level or Hierarchy of Value)

경영학, 특히 전략 · 마케팅영역에서는 개념은 비슷하나 다른 용어(terminology jargon)를 쓰는 경우가 흔하다. 물론 실증적 증거(empirical evidence)에 근거한 용어인가 아니면 사례 또는 일화(anecdotes)에 근거를 둔 규범적 용어인가로 구분할 수도 있을 것이다. 놀라운 점은 용어의 원천과 상관없이, 서로 다른 용어지만 이 용어들이 가치의 수준과 관련하여 비슷한 의미와 개념을 전달하고 있었다는 점이다. 그 내용을 간단히 살펴보면 다음과 같다.

① Keller(1993, 2013)의 브랜드가치구성

Keller는 브랜드에 관한 소비자지식의 틀을 4단계수준으로 제시하고 있다(표 1 참조). 가장 구체적인 가치수준인 1단계는 브랜드현저성(brand salience), 2단계는 브랜드성능(brand performance)과 브랜드이미지

표 1 Keller(2013)의 브랜드가치구성[9]

브랜드 가치수준	가치의 유형과 내용(Value Classification and Contents)	
4단계	브랜드공명(Brand Resonance) 해당개념들: 충성도(Loyalty); 애착(Attachment); 커뮤니티(Community); Engagement	
3단계	브랜드판단(Brand Judgments)=좌뇌, 이성적, 기능적 가치=[추상적 기능적/실용적 가치]	브랜드느낌(Brand Feelings)=우뇌, 감정적 가치=[추상적 경험적/쾌락적가치 and/or상징적/자아표현적 가치]
	해당요소: 품질(quality), 신뢰(credibility), 고려(consideration), 우월성(superiority)	해당요소: 온정(warmth), 재미(fun), 흥분(excitement), 보안(security), 사회적 인정/수용(social approval), 자아존중(self-respect)
2단계	브랜드성능(Brand Performance)=좌뇌, 이성적, 기능적 가치=[구체적 기능적/실용적 가치]	브랜드이미지 형상화(Brand Imagery) = 우뇌, 감정적 가치=[구체적 경험적/쾌락적 가치and/or 상징적/자아표현적 가치]
	해당요소: 주요 특성/이차적 특성(primary characteristics, secondary features), 제품신뢰성/내구성/ 서비스편리성(product reliability, durability, serviceability), 서비스 유효성/효율성/공감스타일(service effectiveness, efficiency, empathy style), 디자인, 가격	해당요소: 사용자프로파일 상상(user profile), 구매 및 사용상황 상상(purchase and usage situations), 개성과 가치 상상(personality and values), 역사/유산/경험 상상(history, heritage, experiences)
1단계	브랜드현저성(Brand Salience)=깊고 넓은 브랜드인지=category identification, needs satisfied	

형상화(brand imagery), 3단계는 브랜드판단(brand judgments)과 브랜드느낌(brand feelings), 그리고 가장 추상적인 수준인 4단계는 브랜드공명(brand resonance)이라는 개념을 제시하고 있다. 이 개념화의 첫 번째 특징은 브랜드가치를 좌뇌의 이성적인 개념들과 우뇌의 감정적인 개념들로

9 Keller(2013)의 Figure 3-1과 3-2 내용(p. 108)을 정리한 것임.

구분하고 있다. 특히 감정적인 개념들에 있어서는 경험적/쾌락적 가치와 상징적/자아표현적 가치를 구분하지 않고 대신 구체적~추상적 수준의 감정으로 구분하고 있다. 둘째, 제일 추상적인 수준의 가치개념인 브랜드공명은 고객과 기업 간의 관계가치(relationship value)를 의미하는 것으로 해석할 수 있다. 나아가 상위의 가치로 올라갈수록 그러한 가치를 제공하는 브랜드의 수는 줄어들기 때문에 삼각형으로 브랜드가치구성을 표현하고 있다.

② Kotler 등(2010)의 가치구성

Kotler 등(Kotler, Kartajaya and Setiawan, 2010)은 《*Marketing 3.0*》이라는 서적에서 기업이 고객이 제공하는 가치의 3단계 진화를 규범적으로 주장하고 있다. Marketing 1.0시대에는 많은 기업들이 기능적/실용적 가치(mind value/mind differentiation), 그 이후 2.0시대에는 감정적(경험적/쾌락적, 상징적/자아표현적) 가치(heart value/heart differentiation), 그리고 3.0시대에는 이러한 가치 외에 정신적/영적 가치(human spiritual value/spiritual differentiation)를 제공해야 한다고 주장하고 있다. 실무적으로는 시기에 맞는 적절한 주장으로 판단되지만, 학문적 관련성을 찾아보면 구체적 가치~추상적 가치(예: 수단-목적연쇄모형(a means-end chain model); Gutman, 1982; McCracken, 1986; Zeithaml, 1988)개념에서 이러한 주장은 이미 상당히 오래전에 등장했던 것으로 해석할 수 있다.

③ Park 등(2016)의 가치구성

Park 등(Park, MacInnis and Eisingerich, 2016)은 최근 《브랜드 흠모(*Brand Admiration*)》라는 서적을 발간하였다(표 2 참조). 이에 따르면 VC개념구

성의 1단계 가치는 고객에게 이익을 제공하는 혜택(enabling benefits) 가치로 기능적/실용적 가치와 매우 유사한 개념이다. 2단계 가치는 고객을 유혹하는 매력적 혜택(enticing benefits) 가치로 경험적/쾌락적 가치와 유사한 개념이다. 3단계 가치는 고객을 풍요롭게 하는 혜택(enriching benefits) 가치로 자아표현적/상징적 가치와 유사하다. 즉, Park 등(2016)의 브랜드 흠모(brand admiration)라는 틀은 Park 등(Park, Jaworski and MacInnis, 1986)의 세 가지 가치유형(기능적, 경험적, 상징적)을 그 이후 진행해 왔던 브랜드가치에 대한 일련의 개념 및 실증연구결과를 바탕으로 발전시킨 것으로 해석할 수 있다.

표 2 Park 등(2016)의 브랜드가치구성[10]

브랜드 가치수준	가치의 유형과 내용 (Value Classification and Contents)
3단계	고객을 풍요롭게 하는 혜택(Enriching Benefits) [자아표현적 가치] Self-Expressive/Symbolic Needs [1] 고객의 신념과 희망을 반영(Reflect One's Beliefs and Hopes) ① 신념과 원칙의 공유를 통하여(Through shared beliefs and principles) ② 미래에 대한 희망과 비전의 공유를 통하여(Through shared hopes and visions for a better vision) [2] 고객의 유대감과 차별성을 형성(Foster Belongingness and Distinctiveness) ① 타인과의 유대감을 통하여(Through connectedness with others) ② 신분(사회적 위치)과 독특함을 통하여(Through status and uniqueness)
2단계	고객을 유혹하는 매력적 혜택(Enticing Benefits) [경험적/쾌락적 가치] Experiential Needs [1] 고객의 오감과 마인드를 즐겁게 해줌(Stimulate the Senses& the Mind) ① 감각자극을 강화(Enhance sensory stimulation) ② 인지자극을 강화(Enhance cognitive stimulation) [2] 고객의 마음을 따뜻하게 함(Warm the Heart) ① 고객정서(유머, 감사, 즐거움)를 불러일으킴(Evoke emotion: humor, gratitude, entertainment) ② 공감을 불러일으킴(Evoke empathy) ③ 향수를 불러일으킴(Evoke nostalgia)

브랜드 가치수준	가치의 유형과 내용 (Value Classification and Contents)
1단계	고객에게 이익을 제공하는 혜택(Enabling Benefits) [기능적/실용적가치] Functional Needs [1] 고객의 문제를 해결하거나 고객을 안전하게 보호(Solve Customers' Problems; Protect and Keep Them Safe) ① 성능/신뢰도를 증진(Enhance performance reliability) ② 성능/다재다능함을 증진(Enhance performance versatility) [2] 고객자원을 아끼게 해줌(Conserve Customers' Resources) ① 정신적 에너지를 경감(Reduce mental energy) ② 육체적 에너지를 경감(Reduce physical energy) ③ 정서적 에너지를 절감(Reduce emotional energy) ④ 시간의 경감(Save Time) ⑤ 돈의 경감(Save money)
가치가 낮은 브랜드~ 가치가 높은 브랜드	8단계(최고수준) 가치=존경받는 브랜드(Admired Brand)=High Enabling Benefits+High Enticing Benefits+High Enriching Benefits 7단계 가치=근사한 브랜드(Decent Brand)=High Enabling Benefits+High Enticing Benefits+Low Enriching Benefits 6단계 가치=고귀한 브랜드(Noble Brand)=High Enabling Benefits+Low Enticing Benefits+High Enriching Benefits 5단계 가치=지루한 브랜드(Boring Brand)=High Enabling Benefits+Low Enticing Benefits+Low Enriching Benefits 4단계 가치=혼란스러운 브랜드(Confusing Brand)=Low Enabling Benefits+High Enticing Benefits+High Enriching Benefits 3단계 가치=일시적 유행 브랜드(Faddish Brand)=Low Enabling Benefits+High Enticing Benefits+Low Enriching Benefits 2단계 가치=건방진 브랜드(Pompous Brand)=Low Enabling Benefits+Low Enticing Benefits+High Enriching Benefits 1단계 가치=경멸스러운 브랜드(Despised Brand)=Low Enabling Benefits+Low Enticing Benefits+Low Enriching Benefits

나아가 브랜드흠모모델을 구성하는 선행요인과 결과(Brand Admiration Model: Drivers and Consequences)를 제시하였는데 브랜드흠모의 결과인 브랜드에 대한 친화행동(pro-brand behaviors)이 눈에 띄는 개념이다(그림 5

10 Park 등(2016)의 3장 내용을 정리한 것임.

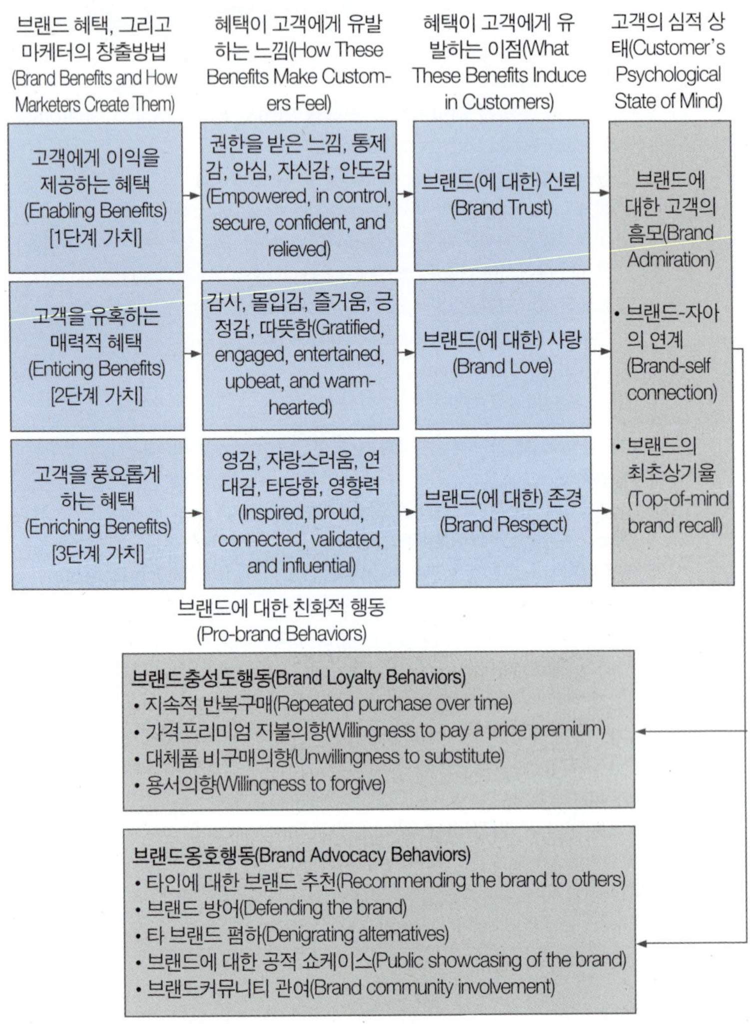

그림 5 브랜드흠모모델: 선행요인과 결과[11]

11 출처: Park 등(2016)의 Figure 3.1(e-book: 1220 of 5793).

참조). 브랜드친화행동은 브랜드충성도행동과 브랜드옹호행동으로 구성된다. 이 개념화를 보면, 브랜드친화행동은 Keller(2013)의 4단계 가치인 브랜드공명과 상당히 유사한 개념이다. Park 등(2016)이 제시한 최근 연구결과를 감안하면 브랜드친화행동 또는 브랜드공명은 두 가지 수준에서 살펴볼 필요성을 시사한다. 소비자가 브랜드를 좋아하여 지속적으로 구매하는 충성도수준과 그 수준을 넘어선 브랜드옹호/커뮤니티/고객참여/고객engagement수준은 소비자와 기업 간의 관계가 다름을 시사하고 있다. 이 점은 후에 살펴볼 문헌흐름에서 더 분명해질 것이다.

④ Kotler 등(2017)의 가치구성

Kotler 등(Kotler, Kartajaya and Setiawan, 2017)은 《*Marketing 3.0*》 이후 최근 《*Marketing 4.0*》이라는 실무적 서적을 발간했다. 이 서적의 부제(전통적 마케팅에서 디지털마케팅으로: Moving from Traditional to Digital)를 보면 그 지향성을 어느 정도 추론할 수 있을 것이다. 전통적 마케팅활동과 디지털마케팅활동의 특성과 소비자 측면에서의 변화를 반영한 이 서적을 살펴보면 두 가지 주장이 VC개념의 구성과 관련되어 있다. 첫 번째는 디지털마케팅활동의 경쟁력이 증진될수록 획득할 수 있는 VC개념의 단계는 고객의 즐거움(enjoyment: 1단계), 고객경험(experience: 2단계), 고객의 engagement(3단계)로 구성된다는 주장이다. 고객의 즐거움과 고객경험은 경험적/쾌락적 가치개념으로 유형화가 가능한 반면, 고객의 engagement는 브랜드옹호/커뮤니티/고객참여가치 개념(Keller, 2013; Park et al., 2016)과 동일하다.

두 번째 주장은 디지털마케팅활동이 목적으로 하는 고객의 기대반응단계가 전통적 마케팅활동이 목적으로 하는 기대반응단계(AIDA: Aware-

Interest-Desire-Act 또는 Aware-Attitude-Act-Act Again)와 달리 'Aware-**Appeal**-**Ask**-Act-**Advocate**'임을 주장한다. 디지털환경에서는 마케팅활동이 소비자에게 'Appeal'하면 소비자가 커뮤니티에게 'Ask', 즉 커뮤니티에 의견을 묻고 그 의견에 영향을 받을 수 있다는 것이다. 기업오퍼에 대한 사회적 가치(social value, 기업오퍼에 대한 타인의 평가가치. 예: 기업제품이나 브랜드의 명성, 구전, 추천)가 소비자태도와 행동에 영향을 미칠 수 있다. 그리고 'Advocate'개념은 전술한 브랜드옹호/커뮤니티/고객참여가치 개념(Keller, 2013; Park et al., 2016)과 일맥상통하는 개념이다. 나아가 디지털환경에서는 'Act(구매)'를 안 해도 'Ask'와 'Advocate'가 결합하여 소비자에게 영향을 미칠 수 있다. 요약하면 Kotler 등(2017)의 《Marketing 4.0》 내용은 VC개념구성에 있어 사회적 가치(social value)와 브랜드옹호/커뮤니티/고객참여가치가 중요함을 시사하고 있다.

⑤ 가치의 수준/위계(Level or Hierarchy of Value) 고찰의 요약

가치의 단계는 '기능적/실용적 가치→경험적/쾌락적 가치와 상징적/자아표현적 가치(두 가치유형의 수준을 정하기는 어렵다)→기업오퍼에 대한 옹호/커뮤니티/고객참여가치로 개념화할 수 있음'이 기존문헌의 공통적 주장으로 파악된다. 그 외 사회적 가치(social value)와 관계적 가치(relationship value)가 VC개념구성에 포함될 필요가 있는 것으로 판단된다. 다음에서는 브랜드/기업오퍼/기업에 대한 옹호/커뮤니티/고객참여가치가 시사하는 가치개념인 가치의 공동창출에 관하여 살펴본다.

(2) 가치의 공동창출(Value Co-Creation)

기업오퍼에 대한 옹호/커뮤니티/고객참여가치가 시사하는 가치개념은 실행하기는 가장 어렵지만 제대로 시행되면 VC개념이나 기업가치에 공헌할 가능성이 가장 높은 가치의 공동창출(Value Co-Creation)일 것 같다. 가치의 공동창출개념의 가장 큰 특징은 고객과 기업 간의 관계구도에서 찾아볼 수 있다. 다른 유형의 가치개념(기능적/실용적 가치; 경험적/쾌락적 가치와 자아표현적/상징적 가치)은 기업이 VC창출 및 제공자, 소비자는 가치수혜자 관점을 취하고 있는 반면, 가치의 공동창출개념에서는 소비자가 가치수혜자일 뿐만 아니라 VC창출 및 제공과정의 적극적 참여자라는 점이 가장 핵심적인 특징이다.

가치의 공동창출개념은 Prahalad와 Ramaswamy(2004)의 《경쟁의 미래(*the future of competition*)》라는 서적에서 체계적으로 제시된 이래 B2C나 B2B 상황 모두에서 관련 연구가 많이 진행되어 왔으며, 마케팅영역에서는 특히 '서비스지배적 마케팅논리(service-dominant logic of marketing)'라는 포괄적 체계와 연관되어 발전해 오고 있다(Lusch and Vargo, 2014). Lusch 와 Vargo(2014) 외에 이 개념을 이해하는 데 도움이 되는 통합고찰은 Chang과 Taylor(2016), Ranjan and Read(2016), 그리고 본서의 장우정 논문(2017)에 상세히 제시되어 있다. 다만, 한 가지 주의해야 할 점은 전술한 브랜드/기업오퍼에 대한 옹호/커뮤니티/고객참여가치(Keller, 2013; Kotler et al., 2017; Park et al., 2016)가 가치의 공동창출개념을 시사하지만 가치의 공동창출(Value Co-Creation)과 동일한 개념은 아니라는 점이다. 고객이 기업의 가치창출과정에 참여해야 가치의 공동창출에 해당될 수 있으며, 이 경우 고객은 자신이 참여한 가치를 제공받게 되는 것이다(Value

Creation for Customers by Value Co-Creation).

(3) 관계적 가치(Relationship Value)

B2B 상황에서 관계마케팅연구의 흐름은 오랜 기간에 걸쳐 신뢰(trust)와 몰입(commitment), 공급사와 고객사 간의 관계적 프로세스(relational process)와 다중적 관계(multiple ties), 관계에 대한 만족과 질(relationship satisfaction & relationship quality) 등 관계적 가치(relationship value)를 강조해 왔다(Frow and Payne, 2011; Morgan and Hunt, 1994; Palmatier, Dant, Grewal and Evans, 2006; Payne and Holt, 2001; Tuli and Bharadwaj, 2007; Tuli, Kohli, Bharadwaj, 2007; Tuli, Bharadwaj and Kohli, 2010).

특히, VC개념구성을 위한 관계적 가치의 유형은 가치의 원천이 어디에 있는가에 따라 결정될 수 있다(Ulaga and Eggert, 2006; 그림 6 참조). 먼저,

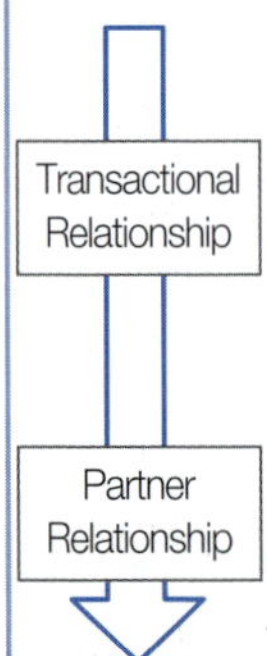

	관계적 가치(Relationship value)의 차원	
Sources of Value	Benefits(+)	Costs(−)
Core offering	Product quality Delivery performance	Direct costs
Sourcing process	Service support Personal interaction	Acquisition costs
Customer operations	Supplier know-how Time to market	Operation costs

그림 6 주요 공급자와의 관계에서 고객가치의 결정요인[12]

12 출처: Ulaga와 Eggert(2006)의 Table 2(p. 122).

가치의 원천이 핵심제품/서비스에 있는 경우 가치는 제품품질, 납기성과와 제품가격/비용에 의하여 결정된다. 이 경우는 공급자와 고객의 관계가 다음 거래가 보장되지 않는 그때그때의 거래적 관계일 경우로 주요 가치구성개념은 기능적/실용적 가치라 할 수 있다. 둘째, 가치의 원천이 소싱프로세스에 있을 경우 가치는 서비스서포트, 인적상호작용과 획득가격/비용(제품가격/비용+조달비용)에 의하여 결정된다. 이 경우 공급자와 고객의 관계는 다음 거래가 어느 정도 보장되는 소싱관계일 경우이다. 이때 주요 가치구성개념 역시 기능적/실용적 가치를 기반으로 하지만 인적상호작용에서 발생하는 감정적 가치가 포함될 수 있을 것이며, 이 경우부터는 관계적 가치라는 개념이 적용될 수 있다. 셋째, 가치의 원천이 고객사의 운영관리를 대신하는 경우 가치는 공급자의 노하우, 신제품개발에의 공헌, 운영비용(예: 총보유비용, 라이프사이클비용)에 의하여 결정된다. 이 경우의 공급자와 고객의 관계는 지속적 거래가 보장하는 파트너십관계라 할 수 있다. 이때 주요 가치구성개념 역시 기능적/실용적 가치를 기반으로 하지만 공급자와 고객사 간의 협업/파트너십관계에서 발생하는 감정적 가치가 포함될 수 있을 것이며, 이 경우 관계적 가치라는 개념이 매우 유효하다. 특히 이러한 전략적 파트너십관계는 '서비스지배적 마케팅논리(service-dominant logic of marketing)'라는 체계와 마케팅개념이 제안하는 이상적/규범적 관계라 할 수 있다(Lusch and Vargo, 2014).

B2C나 B2B 모두 관계적 가치는 첫 번째 거래 이후 개발되는 상황에서 유효한 VC개념구성요인으로 기타가치유형(기능적/실용적 가치, 경험적/쾌락적 가치와 자아표현적/상징적 가치)과는 구분되어 설정되는 것이 바람직할 것이다. 또한 관계적 가치가 형성되면 그 결과로 Park 등(2016)의 브랜드친화행동 또는 Keller(2013)의 브랜드공명, 특히 충성도가 나타날 것이

다. 즉, 브랜드친화행동, 브랜드공명, 충성도, 커뮤니티관여행동은 VC개념구성요인이라기보다는 VC개념의 결과로 개념화하는 것이 적절할 것이다.

(4) VC개념의 실용적 틀 구성 시 유용한 상황적 · 조건적 개념들

① 산업/시장에서의 기업포지션에 따른 전략집단(strategic groups)

많은 산업/시장에 있어 자원과 역량이 비슷한 기업들은 동일한 세부시장(segment)에서 비슷한 방법으로 경쟁을 하며 전략집단(strategic group)을 이루고 있다(McGee and Thomas, 1986). 일반적으로 품질과 비용/가격을 기준으로 할 때 차별화전략을 구사하는 하이엔드(high-end)집단, 원가우위전략을 구사하는 로우엔드(low-end)집단, 중간의 가치전략을 구사하는 가치(value) 또는 매스집단에 소속된 기업들은 VC개념에 있어 각 집단 내에서 치열한 경쟁을 하고(Johns and Hill, 2013), 다른 집단으로 이동하는 것은 쉽지 않다. 즉, 집단 간 이동장벽(mobility barriers)이 발견되었는데 다른 집단/세부시장으로 이동하기 위해 자원/역량과 세부시장요구조건과의 적합성을 새로 구축하는 데에는 많은 시간과 노력이 필요하다(Hatten and Hatten, 1987). 이처럼 기업이 세부시장에서 어떠한 전략적 집단에 포지션되어 있는가에 따라 VC개념을 구성하는 범위가 결정될 가능성이 높기 때문에 VC개념의 실용적 틀 구성 시 기업의 전략집단포지션을 고려해야 틀의 유용성이 높아질 것으로 판단된다.

② 시장리더와 추종자의 포지셔닝전략모드

특정제품군에서 가장 높은 시장점유율을 확보하고 있는 시장리더들에게 시장의 잠재적 변화는 위험요소일 수 있으므로 일반적으로 시장리더들은 관성(inertia), 즉 현 상태(status quo)를 선호한다. 그렇기 때문에 시장리더들은 변화를 예방하기 위해 노력하고 일반적으로 방어전략모드를 사용하는 편이다(Hoch and Deighton, 1989). 예를 들어 시장리더들은 소비자들에게 '친숙한 제품을 선택하라'는 방어전략메시지를 쓰거나 시장의 모호성(ambiguity)을 높이는 경우가 많다. 반면 추종자들은 시장의 질서를 교란시키기 위해 '항상 새로운 것이 좋습니다'라고 시장리더제품과 추종자제품을 비교광고하거나 비교평가하게 하는 등 시장의 모호성을 줄이는 방법을 선택한다. 즉 기업의 시장지위에 따라 방어(친근함) 또는 공격(새로움)을 강조할 가능성이 높기 때문에 친근함(familiarity)과 새로움(newness)의 가치는 VC개념의 실용적 틀 구성 시 포함되는 것이 바람직할 것으로 판단된다.

VC개념의 실용적 틀의 발전방향

1) VC개념의 실용적 틀의 개괄(Overview)

VC개념을 활용하는 실용적 틀의 개념을 그림 7에 제시했다. 지금까지 검토한 VC에 관한 기존문헌 검토결과를 바탕으로 하여 VC기반의 전략수행프로세스를 생각한 것이다. 먼저 어떠한 고객에게 무슨 가치를 창출/제안해야 하는가가 전략수행프로세스의 시작점이다. 이 단계에서 당연히 고객, 경쟁, 자사분석을 해야 하겠지만, VC를 위한 발상(ideation)에 도움을 줄 수 있는 수단/템플릿 역할을 하는 것이 '일반화할 수 있는' 가치

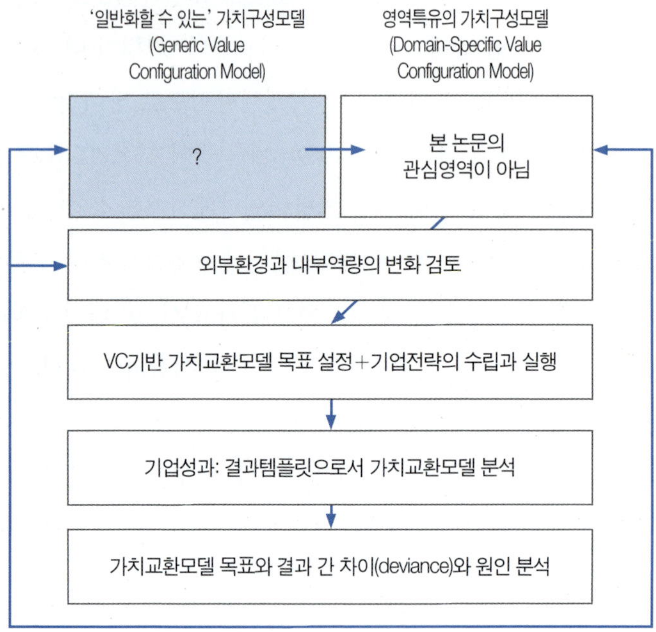

그림 7 VC개념의 실용적 틀: VC기반의 전략수행프로세스

구성모델(Generic Value Configuration Model)이다. 이 모델의 핵심은 가치유형(typology)의 체계적 정리라고 할 수 있는데, 전술한 기존문헌 검토결과를 바탕으로 다음 섹션에서 제안될 것이다.

'일반화할 수 있는' 가치구성모델로 가치구성을 생각하며 바로 이는 특정산업/시장/제품 등 영역특유의 가치구성모델(Domain-Specific Value Configuration Model)로 구체화되어야 할 것이다. 이렇게 VC개념을 계획하고 외부환경과 내부역량 측면의 요인들을 고려하여 VC개념을 확정할 수 있다. 그런 후 VC개념이 목표로 하는 결과(Output)수단/템플릿인 가치교환모델(Value Exchange Model)을 설정한 후 기업전략과 활동을 수행하게 된다. 수행 후 성과는 목표와 가치교환모델의 결과를 분석평가하게 된다. 그리고 목표와 결과의 차이(deviance)와 그 차이에 대한 원인을 분석하여 다시 VC구성개념을 지속적으로 업데이트하는 것이 VC개념을 활용하는 실용적 틀 역할을 하는 것이다. 다음에서는 본 논문의 핵심내용인 '일반화할 수 있는' 가치구성모델의 개념화를 제안한다.

2) '일반화할 수 있는' 가치구성모델(Generic Value Configuration Model)의 제안

전술한 기존문헌 검토결과를 통합하여 그림 8과 같이 '일반화할 수 있는' 가치구성모델을 제안한다. 이 모델의 주요 특징으로는 먼저 VC개념을 구매 전–사용/소비–사용 후 평가라는 고객구매 및 경험단계별로 제시하였다. 이 과정을 거치면서 고객의 가치지각변화(Rumelhart and Norman, 1978)를 모니터링하고 VC개념을 조정해야 함을 감안하였다(그림 8 참조). 둘째, 이러한 단계와 함께 VC개념의 수준/위계를 고려하였다(렌즈 1부터 렌즈 7). 셋째, B2C와 B2B 상황에 적용할 수 있도록 VC유형의 포괄적 도출을 시도하였다. 마지막으로 VC개념을 수행하는 데 있어 전략적으로 중요한 상황/조절요인으로 판단되는 기업의 전략집단포지션(레버 1)과 시장리더와 추종자의 포지셔닝전략모드(레버 2)를 개념화에 포함시켰다. 지금부터는 전술하였지만 각 렌즈와 레버에 대한 설명을 간략히 제시한다.

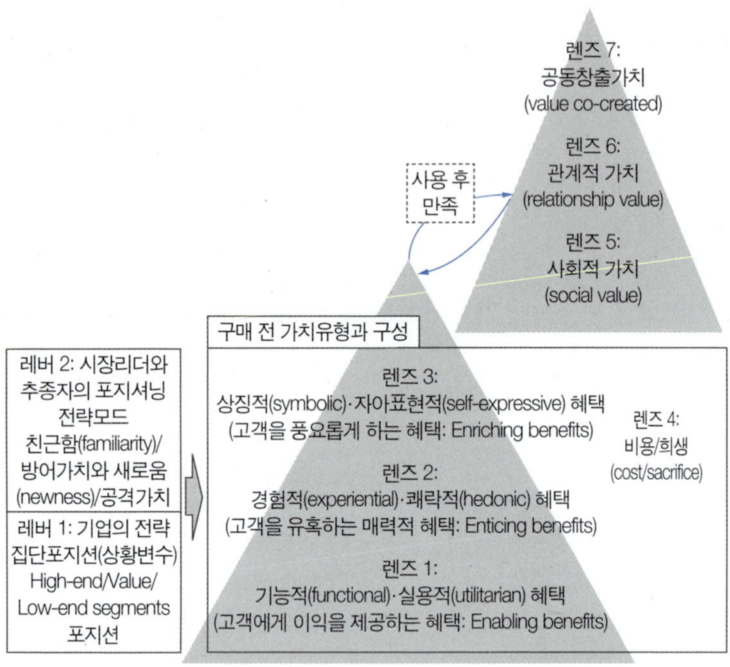

그림 8 '일반화할 수 있는' 가치구성모델 제안

(1) 렌즈 1: 기능적(functional) · 실용적(utilitarian) 혜택(고객에게 이익을 제공하는 혜택, enabling benefits)

기능적 · 실용적 혜택은 아무래도 경제학에 그 기반을 두고 있고, 심리학, 사회학 등에서도 논의되어 왔다. 기능적 · 실용적 혜택은 소비자의 이성이 중요하게 여기는 가치를 말하며, 좌뇌영역의 역할이 크다. 기능 · 실용이라는 개념 자체가 광의의 개념임에 따라 전술한 문헌검토와 추가적인 마케팅연구문헌의 논의를 바탕으로 기능적 · 실용적 혜택의 세부유형을 살펴보면 다음과 같다.

① **자원과 역량에 의한 기능적·실용적 혜택(resource/capability benefits)**

제품이나 서비스를 제공하는 기업의 자원과 역량이 고객(B2C)·고객기업(B2B)에 기능적·실용적 혜택을 제공한다는 것이 주안점이다. 이 자원과 역량에 의한 기능적·실용적 가치는 비즈니스모델혁신보다는 첨단기술과의 결합·기술적 혁신에 의한 가치창출·제안으로 구현되는 경우가 더 많다.

② **디자인실용혜택(design-utilitarian benefits)**

디자인혁신으로 실용적 혜택을 증진하는 경우이다. 물론 디자인혁신은 기능적·실용적 혜택 외에 경험적·쾌락적 혜택(hedonic and experiential benefits)도 제공할 수 있다.

③ **경제성에 의한 실용적 가치=경제적 가치(economic value)**

가치는 혜택과 비용/희생의 차이로 개념화되어 왔다. 혜택과 비용/희생의 차이를 경제적 가치라고 하는데 경제적 가치는 기능·실용과 관련성이 높다. 오퍼(제품이나 서비스)가 경쟁보다 저렴하여 경제적 가치를 제공한다는 것이 주안점이다. 물론, 경제학에서 설명하는 경제적 가치는 '유보가격 또는 최고지불의향가격(reservation price or the highest price willing to pay)-시장가격 또는 지급가격(market price or price paid)'으로 산출하며, 이 가치를 바로 소비자가 받는 가치 또는 소비자후생(consumer surplus)이라고 부른다. 기업입장에서의 수익은 '시장가격-기업 원가'이다. 그래서 소비자가치가 플러스(+)이고, 기업의 수익·가치도 플러스(+)인 경우를 가치의 동시창출(dual creation of value)이라고 명명하여 오고 있다(Kumar and Reinartz, 2016).

④ 그 외 기능적 · 실용적 혜택과 관련한 논의사항들

기능적 · 실용적 혜택은 소비자행동의 수단-목적연쇄모형(means-end chain model: Gutman, 1982)에서도 많이 논의되었다. 컴퓨터메모리 RAM용량과 같은 제품의 특성과 기능이 중요한 것은 처리속도가 빠르다는 실용적 혜택을 제공하기 때문이라는 것이 이 모형의 주장이다. 제품의 특성과 기능은 수단(means)이고, 실용적 혜택은 소비자가 제품과 서비스를 사용하는 목적/결과(end)이다. 물론 목적/결과는 실용적 혜택뿐 아니라 더 상위적 '가치'인 수단적/궁극적 가치(instrumental/terminal 'values', 예를 들어 컴퓨터처리가 빠르면 일 잘하는 사람으로 인정받아 기분이 좋고 내 존재가치를 느끼게 됨)까지 포함한다. 물론 혜택, 수단적/궁극적 가치와 같은 목적/결과(end)는 뒤에 설명할 다른 혜택(예: 경험적/쾌락적 혜택)도 포함할 수 있다.

나아가 기능적 · 실용적 혜택을 소비자에게 은유적으로 소구하는 방법에 대한 주장이 있는데(Zaltman, 2003; Zaltman and Zaltman, 2008), 첫 번째로는 자원(resource)개념을 활용하는 은유방법이 있다. 고객에게 소통하는 방법은 우리의 자원(resource)이 좋아서 고객이 우리 제품과 서비스를 선택하는 것이며 그 결과, 고객의 자원도 증진한다는 은유기법을 사용하면 좋다는 것이다. 두 번째로는 통제(control)개념을 사용하는 은유방법이 있다. 우리 제품과 서비스를 선택함으로써 소비자는 지배감(sense of mastery)을 갖거나, 편안함(well-being)을 느끼거나, 불안함이나 취약점(vulnerability)을 떨쳐버릴 수 있다는 은유기법을 사용하면 도움이 될 것이라고 주장한다. 물론 이 경우는 기능적/실용적 혜택이 경험적/쾌락적 혜택으로 연결되는 것이다.

(2) 렌즈2: 경험적(experiential) · 쾌락적(hedonic) 혜택(고객을 유혹하는 매력적 혜택, enticing benefits)과 렌즈 3: 상징적(symbolic) · 자아표현적(self-expressive) 혜택(고객을 풍요롭게 하는 혜택, enriching benefits)

앞에서 고찰했듯이 기존문헌에 따르면 가치의 단계는 '기능적/실용적 가치→경험적/쾌락적 가치와 상징적/자아표현적 가치'로 개념화할 수 있지만, 사실 경험적/쾌락적 가치와 상징적/자아표현적 가치 간에 가치의 수준이나 위계를 명확히 정하기에는 실증적 · 문헌적 근거가 부족하다.

경험적/쾌락적 혜택(experiential and hedonic benefits)과 상징적/자아표현적(symbolic and self-expressive benefits) 혜택은 소비자가 감정적으로 느끼는 가치를 말하며, 우뇌영역의 역할이 크다. 즉, 두 가치 모두 감정의 역할이 크다는 공통점을 가지지만, 경험적/쾌락적 혜택은 소비자 스스로 느끼는 감정적 가치를 의미한다(이진용, 2003; Adaval, 2001; Hirschman and Holbrook, 1982; Holbrook and Hirschman, 1982; Mandler, 1982; Park, Jawarski, and MacInnis, 1986; Pine and Gilmore, 1999; Schmitt, 2000, 2003). 반면, 상징적/자아표현적 혜택은 사회적 관계 속에서 나를 생각한다. 내가 느끼는 감정적 혜택도 중요하지만, 더 중요한 것은 내가 어떠한 제품을 사용하면(예: 어떤 차를 타면) 남이 나를 어떻게 볼까를 더 의식한다는 것이다. 즉 상징적/자아표현적 혜택의 경우 감정(affect) 외에 인지(cognition)도 큰 작용을 한다. 이러한 측면과 아직은 미약하지만 가장 최근에 등장한 Park 등(2016)의 논거나 실증적 증거에 따라 그림 8 에서는 경험적/쾌락적 혜택보다 상징적/자아표현적 혜택을 더 추상적 가치유형으로 설정하였다.

브랜드 관련 문헌, 특히 소비자기반의 브랜드자산문헌에서는 브랜드 자산가치 또는 브랜드파워가 높아지려면 제품과 서비스의 실용적 혜택

외에 경험적/쾌락적 혜택과 상징적/자아표현적 혜택이 부가되어야 한다는 논거와 주장이 많다(Keller, 1993). 그렇다면 아무래도 경험적/쾌락적 혜택과 상징적/자아표현적 혜택은 소비재에서 더 중요하게 작용될 가능성이 더 높을 것이다. 그럼에도 불구하고 산업재나 B2B 상황에서도 브랜드의 상징적 혜택의 중요성 또한 많이 증명되고 있다. 산업재나 B2B 서비스구매기업이 '책임을 피할 수 있다'는 책임소재설명력(accountability) 때문에 명성이 높은 브랜드산업재(예: GE나 지멘스)나 법률회사(예: 김앤장)를 사용하는 것으로 밝혀졌다. 또 B2B 협상과정에서도 협상대상자 간에 느끼는 감정이 협상결과에 유의한 영향을 미친다고 밝혀진 것을 감안할 때 경험적/쾌락적 혜택과 상징적/자아표현적 혜택은 산업재와 B2B 마케팅에서도 유효한 추가적(incremental) · 무형적(intangible) 혜택이라 할 수 있다(다이아몬드, 2010).

나아가 이러한 혜택사항들을 소비자에게 은유적으로 소구하는 방법(Zaltman, 2003; Zaltman and Zaltman, 2008)으로는 첫째, 균형(balance)개념을 활용하는 은유방법이 있다. 고객에게 소통하는 방법은 우리의 제품과 서비스를 지속해서 사용하면 평등함(equilibrium)이나 정의감(justice)을 느낄 수 있거나, 우리의 제품과 서비스는 다양한 요인들의 상호작용을 고려(interplay of elements)했기 때문에 소비자는 세밀함(sophistication)을 느낄 수 있음을 강조하는 것이다. 두 번째로는 변신(transformation)개념을 사용하는 은유방법이 있다. 고객에게 소통하는 방법은 "새 술은 새 부대에 담아야 한다"는 옛말과 같이 세월과 상황이 변했기 때문에(changes in substances and circumstances) 우리 제품과 서비스를 선택함으로써 소비자가 변화를 느낄 수 있음을 강조하는 것이다. 세 번째로는 여정(journey)개념을 사용하는 은유방법이 있다. 우리는 소비자와 과거, 현재, 미래로의 여정을 함께함을 강조하라는 것이다.

(3) 렌즈4: 비용/희생(cost and sacrifices)

현재까지 VC구성은 상대적으로 혜택(소비자의 get영역)에 초점을 맞추어 온 반면, 소비자의 비용/희생(소비자의 give영역)은 주로 가격에 초점이 맞추어져 왔다. 소비자의 비용/희생은 단순한 가격뿐만 아니라 시간비용, 탐색비용, 리스/렌탈비용對구매비용, 구매비용과 조달비용, 운영비용, 총보유비용, 라이프사이클비용 등 다양하다. 이를 감안하는 것은 중요하나 어떤 조건이나 상황에서 특정종류의 비용/희생이 더 적절한가에 관한 체계적 개념화와 조작화는 향후 더 발전되어야 할 과제이다.

(4) 렌즈 5: 사회적 가치(social value)

소비자를 둘러싸고 있는 사회적 환경을 잘 이용하여 가치를 제공하는 것이 사회적 가치제안(social value)이다. 설득심리학(Fiske, 1990) 등에서 논의한 설득과 영향력(influence)의 힘[13], 마케팅에서 논의된 구전(word of mouth)의 파워를 이용하여 사회적 가치를 제공하는 것이 주안점이다(예: Dye, 2000; Gladwell, 2000). 그렇다면 사회적 가치는 구매 전 가치에도 영향을 미칠 수 있다. 특히 설득과 영향력의 경우 고객이 구매 전 기업이 제

13 설득과 영향력의 주요 유형으로는 상호교류(reciprocation; give and take; 정직과 성심의 원칙), 몰입과 일관성(commitment & consistency; 아군만들기 논리), 사회적 증거(social proof; reference), 호감(liking), 권위(authority; 전문가로부터의 영향력; endorsements), 희귀성(scarcity; 대접받는 느낌)이 있으며 이러한 방법들 중 효과적인 사회적 설득방법을 사용하여 우리 제품과 서비스를 구매해 사용하게 하라는 것이다(Cialdini, 2006).

안하는 가치를 생각하고 있는데 구매시점 근처에서 접하게 되는 타인(가족이나 친구 등)의 평가, 영업사원의 영향, 웹사이트에 있는 다른 고객들의 평가 등이 고객의 지각가치에 영향을 미칠 수 있다. 그러나 이러한 시장에서의 평판은 일단 고객들이 해당오퍼를 사용한 후 형성되는 측면을 중요하게 감안하여 구매 후 VC구성으로 개념화하였다.

사회적 가치를 소비자에게 은유적으로 소구하는 방법에 관한 주장(Zaltman, 2003; Zaltman and Zaltman, 2008)으로는 연결(connection)이라는 은유방법이 있다. 우리 제품과 서비스를 사용함으로써 우리와 고객만이 연결되는 것이 아니라 다른 고객과도 연결되어 가치를 받을 수 있음을 강조하는 것이다. 마케팅에서는 '애플커뮤니티', '할리데이비드슨커뮤니티' 등과 같은 커뮤니티형성과 지원이 대표적인 사회적 가치창출노력의 예에 해당한다.

(5) 렌즈 6: 관계적 가치(relationship value)

기능적/실용적 가치, 경험적/쾌락적 가치, 상징적/자아표현적 가치, 사회적 가치 등을 지속해서 창출 · 제안하고 고객과 해당가치를 교환하면 결국 기업과 고객 간의 관계적 가치(relationship value)를 형성할 수 있고 이 또한 고객에게 작용하는 VC개념의 중요한 유형이 된다(Morgan and Hunt, 1994; Payne and Holt, 2001). 관계적 가치가 잘 형성되어 있으면 고객을 지속해서 유지할 확률이 높다(Rust, Zeithaml and Lemon, 2001). 관계적 가치는 B2C뿐 아니라 B2B에서도 매우 중요한 가치제안으로 작용할 수 있다. 예를 들어 관계적 가치를 지속해서 유지하고 발전시키기 위해 주요고객관리(key account management)시스템과 조직을 B2B에서 많이 활용하고 있다(Davies and Ryals, 2009; Homburg, Workman and Jensen, 2002; Ryals and Rogers, 2007).

관계적 가치를 소비자에게 은유적으로 소구하는 방법에 관한 주장(Zaltman, 2003; Zaltman and Zaltman, 2008)으로는 컨테이너(container)라는 은유방법이 있다. 우리와 고객 간의 관계는 컨테이너 안에(in container) 안정적으로 존재할 수 있도록 관리하고(예: 고객이 "우리가 남인가"라고 말하는 경우), 컨테이너 주변으로 밀리는지(boundary) 아니면 컨테이너 밖으로(out of container) 밀리는지(예: "우리가 남이다"라고 말하는 경우)를 항상 주의 깊게 점검하고 대책을 마련하라는 것이다.

관계적 가치보다 더 위에 있는 가장 상위의 VC개념으로는 고객 등과 가치를 공동으로 창출하는 공동가치의 창출(value co-created)을 설정할 수 있으며, 이에 대해서는 앞에서 설명하였으므로 여기서는 생략하겠다.

(6) 레버 1: 기업의 전략집단포지션

앞에서 많은 산업/시장에 있어 차별화전략을 구사하는 하이엔드(high-end)집단, 원가우위전략을 구사하는 로우엔드(low-end)집단, 중간의 가치전략을 구사하는 가치(value) 또는 매스집단에 소속된 기업들은 VC개념에 있어 각 집단 내에서 치열한 경쟁을 하고 있고 다른 전략집단으로 이동하는 것이 쉽지 않음을 살펴보았다. 소비자 또는 수요의 관점에서 봐도 일반적으로 소비자의 사회 · 경제적 위치에 따라 다른 가치를 요구하는 경우가 많다. 고품질/고가격오퍼를 원하는 고소득/고지위의 하이엔드(high-end)소비자층, 적당한 품질/적당한 가격오퍼를 원하는 대중(mass) 또는 가치소비자층, 그리고 저가격/저품질을 원하는 저소득/저지위인 로

우엔드(low-end)소비자층이 많은 시장에서 발견되고 있다. 즉 어떠한 소비자층을 주력시장으로 삼고 전략을 수행하는가는 기업의 전략집단소속(즉, 기업의 자원과 역량)에 따라 달라질 것이다. 이에 따라 VC를 구성하는 과업은 기업의 전략집단소속에 따라 달라져야 할 것이다. 예를 들어 로우엔드소비자층에 접근하는 로우엔드집단소속기업은 경제적 가치 또는 비용/희생에 초점을 맞춰야 할 것이고 하이엔드소비자층에 접근하는 하이엔드집단소속기업은 기능적/실용적 가치, 경험적/쾌락적 가치, 상징적/자아표현적 가치 모두를 제공하려고 노력할 것이다.

(7) 레버 2: 시장리더와 추종자의 포지셔닝전략모드

앞에서 시장리더기업은 일반적으로 방어(친근함)를, 시장추종자기업은 공격(새로움)을 강조할 가능성이 높기 때문에 친근함(familiarity)과 새로움(newness)의 가치는 VC개념의 실용적 틀 구성 시 포함되어야 바람직할 것임을 살펴보았다. 이러한 가치유형은 심리학, 사회학, 문화인류학, 기호학 등에서 많이 논의되어 왔는데 새로운 것이 소비자에게 가치를 제공한다는 주장만큼 친근한 것이 가치를 제공한다는 주장도 많이 발견된다. 실무적 응용관점에서는 공격전략을 펼치는 기업일수록 새로움을 강조하고, 방어전략을 펼치는 기업의 경우에는 친근함을 토대로 한 방어전략을 사용하는 것이 좋다('구관이 명관이다', '많은 사람이 쓰는 것이 좋은 것이다' 등의 논리를 사용하는 것이 일반적이라 할 수 있다). 즉 일반적으로 새로움 VC를 강조할수록 기능적/실용적 혜택이 중요할 것이고 친근함 VC를 강조할수록 경험적/쾌락적, 상징적/자아표현적 혜택이 중요할 것이다. 그럼에도 불구하고 시장리더 또한 신제품이나 신시장개발을 목표로 하는 상황이라면 새로움이라는 혁신가치를 강조할 것이다. 즉, 향후연구에서는 신제품/신시장개발이라는 비즈니스목표상황 또한 추가적인레버로 반영하는 개념화노력이 필요할 것이다.

3) VC개념에 대한 주요 실무적 틀과의 비교

마지막으로 본 논문이 제안한 '일반화할 수 있는' 가치구성모델(Generic Value Configuration Model)을 VC개념에 대한 주요 실무적 틀과 비교하고자 한다. 먼저 왈더와 피그누어(2011)는 《비즈니스모델의 탄생(*Business model generation*)》이라는 실무서에서 VC구성, 즉 가치제안의 종류를 표 3 과 같이 제시했다.

퍼포먼스(성능), 커스터마이징, 편리성 · 유용성, 무언가를 '되게' 만드는 것(생산, 공급, Operation & Maintenance 프로세스상에서 솔루션을 제공하는 것을 포함), 리스크절감, 접근성, 디자인은 본 논문이 제안한 VC유형 중 기능적/실용적 혜택, 더 구체적으로는 자원과 역량에 의한 기능적 · 실용적 혜택(resource/capability benefits)에 해당된다. 그리고 가격, 비용절감, 리스크절감, 접근성 등은 기능적/실용적 혜택, 더 구체적으로는 경제적 가치에 해당된다. 특히 경제적 가치는 첨단기술과의 결합보다는 비즈니스모델혁신으로 구체화되는 경우가 더 많다. 리스크절감과 접근성의 경우에는 자원과 역량에 의한 기능적/실용적 혜택에 해당할 수 있고, 경제적 가치제안에도 해당할 수 있다. 다시 말하면 첨단기술의 결과로 리스크를 절감하고 접근성이 좋아지면 자원과 역량에 의한 기능적/실용적 혜택을 제공하는 것이지만, 비즈니스모델혁신의 결과로 경제적 가치가 나타나 리스크를 절감하고 접근성이 좋아지면 경제적 가치를 제공하는 것으로

표 3 **왈더와 피그누어(2011)의 VC구성의 종류**[14]

	VC구성(가치제안)의 종류	
1	새로움(Newness)	이전까지는 아무도 제시하지 않아서 필요한지 몰랐지만, 전적으로 고객의 새로운 욕구를 찾아 이를 충족시켜 가치를 창조
2	퍼포먼스(Performance)	제품 또는 서비스성능을 개선시켜 가치를 창조
3	커스터마이징(맞춤제작) (Customization)	제품 또는 서비스를 개별고객이나 세그먼트별로 특화된 요구에 정확히 맞추어 제공함으로써 가치를 창조
4	무언가를 '되게' 만드는 것 ("Getting the job done")	고객이 무언가를 수행할 때 도움을 제공함으로써 가치를 창조 (Christensen and Raynor, 2003): 고객혜택, 편익개념과 유사하며 고객의 수행목적달성을 의미
5	디자인(Design)	우수한 디자인을 통해 가치를 창조
6	브랜드/지위 (Brand/status)	고객이 특정브랜드를 사용하고, 이를 보여주는 것에서 가치가 창조
7	가격(Price)	비슷한 가치를 저가로 제공하는 것을 통해 가치를 창조
8	비용절감 (Cost reduction)	고객이 비용을 절감하도록 하는 도움을 제공함으로써 가치를 창조
9	리스크절감 (Risk reduction)	고객들이 상품이나 서비스를 소비할 때의 리스크를 절감시켜 줌으로써 가치를 창조
10	접근성(Accessibility)	예전에는 접근이 쉽지 않았던 상품이나 서비스를 제공함으로써 가치를 창조(Christensen and Raynor, 2003)
11	편리성 · 유용성 (Convenience/usability)	이전보다 더 편리하거나 쉽게 사용할 수 있도록 함으로써 가치를 창조(Christensen and Raynor, 2003)

보는 것이 적절할 것이다.

즉, 본 논문이 제안한 가치구성모델과 왈더와 피그누어(2011)의 VC구성을 연계하여 생각하면 실무적 시사점이 더 풍부해질 수 있을 것이다. 한편 본 논문의 가치구성모델이 가지고 있는 상대적 장점은 다음과 같다. 먼저 본 논문의 가치구성모델은 '구매 전 가치 · 사용 · 사용 후 가치'

14 왈더·피그누어(2011), 《비즈니스모델의 탄생》, 유효상 역, 타임비즈의 내용을 정리한 것임.

를 명확히 고려하는 구체성을 가지고 있다. 또한 왈더와 피그누어(2011)의 VC구성개념들은 대부분 기능적/실용적 혜택과 관련된 반면, 본 논문의 가치구성모델은 그 외 경험적/쾌락적 혜택, 상징적/자아표현적 혜택도 포함하고 있다. 학문적 문헌을 기반으로 제안된 본 논문의 가치구성모델은 훨씬 더 넓은 유형의 혜택이나 가치를 다루고 있어 VC를 구성하거나 도출할 때 더 많은 대안들을 고려하게 해주는 실무적 유용성을 제공한다고 평가할 수 있다.

다음으로 비교할 대상의 실무적 틀은 베인앤드컴퍼니(Bain & Company)의 파트너 컨설턴트인 Almquist, Senior와 Bloch(2016)가 최근 〈하버드 비즈니스 리뷰〉에 게재한 '가치요소(the elements of value)'라는 논문이다. 이들은 30가지의 구체적 가치요소들(elements of value)을 네 단계의 수준(기능적 가치, 감성적 가치, 인생의미의 변화(life changing)가치, 사회적 영향가치)으로 구조화하여 제시하였다(표 4 참조). 먼저 이들의 VC구성은 왈더와 피그누어(2011)의 VC구성보다는 훨씬 포괄적이며, 체계적인 구조를 갖추고 있다. 각 수준의 개념화는 본 논문의 VC구성과 유사한 측면이 있다(그림 8 과 표 4 참조).

- 기능적 가치(functional value)=기능적/실용적 혜택
- 감성적 가치(emotional value)=경험적/쾌락적 혜택
- 인생의미의 변화가치(life changing value)와 사회적 영향가치(social impact value)=상징적/자아표현적 혜택

그리 큰 차이점은 아니지만 주요 차이점은 이들의 경우 본문의 '렌즈 3: 상징적/자아표현적 혜택'을 두 개(인생의미의 변화가치와 사회적 영향가

치)로 나누어 더 상세하게 제시하고 있다.

이들의 VC구성의 강점은 각 수준의 가치에 해당하는 30개의 구체적인 가치요소에서 발견할 수 있다. 이렇게 상세한 가치요소는 VC구성과 도출에서 매우 구체적인 도움을 줄 수 있기 때문에 본 논문의 VC구성이 향후 수용할 만한 내용이다. 나아가 이들은 실증적 서베이나 사례분석을 통하여 30개의 구체적인 가치요소 중 많은 가치요소들을 제공하는 기업오퍼의 성과가 좋다고 주장하고 있는데, 이러한 분석 또한 실무적으로 활용할 필요가 있을 것 같다.[15] 다만, 이들의 VC구성에 비하여 본 논문의 VC구성이 더 유용할 수 있는 측면들은 다음과 같다. 먼저 본 논문의 틀이 제안하듯 고객의 구매 및 사용단계를 명확히 하고 VC구성을 생각하는 것이 좋을 것이다. 둘째, 본 논문의 VC구성은 B2C 및 B2B 상황을 커버할 수 있는 반면, 이들의 구성은 다분히 B2C 지향적임을 감안해야 할 것 같다. 셋째, 본 논문의 VC구성제안처럼 혜택과 비용/희생의 구분을 명확히 해야 할 것 같다. 마지막으로 본 논문의 VC구성제안처럼 기업의 위치 또는 역량(기업의 전략집단포지션이나 시장리더/추종자) 같은 레버요인을 고려하는 것이 유용할 것 같다.

15 Park 등(1986)에 따르면 VC구성 시 유형이나 요소들을 통합적으로 고려하면 브랜드개념이 명확하지 않고 희석될 위험이 있다고 지적하였다. 그러나 최근에는 Keller(2013), 심지어 Park 등(2016)도 가치가 높은 브랜드일수록 가치유형과 요소들을 두루 갖추고 있다는 관점을 견지하고 있다. 가치유형과 요소들의 집중 또는 통합에 관한 이슈는 가치유형을 통합하는 개념화를 제시하고 있는 Rintamäki, Kuusela, and Mitronen(2007) 등을 참고하여 향후 더 연구되어야 할 필요성이 있다.

표 4 **Almquist, Senior 와 Bloch(2016)의 VC구성**[16]

단계	가치유형	세부가치요소
4단계 (최상위)	사회적 영향 (Social impact) 가치	자아초월성(self−transcendence)
3단계	인생의미의 변화 (Life changing) 가치	희망 제공(provides hope) 자아실현(self−actualization) 동기부여(motivation) 가보(heirloom) 소속감(affiliation/belonging)
2단계	감성적(Emotional) 가치	근심경감(reduces anxiety) 나에 대한 보상(rewards me) 향수(鄕愁, nostalgia) 디자인과 미적정서(design/aesthetics) 신분상징(badge value) 건강/만족스러움(wellness) 치료/치유가치(therapeutic value) 재미/장난스러움/즐거움/오락(fun/ entertainment) 매력(attractiveness) 접근성(provides access)
1단계 (최하위)	기능적(Functional) 가치	시간절약(saves time) 단순함(simplifies) 돈을 벌게 해줌(makes money) 위험감소(reduces risk) 정리(organizes) 통합(integrates) 연결(connects) 노력절감(reduces efforts) 귀찮은 일들을 경감하거나 피하게 해줌(avoids hassles) 비용절감(reduces cost) 품질(quality) 다양성(variety) 감각적 호소/매력(sensory appeal) 정보가치(informs)

16 출처: Almquist, Senior 와 Bloch(2016)의 'the elements of value pyramid'그림(p. 51) 내용을 정리한 것임.

맺음말

고객을 위한 가치창출(creation of value for customers)은 현대 마케팅개념에서 강조되는 근본적 원칙이며, 최근에는 마케팅을 넘어서서 전략연구 분야에서도 중요한 위치를 차지하고 있다. 그럼에도 불구하고 학문적 관점에서 고객가치의 위상은 예상과 달리 그리 확고한 지위를 차지하고 있지 못한 것이 현실이다. 본 논문은 왜 이 개념이 학문적으로 발전하기 어려웠는지를 간단히 살펴보았다. 분산된 문헌들을 체계적으로 통합하여 VC에 대한 학문적 체계와 발전방향을 제시하는 일이 필요하겠지만 훨씬 더 많은 시간과 노력을 필요로 할 것이다. 이에 따라 본 논문은 고객가치 창출의 이해와 응용을 위한 실용적 틀에 대한 기존의 유용한 논의들을 검토 · 통합하여 이러한 틀의 발전방향을 제시하였다. 핵심제안은 '일반화할 수 있는' 가치구성모델(Generic Value Configuration Model)로 제시하였다(그림 8 참조). 또한 실무적 유용성을 높이기 위해서는 본 논문의 VC구성에 구체적인 가치요소(표 4 와 본서 59~62쪽의 첨부표 2, 3, 4, 5 참조)를 통합해야 하는 향후과제가 남아 있다. 나아가 본 논문의 VC구성에 있어 그 역할이 상대적으로 명확하지 못했던 사회적 가치(social value)와 공동창출가치(value co-created)는 더 심층적 · 체계적 개념화가 필요할 것이다. 물론 이러한 개념화는 해당연구의 발전을 위해 조작화와 신뢰성과 타당성을 확보한 측정으로 구체화되어야 하는 과제도 있다.

추가적으로 Kumar와 Reinartz(2016)가 제시했듯이 첫째, 현재까지 VC 구성은 상대적으로 혜택(소비자의 get영역)에 초점을 맞추어 온 반면, 향후 과제는 비용/희생(소비자의 give영역)의 체계적 개념화와 조작화 과제일 것이다. 소비자의 비용/희생은 단순한 가격뿐만 아니라 시간비용, 탐색비용, 리스/렌탈비용對구매비용, 구매비용과 조달비용, 운영비용, 총보유비용, 라이프사이클비용 등 다양하다(본서 62쪽 첨부 5 참조). 상황(예: B2B공급자와 고객사 간의 서로 다른 관계적 상황, 특정비용/희생절감에 초점을 맞춘 전기차와 같은 신제품, 공유비즈니스모델 등)별로 적절한 비용/희생개념의 구체화가 필요할 것이다. 또한 디지털화의 영향(예: 양면시장과 교차네트워크효과, 즉 소비자는 '무료(free)'로 서비스나 콘텐츠를 사용하고 기업은 다른 고객(광고주)으로부터 돈을 받는 교차보조(subsidy)모델)을 감안한 VC개념 또는 가치교환의 개념화도 중요한 향후과제일 것이다(사실 소비자는 돈/가격이라는 비용/희생 대신 개인정보(privacy)라는 비용/희생을 지불하는 것임).

결론적으로 고객을 위한 가치창출(creation of value for customers)은 현대 마케팅개념에서 강조되는 근본적 원칙이며 마케팅을 넘어서서 전략연구분야에서도 중요한 위치를 차지하고 있는 만큼 학문적 · 실무적 관점에서 VC개념에 대한 지속적 발전은 마케팅영역의 시급하고 중요한 과제이다.

참고문헌(References)

스튜어트 다이아몬드 (2010). **어떻게 원하는 것을 얻는가**. 김태훈 옮김, 8.0.

왈더 · 피그누어(2011). **비즈니스모델의 탄생**. 유효상 역, 타임비즈.

이진용(2003). "마케팅의 경험적 접근방법 및 그 활용방안에 관한 비판적 고찰", *Asia Marketing Journal, 5*(2), 19-48.

장우정(2017). "기업혁신과정에서 고객과의 가치공동창출", **마케팅 미래준비**, 비앤엠북스, 63-99.

채서일 · 이성호(2015). **마케팅(5판)**. 옥당.

Adaval, R.(2001). "Sometimes It Just Feels Right: the Differential Weighting of Affect-Consistent and Affect-Inconsistent Product Information", *Journal of Consumer Research*, 28(1), 1-17.

Almquist, E., Senior, J., and Bloch, N.(2016). "The Elements of Value", *Harvard Business Review*, Sept., 47-53.

Anderson(1981). *Foundations of Information Integration Theory*. New York: Academic Press.

Barney, J. B., Ketchen, D. J., and Wright, M.(2011). "The Future of Resource-Based Theory: Revitalization or Decline?", *Journal of Management*, 37(5), 1299-1315.

Bower, M. and Garda, R. A.(1985). "The Role of Marketing in Management", *The McKinsey Quarterly*, Autumn, 34-46.

Chang, W. and Taylor, S. A.(2016). "The Effectiveness of Customer Participation in New Product Development: A Meta-Analysis", *Journal of Marketing*, 80(1), 47-64.

Christensen, C. M. and Raynor, M.(2003). *The Innovator's Solution*. Boston: Harvard Business School Press.

Cialdini, R.(2006). *Influence: Science and Practice*(Revised). Harper Business.

Davies, I. A. and Ryals, L. J.(2009). "A Stage Model for Transitioning to KAM", *Journal of Marketing Management,* 25(9/10), 1027-1048.

Desarbo, W. S., Jedidi, K., and Sinha, I.(2001). "Customer Value Analysis in a Heterogeneous Market", *Strategic Management Journal*, 22(9), 845-857.

Dodds, W. B., Monroe, K. B., and Grewal, D.(1991). "Effects of Price, Brand, and Store Information on Buyers' Product Evaluations", *Journal of Marketing Research* 28(3), 307-319.

Dye, R.(2000). "The Buzz on Buzz", *Harvard Business Review*, November/December,

139-146.

Fiske, S.(1990). *Introduction to Communication Studies*. New York: Routledge.

Frow, P. and Payne, A.(2011). "A Stakeholder Perspective of the Value Proposition Concept", *European Journal of Marketing*, 45(1/2), 223-240.

Gladwell, M.(2000). *The Tipping Point*. Boston: Little, Brown & Company.

Grewal, D., Monroe, K. B., and Krishnan, R.(1998). "The Effects of Price-Comparison Advertising on Buyers' Perceptions of Acquisition Value, Transaction Value, and Behavioral Intentions", *Journal Marketing* 62(2), 46-59.

Grönroos, C.(1997). "Value-driven Relational Marketing: from Products to Resources and Competencies", *Journal of Marketing Management*, 13(5), 407-419.

Groth, J. C.(1994). "The Exclusive Value Principle-A Concept for Marketing", *Journal of Product & Brand Management*, 3(3), 8-18.

Gutman, J.(1982). "A Means-End Chain Model based on Consumer Categorization Processes", *Journal of Marketing*, 46(2), 60-72.

Hatten, K. J. and Hatten, M. L.(1987). "Strategic Groups, Asymmetrical Mobility Barriers and Contestability", *Strategic Management Journal*, 8(4), 329-342.

Hirschman, E. C. and Holbrook, M. B(1982). "Hedonic Consumption: Emerging Concepts, Methods, and Propositions", *Journal of Marketing*, 46(3), 92-101.

Hoch, S. J. and Deighton, J.(1989). "Managing What Consumers Learn from Experience", *Journal of Marketing*, 53(2), 1-20.

Holbrook, M. B. and Hirschman, E. C., "The Experiential Aspects of Consumption: Consumer Fantasies, Feelings, and Fun", *Journal of Consumer Research*, 9(2), 132-140.

Homburg, C., Workman Jr., J. P., and Jensen, O.(2002). "A Configurational Perspective on Key Account Management", *Journal of Marketing*, 66(2), 38-60.

Huber, F., Herrmann, A., and Morgan, R. E.(2001). "Gaining Competitive Advantage through Customer Value-Oriented Management", *Journal of Consumer Marketing*, 18(1), 41-53.

Johns, G. R. and Hill, C. W.(2013). *Theory of Strategic Management*(10th internationaled). South-Western Cengage Learning.

Johnson, M. W., Christensen, C. M., and Kagermann, H.(2008). "Reinventing Your Business Model", *Harvard Business Review*, December, 57-68.

Jüttner, U. and Wehrli, H. P.(1994). "Relationship Marketing from a Value System Perspective", *International Journal of Service Industry Management*, 5(5), 54-73.

Keller, K. L.(1993). "Conceptualizing, Measuring, and Managing Customer-Based Brand Equity", *Journal of Marketing*, 57(1), 1-22.

Keller, K. L.(2013). Strategic Brand Management(4th global ed). Pearson Always Learning.

Khalifa, A. S.(2004). "Customer Value: A Review of Recent Literature and an Integrative Configuration", *Management Decision*, 42(5), 645-666.

Kim, W. C. and Mauborgne, R.(2005). *Blue Ocean Strategy*. Boston: Harvard Business School Press.

Kotler, P., Kartajaya, H., and Setiawan, I.(2010). *Marketing 3.0*. Wiley.

Kotler, P., Kartajaya, H., and Setiawan, I.(2017). *Marketing 4.0*. Wiley.

Kumar, N.(2004). *Marketing as Strategy*. Boston: Harvard Business School Press.

Kumar, V. and Reinartz, W.(2016). "Creating Enduring Customer Value", *Journal of Marketing*, 80(6), 36-68.

Lusch, R. F. and Vargo, S. L.(2014). *The Service-Dominant Logic of Marketing: Dialog, Debate, and Directions*. Routledge, Taylor and Francis Group: London and New York.

Mandler, G.(1982). "The Structure of Value: Accounting for Taste", in *Affect and Cognition: The 17th Annual Carnegie Symposium*, Margaret S. Clark and Susan T. Fiske(eds.), Hillsdale, NJ: Lawrence Erlbaum Associates, 3-36.

McCracken, G.(1986). "Culture and Consumption: A Theoretical Account of the Structure and Movement of the Cultural Meaning of Consumer Goods", *Journal of Consumer Research*, 13(1), 71-84.

McGee, J. and Thomas, H.(1986). "Strategic Groups: Theory, Research and Taxonomy", *Strategic Management Journal*, 7(2), 141-160.

Mittal, B. and Sheth, J. N.(2001). *Value Space*. McGraw-Hill.

Montgomery, C. A.(2012). *The Strategist: Be the Leader Your Business Needs*. Harvard Business School.

Morgan, R. M. and Hunt, S. D.(1994). "The Commitment-Trust Theory of Relationship Marketing", *Journal of Marketing*, 58(3), 20-38.

Palmatier, R. W., Dant, R. P., Grewal, D., and Evans, K. R.(2006). "Factors Influencing the Effectiveness of Relationship Marketing: A Meta-Analysis", *Journal of Marketing*, 70(4), 136-153.

Parolini, C.(1999). *The Value Net: A Tool for Competitive Strategy*. Wiley.

Parasuraman, A.(1997). "Reflections on Gaining Competitive Advantage Through Customer Value", *Journal of the Academy of Marketing Science*, 25(2), 154-161.

Park, C. W., Jaworski, B. J., and MacInnis, D. J.(1986). "Strategic Brand Concept-Image Management", *Journal of Marketing*, 50(4), 135-145.

Park, C. W., MacInnis, D. J., Eisingerich, A. B.(2016). *Brand Admiration: Building a Business People Love*. Wiley.

Payne, A. and Holt, S.(2001). "Diagnosing Customer Value: Integrating the Value Process and Relationship Marketing", *British Journal of Management*, 12(2), 159-182.

Piercy, N. F.(1998). "Marketing Implementation: The Implications of Marketing Paradigm Weakness for the Strategy Execution Process", *Journal of the Academy of Marketing Science*, 26(3), 222-236.

Pine, B. J. and Gilmore, J. H.(1999). *The Experience Economy*. Boston: Harvard Business School Press.

Porter, M. E.(1985). *Competitive Strategy: Creating and Sustaining Superior Performance*. New York: The Free Press.

Porter, M. E.(1996). "What Is Strategy?", *Harvard Business Review*, November-December, 2-19.

Prahalad, C. K. and Ramaswamy, V.(2004). *The Future of Competition: Co-Creating Unique Value of Customers*. Harvard Business School Press.

Ranjan, K. R. and Read, S.(2016). "Value Co-Creation: Concept and Measurement", *Journal of the Academy of Marketing Science*, 44(3), 290-315.

Rintamäki, T., Kuusela, H., and Mitronen, L.(2007). "Identifying Competitive Customer Value Propositions in Retailing", *Managing Service Quality: An International Journal*, 17(6), 621-634.

Rumelhart, D. E. and Norman, D. A.(1978). "Accretion, Tuning, and Restructuring: Three Modes of Learning", in *Semantic Factors in Cognition*, J. W. Cotton and R. L. Klatsky(eds.), Hillsdale, NJ: Lawrence Erlbaum, 37-53.

Rust, R. T., Zeithaml, V. A., and Lemon, K. N.(2001). *Driving Customer Equity: How Customer Lifetime Value Is Reshaping Corporate Strategy*. Free Press.

Ryals, L. and Rogers, B.(2007). "Key Account Planning: Benefits, Barriers and Best Practice", *Journal of Strategic Marketing*, 15(2/3), 209-222.

Schmitt, B. H.(2000). *Experiential Marketing*. Simon & Schuster.

Schmitt, B. H.(2003). *Customer Experience Management*. John Wiley & Sons.

Slater, S. F.(1997). "Developing a Customer Value-Based Theory of the Firm", *Journal of the Academy of Marketing Science*, 25(2), 162-167.

Slywotzky, A. J.(1996). *Value Migration*. Harvard Business School Press.

Smith, J. B. and Colgate, M.(2007). "Customer Value Creation: A Practical Framework", *Journal of Marketing Theory and Practice*, 15(1), 7-23.

Treacy, M. and Wiersema, F.(1997). *The Discipline of Market Leaders: Choose Your Customers, Narrow Your Focus, Dominate Your Market*. Basic Books.

Tuli, K. R. and Bharadwaj, S.(2007). "Theory and Methodological Artifacts in Customer-Firm Relationships: A Meta-Analytical Review and Integrative Extension", *Working Paper*, Atlanta, Georgia: Emory University, Goizueta Business School.

Tuli, K, R., Bharadwaj, S. G., and Kohli, A. J.(2010). "Ties That Bind: The Impact of Multiple Types of Ties with a Customer on Sales Growth and Sales Volatility", *Journal of Marketing Research*, 47(1), 36-50.

Tuli, K. R., Kohli, A. J., and Bharadwaj, S. G.(2007). "Rethinking Customer Solutions: From Product Bundles to Relational Processes", *Journal of Marketing*, 71(3), 1-17.

Ulaga, W. and Eggert, A.(2006). "Value-Based Differentiation in Business Relationships: Gaining and Sustaining Key Supplier Status", *Journal of Marketing*, 70(1), 119-136.

Vandermerwe, S.(1993). "Jumping into the Customer's Activity Cycle: A New Role for Customer Services in the 1990s", *The Columbia Journal of World Business*, 28(2), 46-65.

Woodruff, R. B.(1997). "Customer Value: The Next Source for Competitive Advantage", *Journal of the Academy of Marketing Science*, 25(2), 139-153.

Woodwall, T.(2003). "Conceptualising 'Value for the Customer': An Attributional, Structural and Dispositional Analysis", *Academy of Marketing Science Review*, No. 12, Available: http://www.amsreview.org/articles/woodwall12-2003.pdf.

Zaltman, G.(2003). *How Customers Think*. Boston: Harvard Business School Press.

Zaltman, G. and Zaltman, L.(2008). *Marketing Metaphoria*. Boston: Harvard Business School Press.

Zeithaml, V. A.(1988). "Consumer Perceptions of Price, Quality, and Value: A Means-End Model and Synthesis of Evidence", *Journal of Marketing*, 52(3),2-22.

첨부 1 영역특유의 가치구성모델(Domain-Specific Value Configuration Model)에 관한 기존연구

저자 (연도)	논문제목과 저널	특정영역 (Specific Domain)	가치구성내용
Keeney (1999)	The Value of Internet Commerce to the Customer (*Management Science*)	Internet Commerce	• 가치구성요인: product quality, cost, time to receive product, convenience, time spent, privacy, shopping enjoyment, safety, environmental impact; 이러한 구성요인들에 대한 세부적인 수단들
Lapierre (2000)	Customer-Perceived Value in Industrial Contexts(*Journal of Business&Industrial Marketing*)	ICE(Information, communication and entertainment), Distribution, Finance	• 가치구성요인 - Benefits: product-related(alternative solutions, product quality, product customization); service-related (responsiveness, flexibility, reliability, technical competence); relationship-related(image, trust, solidarity) - Sacrifice: price; time/effort/energy; conflict
Clark (2001)	Emerging Value Propositions for M-Commerce (*Journal of Business Strategies*)	M-Commerce	• 가치구성요인(적용영역): ubiquity(news, sports scores, stock prices, travel information, weather); personalization(advertising, database development, knowledge management systems); localization(coupons, customer service, dispatch/scheduling, discounting, emergency services, supply chain management); convenience(banking, communication, entertainment, gaming, mobile payment systems, retailing, video conferencing)
DeSarbo, Jedidi & Sinha (2001)	Customer Value Analysis in a Heterogeneous Market(*Strategic Management Journal*)	A Large Electric Utility Company	• 가치구성요인 =ratings of power reliability, preventive maintenance, repair service, account representative, technical support, customer service, record keeping, billing
Han & Han (2001)	A Framework for Analyzing Customer Value of Internet Business(*Journal of Information Technology Theory and Application*)	Internet Business	• 가치구성요인: content quality(usefulness, representational quality); context quality (attractiveness, playfulness, content variety); content cost(price, deliver); context cost(convenience, reliability); customization quality(customized offering, price customization); customization cost (site customization, transaction customization)

저자 (연도)	논문제목과 저널	특정영역 (Specific Domain)	가치구성내용
Heim & Sinha (2001)	A Product-Process Matrix for Electric B2C Operations: Implications for the Delivery of Customer Value(*Journal of Service Research*)	Electric B2C Operations	• 가치구성요인: online customization; joint branding; offline services
Chen & Dubinsky (2003)	A Conceptual Model of Perceived Customer Value in E-Commerce: A Preliminary Investigation (*Psychology & Marketing*)	E-Commerce	• 가치구성요인: perceived risk, product price, E-tailer reputation, perceived product quality, valence of experience(←ease-of-use of the web site, relevant information, customer service)
Levina & Ross (2003)	From the Vendor's Perspective: Exploring the Value Proposition in Information Technology Outsourcing (*MIS Quarterly*)	IT Outsourcing 비즈니스	• 가치(높은 만족/낮은 가격)를 제공하는 vendor의 핵심역량 - IT Personnel Career Development - Methodology Development and Dissemination - Client Relationship Development
Walker, Johnson & Leonard (2006)	Re-thinking the Conceptualization of Customer Value and Service Quality within the Service-Profit Chain(*Managing Service Quality: An International Journal*)	Service in General	• 가치구성요인: intrinsic value(quality of what is offered with respect to reference; quality of facilities and place of service provision with respect to reference; quality of support systems; expertise of service personnel); service results; service process quality; service price; customer access cost
Ng, Parry, Smith, Maull and Briscoe (2012)	Transitioning from a Goods-Dominant to a Service-Dominant Logic: Visualizing the Value Proposition of Rolls-Royce (*Journal of Service Management*)	Automobile (Rolls-Royce)	• 가치구성요인: preference(brand, equipment performance, technical query resolution speed, recovery concessions, equipment repair service, equipment maintenance service, component forecasting and provisioning, through-life obsolescence forecasting & planning recommendations, capability forecasting & planning recommendations, equipment operating advice, equipment configuration advice for operational & contextual capability); cost(input, process)

첨부 2 기능적/수단적 가치문헌(Functional/Instrumental Value Literature)[17]

관련 개념(Related Concepts) 및 가치의 원천 (Sources of Value Information)	가치의 내용(Value Aspect)
관련 개념(Related Concepts): 기본구성요소	• 정확한 속성(correct/accurate attributes), 적절한 성능(appropriate performances), 적절한 결과(appropriate outcomes) • 기능적 가치(functional value), 사용가치(use value), 실용적 가치(utilitarian value), 실제적/유용한 가치(practical value), 물질적 가치(material value)
가치의 원천 (Sources of Value Information)	**가치의 내용(Value Aspect)**
제품(Products)	• 정확한 속성(correct/accurate attributes) = 우월성(excellence), 제품품질(product quality), 품질(quality), 맞춤화(customization), 제품특성(product characteristics), 美(aesthetics), 융통성(flexibility) • 적절한 성능(appropriate performances) = 효율성(efficiency), 성능품질(performance quality), 신뢰도(reliability), 핵심서비스가치(value of core service) • 적절한 결과(appropriate outcomes) = 효과성(effectiveness), 양(volume), 보호와 보안(safeguards, security), 운영적 혜택(operational benefits), 재무적 혜택(financial benefits)
상호작용(Interactions)	• 정확한 속성(correct/accurate attributes) = 인적상호작용(personal interactions) • 적절한 성능(appropriate performances) = 서비스/서비스지원(service/service support) • 적절한 결과(appropriate outcomes)
환경(Environment)	• 정확한 속성(correct/accurate attributes), 적절한 성능(appropriate performances), 적절한 결과(appropriate outcomes)
소유의 이전 (Ownership/Possession Transfer)	• 정확한 속성(correct/accurate attributes) • 적절한 성능(appropriate performances) = 납기(delivery) • 적절한 결과(appropriate outcomes) = 전략적 가치(strategic value); 빠른 신제품개발 전달(time to market)

17 Smith and Colgate(2007)의 Table 1 내용(p. 11)을 정리한 것임. 참고문헌(references)은 해당 논문의 Table 1을 참조하기 바람.

첨부 3 경험적/쾌락적 가치문헌(Experiential/Hedonic Value Literature)[18]

관련 개념(Related Concepts) 및 가치의 원천 (Sources of Value Information)	가치의 내용(Value Aspect)
관련 개념(Related Concepts): 기본구성요소	• 감각적 가치(sensory value); 정서적 가치(emotional value); 사회적/관계적 가치(social/relationship value); 지식가치(epistemic value)
가치의 원천 (Sources of Value Information)	**가치의 내용(Value Aspect)**
제품(Products)	• 감각적 가치(sensory value)= 美(aesthetics) • 정서적 가치(emotional value)= 유희(play), 즐거움(enjoyment), 감정적 환기(affective arousal), 유머(humor) • 사회적/관계적 가치(social/relationship value)= 관계적 서포트서비스(relational support service), 행동적 가치(behavioral value), 서비스/서포트(service/support) • 지식가치(epistemic value)= 지식(knowledge), 새로움(novelty), 호기심(curiosity), 공상(fantasy)
상호작용(Interactions)	• 감각적 가치(sensory value) • 정서적 가치(emotional value)= 신뢰감(trust), 연대/결속감(solidarity) • 사회적/관계적 가치(social/relationship value)=인적상호작용(personal interaction), 관계적 혜택(relational benefits), 네트워크혜택(network benefits), 신뢰성(reliability) • 지식가치(epistemic value)
환경(Environment)	• 감각적 가치(sensory value) • 정서적 가치(emotional value) • 사회적/관계적 가치(social/relationship value) • 지식가치(epistemic value)
소유의 이전 (Ownership/Possession Transfer)	• 감각적 가치(sensory value) • 정서적 가치(emotional value) • 사회적/관계적 가치(social/relationship value) • 지식가치(epistemic value)

18 Smith and Colgate(2007)의 Table 2 내용(p. 12)을 정리한 것임. 참고문헌(references)은 해당 논문의 Table 2를 참조하기 바람.

첨부 4 상징적/자아표현적 가치문헌(Symbolic/Expressive Value Literature)[19]

관련 개념(Related Concepts) 및 가치의 원천 (Sources of Value Information)	가치의 내용(Value Aspect)
관련 개념(Related Concepts): 기본구성요소	• 자아개념/가치(self–identity/worth); 개인적 의미(personal meaning); 자아표현(self–expression); 사회적 의미(social meaning); 조건적 의미(conditional meaning)
가치의 원천 (Sources of Value Information)	**가치의 내용(Value Aspect)**
제품(Products)	• 자아개념/가치(self–identity/worth) • 개인적 의미(personal meaning)=정신성/영성(spirituality), 개인적 혜택(personal benefits), 개인사정/신상(personal circumstances), 고객의 본질(nature of customer) • 자아표현(self–expression) • 사회적 의미(social meaning)=신분(status), 자긍심(esteem), 연상(association), 이미지/브랜드네임(image/brand name) • 조건적 의미(conditional meaning)= 조건적 가치(conditional value), 상황요인(situational circumstances)
상호작용(Interactions)	• 자아개념/가치(self–identity/worth) • 개인적 의미(personal meaning)= 윤리(ethics) • 자아표현(self–expression) • 사회적 의미(social meaning) • 조건적 의미(conditional meaning)
환경(Environment)	• 자아개념/가치(self–identity/worth) • 개인적 의미(personal meaning) • 자아표현(self–expression) • 사회적 의미(social meaning) • 조건적 의미(conditional meaning)
소유의이전 (Ownership/Possession Transfer)	• 자아개념/가치(self–identity/worth) • 개인적 의미(personal meaning) • 자아표현(self–expression) • 사회적 의미(social meaning) • 조건적 의미(conditional meaning)

19 Smith and Colgate(2007)의 Table 3 내용(p. 13)을 정리한 것임. 참고문헌(references)은 해당 논문의 Table 3을 참조하기 바람.

첨부 5 비용/희생 가치문헌(Cost/Sacrifice Value Literature)[20]

관련 개념(Related Concepts) 및 가치의 원천 (Sources of Value Information)	가치의 내용(Value Aspect)
관련 개념(Related Concepts): 기본구성요소	• 경제적비용(economic costs) • 심리적 비용(psychological costs)= 학습비용(learning costs) • 개인적 투자(personal investment)= 탐색비용(search costs) • 위험(risk)
가치의 원천 (Sources of Value Information)	**가치의 내용(Value Aspect)**
제품(Products)	• 경제적 비용(economic costs)=가격/직접비용(price/direct costs), 운영비용(operating costs), 납기와 설치(delivery and installation), 훈련 및 유지보수(training and maintenance) • 심리적 비용(psychological costs)= 편의성(convenience), 인지장애/스트레스(cognitive difficulty/stress) • 개인적 투자(personal investment)= 휴먼에너지/노력(human energy/effort) • 위험(risk)
상호작용(Interactions)	• 경제적 비용(economic costs) • 심리적 비용(psychological costs)= 관계비용(relational/relationship costs), 공평성(equity), 갈등(conflict) • 개인적 투자(personal investment)= 프로세스비용(process costs), 시간비용(time) • 위험(risk)
환경(Environment)	• 경제적 비용(economic costs) • 심리적 비용(psychological costs) • 개인적 투자(personal investment) • 위험(risk)
소유의이전 (Ownership/Possession Transfer)	• 경제적비용(economic costs)= 기회비용(opportunity costs), 처리비용 • 심리적비용(psychological costs) • 개인적 투자(personal investment) • 위험(risk)

20 Smith and Colgate(2007)의 Table 4 내용(p. 14)을 정리한 것임. 참고문헌(references)은 해당 논문의 Table 4를 참조하기 바람.

기업혁신과정에서 고객과의 가치 공동창출

장우정 | 서울시립대학교 경영대학

기업혁신과정에서 고객과의 가치 공동창출

장우정
서울시립대학교 경영대학

서론

"The old, hardwired 'plan and push' mentality is rapidly giving way to a new dynamic 'engage and cocreate' economy."(Tapscott and Williams, 2010, p. 61)

Tapscott and Williams의 《*Wikinomics: The Art and Science of Peer Production*》에 언급된 위의 인용처럼 기업이 속한 사회는 더 이상 기업이 홀로 계획하고 창조하고 그 창조물을 일방적으로 고객에게 전달하는 세상이 아니다. 오늘날 고객은 기업이 창조한 가치를 받아 소비하는 수동적 존재가 아니며 기업과 함께 가치를 창조하고 경험하는 주체이다(Prahalad and Ramaswamy, 2004a). 기업은 빠르게 변화하는 치열한 경쟁사회에서 경쟁우위를 확보하고자 다양한 이해관계자들(예: 고객, 공급업자, 경쟁자, 정부), 특히 마케팅 상황에서는 고객들과의 협력과 상호작용을 통해 가치를 공동으로 창조하는 형태로 진화하고 있다. Co-creation은 이처럼 다양한 이해관계자들이 함께 참여하여 상호 간에 가치 있는 결과물을 공동으로

창조하는 현상을 일컫는 보편적인 용어로 사용되어 왔다(Ranjan and Read, 2016).[1]

마케팅과 매니지먼트 분야에서 고객과의 co-creation에 대한 활발한 논의가 시작된 것은 2000년대 초로 거슬러 올라간다. Prahalad and Ramaswamy(2000)는 〈*Harvard Business Review*〉에 "Co-opting customer competence"를 발표하고 그들의 담론을 더욱 발전시켜 2004년 《*The future of competition: Co-creating unique value with customers*》라는 책을 출간하였다. 때맞춰 Vargo and Lusch(2004)가 "Evolving to a new dominant logic for marketing"을 발표함으로써 co-creation에 대한 논의는 더욱 활성화되었다. 이들 주장의 핵심은 고객은 기업이 일방적으로 창출한 가치를 받아들이는 수동적 존재가 아니라는 점이다. 특정 offering의 가치는 기업이 개발한 제품(서비스)에 내재해 있는 것이 아니라, 고객이 그것을 소비하는 상황에서 창조, 결정되는 것이므로 고객은 가치창조(value creation)에 있어서 항상 주체적 역할을 하며 가치를 함께 창조한다는 것이다. 이는 그 당시 주로 기업, 제품지배적 사고에 매몰되어 기업이 가치있는 제품(서비스)을 개발하고 가치를 창조하여 고객에게 전달한다는 생각에 사로잡혀 있던 기업들에게 가치창조에 관한 근원적 인식의 변화를 요구하였다. 나아가 가치창조를 바탕으로 경쟁자와 경쟁하는 기업들에게 기존의 경쟁방식이 아닌 전혀 새로운 경쟁방식을 요구하는 극적인 변화를 알리는 것이기도 했다.

이러한 변화에 발맞추어 co-creation에 대한 논의는 혁신, 전략, 마케팅, 매니지먼트 등 다양한 학문영역에서 활발히 진행되어 왔다(Greer and Lei,

---

1 본 정의에서 보듯 co-creation은 다양한 이해관계자들 간의 협력적 상호작용을 아우르는 용어이지만, 본 논문에서는 기업과 고객 간의 co-creation에 한정하여 논의를 진행한다.

2012). 이들 중 마케팅영역에서 주로 다뤄진 co-creation의 예들을 살펴보면, LEGO가 고객들로부터 새로운 LEGO세트에 대한 아이디어를 모으고 이를 통해 신제품을 개발하는 것은 co-creation의 전형적인 예로 언급되었다. 미국의 패션기업인 Threadless.com이 기업내부디자이너가 아닌 고객들이 디자인한 티셔츠를 고객투표를 통해 평가하고, 고객에 의해 선정된 티셔츠를 판매하는 방식 또한 co-creation의 좋은 예로 언급되었다(Fuchs and Schreier, 2011). 또 다른 학자들은 IKEA처럼 완성품이 아닌 가구를 고객이 스스로 조립하여 완성(Bendapudi and Leone, 2003)하거나 반조리식품을 소비자 스스로 완성시키는 것(Troye and Supphellen, 2012) 등을 co-creation의 예로 일컫기도 하였다. 주로 서비스 리서치를 하는 연구자들에 의해서는 은행이나 여행업, 헬스케어산업에서 고객들이 접점의 직원과 적극적으로 상호작용하고 정보를 공유하는 행위를 co-creation의 형태로 제시하기도 하였다(Auh et al., 2007; Chan, Yim, and Lam, 2010).

위의 다양한 예들은 기업과 고객이 상호작용하여 공동으로 가치를 창조한다는 점에서 모두 co-creation이라 할 수 있다. 그러나 LEGO가 신제품 개발을 위해 고객을 자사의 신제품 개발 과정에 포함시키는 것과 고객들이 반제품을 스스로 조립하는 것 혹은 서비스가 전달, 생산되는 접점에서 직원과 상호작용하는 것이 모두 동일한 co-creation일까? 위의 몇몇 예에서도 드러나듯이 co-creation은 누구의 관점(예: 기업 혹은 고객)에서 언급되는지, 가치제안(value proposition)이 창조, 전달, 소비되는 모든 과정 중 어느 부분에서 일어나는 협력적 현상에 중점을 두고 있는지에 따라 조금씩 다른 현상을 co-creation이라는 동일한 용어로 설명하곤 했다.

co-creation에 대한 논의가 상당히 진행되어 온 현시점에, 본 연구는 co-creation에 대한 지난 연구들을 정리하여 과연 co-creation이 무엇이며 co-creation이 포함하고 있는 범위가 어디까지인지 정리해 보고자 한다. 그 후, co-creation이 다루고 있는 부분 중 기업의 혁신(innovation)과정에서의 co-creation에 집중하여 다음과 같은 질문들에 답하고자 한다.

① 왜 기업은 자신의 혁신과정에서 고객과 co-creation을 하는가?
② 기업혁신과정에서 고객과의 co-creation의 결과로써 어떠한 성과가 나오는가?
③ 기업혁신과정에서 고객과의 co-creation의 성과에 영향을 미치는 요소는 무엇인가?
④ 기업혁신과정에서 co-creation에 의해 창출된 성과는 기업과 고객에게 어떻게 분배되어야 하는가?

마지막으로 미국 패션기업인 Threadless.com의 사례에 앞서 언급한 개념들을 적용해 봄으로써 기업혁신과정으로서 고객과의 가치 공동창출에 대한 이해를 높이고자 한다.

기업에게 고객과의 co-creation은 극도의 경쟁사회에서 생존과 성장을 거듭할 수 있게 해주는 새로운 혁신과 가치창조의 방법이다. Co-creation에 대한 믿음으로 다양한 co-creation 방법을 자신들의 혁신과정에 접목해 온 기업들은 여전히 co-creation이 진정으로 시장에서 효과적인 경쟁을 위한 방법인지, 어떻게 하면 co-creation을 효과적인 혁신과 경쟁의 도구로 활용할 수 있는지, 그리고 공동으로 가치를 창조하고 난 후 그 가치가 기업과 고객 간에 어떻게 나눠져야 하는지에 대한 질문으로 가득 차 있다. 본 연구는 기업혁신과정에서의 고객과의 co-creation에 대한 지난 연구결과들을 체계적으로 정리함으로써 co-creation을 혁신과 성장, 그리고 경쟁을 위한 새로운 방식으로 효과적으로 사용하고자 하는 기업들에게 실무적 시사점을 제공하고자 한다.

Co-creation은 무엇이며 어디에서 일어나는가?

1) 기업의 협력적 혁신과정으로서 고객과의 co-creation

Co-creation이 고객과의 협력적 상호작용과정이라는 데에는 이견이 없다. 그러나 co-creation은 누구의 관점에서 접근하고 있는지, co-creation에서 고객과의 상호작용과 협력이 이뤄지고 있는 분야/단계가 어디인지에 따라 다양한 사람들에게 다르게 인식되어 왔다(Payne, Storbacka and Frow, 2008). 우선 co-creation을 바라보는 관점에 따라 어떻게 다르게 정의되고 사용되어 왔는지 살펴보자. 다음 표 1은 co-creation을 바라보는 관점의 차이가 극명하게 드러나는 대표적인 co-creation의 정의들을 요약 및 정리한 것이다. 표 1의 O'Hern and Rindfleisch(2010), Hoyer et al.(2010), 그리고 Ramaswamy and Gouillart(2010)의 정의들의 공통점은 co-creation을 고객을 포함한 다양한 이해관계자들과의 협력을 통해 시스템, 제품, 서비스를 혁신하기 위한 협력적인 활동 혹은 과정으로 이해한다는 것이다. 이는 co-creation을 기업주도적인 관점에서 기업의 생존 및 성장을 위해 기업이 이용할 수 있는 전략 혹은 경영 이니셔티브(management initiative)로 바라보는 관점이다. Ramaswamy and Gouillart(2010)의 책 제목인 《*The power of co-creation: Build it with them to boost growth, productivity, and profits*》은 co-creation을 기업의 성장과 혁신을 위한 새로운 수단 및 전략으로 바라보는 관점을 잘 드러내고 있다고 할 수 있다. 표 1에 드러난 예들은 모두 기업의 신제품(신서비스)개발과정에서의 협력적 활동으로 co-creation을 국한하고 있으나, 기업경영전략 혹은 이니셔티브로서의 co-creation은 보다 넓은 활동들을 포함할 수 있다. 즉, 신제품(신서비스)개발과정처럼 새로운 offering을 만드는 과정 속에서의 co-creation뿐만 아니라, 기업의 다양한 프로세스 혁신, 비즈니스모델 혁신

표 1 Co-creation의 다양한 정의

관점	저자(연도)	Co-creation의 정의
Co–creation as collaborative innovation process between stakeholders	O'Hern and Rindfleisch (2010)	A collaborative NPD activity in which customers actively contribute and/or select the content of a new product offering.
	Hoyer et al. (2010)	Collaborative new product development activity in which consumers actively contribute to and select various elements of a new product offering
	Ramaswamyand Gouillart (2010)	The practice of developing systems, products, or services through collaboration with customers, managers, employees, and other company stakeholders
Co–creation as joint creation of value in the usage/ consumption stage	Prahalad and Ramaswamy (2004b)	Joint creation of value by the company and the customer allowing the customer to co–construct the service experience to suit his/her context
	Lusch and Vargo (2014) & Etgar (2008)	All cooperation formats between consumers and partners in the usage/ consumption stage
	McColl–Kennedy et al. (2012)	Benefit realized from integration of resources through activities and interactions with collaborators in the customer's service network

을 포함한 기업이 기존의 것을 변화, 향상시키는 모든 과정 속에 일어날 수 있는 기업과 고객 간의 협력적 활동들을 "협력적 혁신의 과정(collaborative innovation process)"으로서의 co-creation에 포함할 수 있다.

이와 같이 co-creation을 기업의 협력적 혁신과정으로 바라보는 관점은 주로 전략·혁신·매니지먼트의 학문영역에서 취해졌으며, 이론적으로는 resource-based view(RBV)와 보다 구체적으로 knowledge management perspective에 기반을 두었다. RBV는 특정기업이 시장에서 경쟁자보다 뛰어난 성과를 거두며 경쟁우위를 점할 수 있는 것은 그 기업이 지니고 있는 고유한 자원(resources) 때문이라 설명한다(Wernerfelt, 1984). 기존의 RBV 이론은 기업 내부에 보유하고 있는 자원/역량(capability)에 의해 기업의 성과가 결정됨에 초점을 맞췄다면, 오늘날의 RBV는 기업 내부의 자원/역량에서 벗어나 기업이 내부자원뿐만 아니라 기업 외부의 다른 이해관계자들과의 협력과 상호작용을 통해 통합(integrate)할 수 있는 기업의 자원/역량까지 포함하여 그 기업 혹은 그 기업이 속한 네트워크의 성과가 결정된다고 주장한다. 즉, 기업이 자사의 내부에는 고유하고 가치 있는 자원/역량이 풍부하지 않을지라도 그 기업이 외부의 관계자들과 협력을 통해 필요한 자원/역량을 통합할 수 있다면 그 기업은 높은 성과, 나아가 경쟁우위를 달성할 수 있는 것이다. Service-dominant logic에서 말하는 '모든 경제적·사회적 참여자는 자원통합자이다(All economic and social actors are resource integrators)'라는 전제 역시 자원통합자로서의 기업 역할을 설명할 수 있다(Lusch and Vargo, 2014). RBV의 관점으로 볼 때, co-creation은 기업이 자신의 혁신과정에 필요하지만 내부에 보유하고 있지 않은 자원/역량을 외부의 다양한 이해관계자들로부터 통합하여 경쟁하는 과정인 것이다.

넓게 보면 RBV의 관점에 포함된다고 할 수 있으나 협력적 혁신과정으로서의 co-creation을 설명하는 보다 구체적인 이론으로는 주로 'knowledge management perspective'가 사용되었다(Chang and Taylor, 2016; Cui and Wu, 2017). 구체적으로 knowledge management perspective는 기업의 혁신과정을 새로운 지식을 얻고, 새로운 지식을 기업 내부에 전달하고 기업이 기존에 지니고 있던 기존 지식과 새로운 지식을 통합하고 이러한 지식을 새로운 혁신에 접목하는 지식관리의 과정으로 인식한다(Madhaven and Grover, 1998). Knowledge management perspective로 보면, 기업혁신과정으로서의 co-creation은 기업이 혁신을 위해 필요한 지식을 보유하고 있는 외부의 이해관계자들과 협력하고 상호작용하여 새로운 지식을 얻고 이를 자사 내부의 지식과 통합하여 새로운 지식을 창조하고 이를 혁신에 접목하는 과정으로 인식되는 것이다.

요약하면 기업 관점에서 co-creation은 기업이 끊임없는 성장과 혁신을 위해 자사 내부에 부족한 자원/역량(특히 지식)을 보유한 다양한 이해관계자들과 상호 협력하여 그들이 보유한 자원/역량/지식을 통합하여 자사의 다양한 혁신과정에 활용하는 활동이라 할 수 있다.

2) 고객의 가치 공동창조의 과정으로서의 co-creation

다음으로 기업 입장이 아닌 주로 고객/소비자의 관점으로 해석한 co-creation에 대해 이야기해 보자. 앞의 **표 1** 에 정리된 Prahalad and Ramaswamy(2004b), Lusch and Vargo(2014), Etgar(2008), 그리고 McColl-Kennedy et al.(2012)에 드러난 co-creation의 정의를 살펴보면, 앞선 기업

의 협력적 혁신과정으로서의 co-creation과는 달리 co-creation을 기업의 전략 혹은 경영 이니셔티브로 판단하지 않는다. 이들 정의의 핵심은 가치는 기업의 내부 프로세스를 통해 창조되어 고객이 소비하는 것이 아니라, 고객이 기업의 가치제안(value proposition)을 사용하고 소비하는 상황에서 고객에 따라 고유하게 생겨나고(emerge or arise) 결정된다는 것이다(Grönroos, 2011; Lusch and Vargo, 2014). 이들은 가치가 고객이 사용하는 순간에 고객과 기업 혹은 기업이 제공한 제품/서비스와 직·간접적 상호작용 결과로 생겨남에 주목하면서 기업은 가치를 창조할 수 없으며 오직 가치제안(value proposition)을 고객에게 전달하는 것이고, 가치가 생겨나게 하고 결정하는 주체는 결국 고객으로 파악한다(Grönroos and Voima, 2013). 그러므로 이러한 관점은 기업이 아닌 고객을 중심으로 co-creation을 이해하는 것이다.

이렇게 고객이 가치제안을 소비하는 상황에서 기업과 고객의 가치 co-creation에 주목한 연구들은 주로 서비스를 연구하는 연구자들에 의해 주도되어 왔으며, 이론적으로는 Vargo and Lusch(2004)의 Service-dominant logic에 근거하고 있다(Cui and Wu, 2016). Service-dominant logic은 Vargo and Lusch에 의해 다양한 참여자(actors)들 간의 상호작용을 통해 가치가 창조(value creation)되는 현상을 설명하기 위한 이론적 틀(framework)로서 도입되었다. 그들은 service-dominant logic을 설명하기 위한 8가지 기본전제(premises)에 추후 2가지 전제를 추가하여 10가지 기본전제를 제시하였다. 이 10가지 기본전제는 사실 4가지 핵심공리(axiom)에 바탕을 두고 있다(Lusch and Vargo, 2014). 이 4가지 핵심공리는 Lusch and Vargo(2014, p. 15)의 Exhibit 1. 3에 드러나 있으며 다음과 같다.

① 서비스는 교환의 가장 근원적인 단위이다(Service is the fundamental basis of exchange).

② 고객은 항상 가치의 공동창조자이다(The customer is always a cocreator of value).

③ 모든 경제적 · 사회적 참여자는 자원통합자이다(All economic and social actors are resource integrators).

④ 가치는 항상 가치수혜자에 의해 고유하게 결정된다(Value is always uniquely and phenomenologically determined by the beneficiary).

이처럼 service-dominant logic의 4가지 핵심공리를 바탕으로 서비스연구자들은 co-creation을 고객이 기업 혹은 다양한 다른 참여자들이 제공한 자원을 통합하여 가치제안을 소비하는 자신만의 고유한 상황에서 가치를 경험하고 창조하고 결정하는 활동으로 규정하였다(Lusch and Vargo, 2014).

3) 고객과의 co-creation이 일어나는 위치에 따른 분류

앞서 co-creation을 바라보는 두 가지 커다란 다른 관점들, 즉 ① 기업 입장에서 기업의 협력적 혁신과정으로서 고객과의 co-creation과 ② 고객 입장에서 고객의 가치공동창조의 과정으로서 co-creation을 살펴보았다. 이러한 관점의 차이와 중복되는 부분이 있기는 하지만, 가치가 공동창조될 수 있는 수많은 과정 중 어느 부분에서 일어나는 co-creation에 집중하고 있는지에 따라 연구자들은 서로 다른 co-creation을 말하기도 한다. 최근 연구들은 co-creation이 어디에서 일어나는지에 따라 크게 'co-production'과 'value-in-use'의 두 가지 타입으로 구분한다(Grönroos, 2011; Grönroos and Voima, 2013; Lusch and Vargo, 2014; Ranjan and Read, 2016). 간략히 요약하면 고객과의 co-creation이 일어날 수 있는 다양한 모든 과정 중 co-production은 고객이 기업 offering을 소비하는 과정 이전 단계에서 일어나는 모든 종류의 co-creation을 일컫는 반면, value-in-use는 고객이 기업 offering을 소비 · 사용하는 단계에서 일어나는 모든 종류의 co-creation을 의미한다(Etgar, 2008; Lusch and Vargo, 2014; Ranjan and Read, 2016).[2] 그림 1은 가치가 창조될 수 있는 모든 과정 중 어느 곳에서 가치의 co-creation이 일어나는지에 따른 co-production과 value-in-use의 개념을 그림으로 나타낸 것이다.

우선 value-in-use는 앞서 제시한 고객입장에서 가치공동창조의 과정으로 co-creation을 이해하는 것과 궤를 같이한다. Value-in-use는 가치는 사

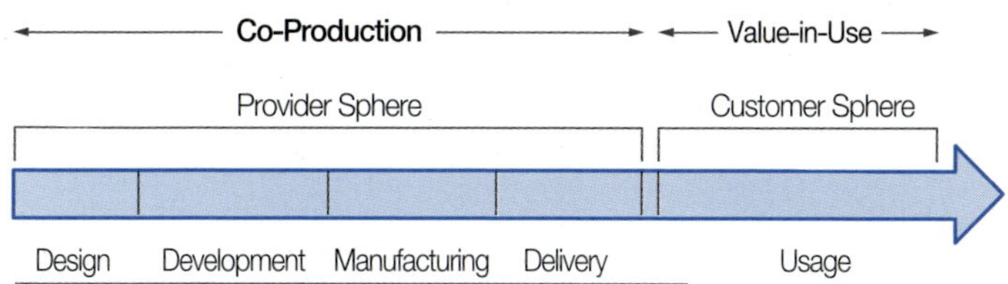

출처: Grönroos(2011) Figure 1과 Grönroos and Voima(2013)의 Figure 1을 참조

그림 1 Co-Production과 Value-in-Use

2 서비스 연구자들은 가치는 항상 고객이 소비하는 상황에서 고유하게 결정된다는 전제하에 value-in-use만을 진정한 co-creation이라 부르고 이를 co-production과 구분하기도 하였다. 그러나 본 연구에서는 co-creation을 다양한 이해관계자들이 자원을 통합하는 협력적 상호작용을 통해 가치를 공동으로 창조하는 모든 활동을 포함하는 포괄적 의미로 사용하므로 co-creation이 어디에서 일어나느냐에 따라 co-production과 value-in-use로 구분할 수 있다 주장한다.

용자(user)의 고유한 소비상황에서 생겨나기 때문에 기업 offering이 제공하는 기능적 특징에 의해서만 결정되는 것이 아니며, 사용자가 그 offering 혹은 가치제안을 어떻게 "경험적으로 평가"하는지에 달려있는 것이다(Ranjan and Read, 2016). 또한 value-in-use는 가치의 창조와 결정에 사용자가 사용하는 고유한 상황뿐만 아니라 사용자의 개인적 동기, 능력 등 개인적 요소 또한 사용자마다 고유한 가치가 창조되는 데 영향을 미친다고 주장한다(Ranjan and Read, 2016). 따라서 value-in-use에서는 고객/사용자의 고유한 경험(experience)과 가치는 개인적 특징에 따라 결정된다는 개인화(personalization)가 중요한 개념으로 강조되었다(Ranjan and Read, 2016).

반면 앞서 언급한 바와 같이 co-production은 고객이 offering/가치제안을 사용하기 전 단계, 즉 offering/가치제안을 디자인하고, 개발하고, 생산하고 전달하는 소비 이전의 모든 단계에서 일어날 수 있는 다양한 협력적 활동들을 포함한다(Etgar, 2008; Greer and Lei, 2012). 서비스연구자들은 서비스에 초점을 맞추며 서비스가 고객과 접점직원과의 상호작용으로 생산・전달되는 과정에서 고객의 적극적 참여와 상호작용을 co-production이라 한정하기도 했다. 예를 들어 그들은 반제품가구를 고객이 조립하는 과정, 반조리식품을 고객이 완성하는 것과 같은 예를 co-production의 대표적인 예로 간주했다. 그러나 co-production은 서비스가 생산・전달되는 과정에서의 적극적인 고객참여를 포함할 뿐만 아니라, offering/가치제안이 새롭게 개발되거나 기존의 것이 변경되거나 혹은 offering이 실제로 제조・배달되는, 고객이 사용하는 단계 이전의 모든 단계에서 일어나는 co-creation 활동을 포함하는 폭넓은 개념으로 인식할 수 있다(Greer and Lei, 2012; Ranjan and Read, 2016). 그러므로 앞서 제시한 기업 관점에서 기업의 협력적 혁신과정으로서의 co-creation은 co-production이 포함하는 모든 영역을 만족하지는 않지만 offering/가치제안을 새롭게 개발/변화하는 부분에 초점을 맞춘 co-production의 형태라 할 수 있다.

Ranjan and Read(2016)가 co-production에 관한 기존 연구들을 종합적으로 정리하면서 지식공유(knowledge sharing), 동등(equity), 상호작용(interaction)이 co-production을 설명하는 세 가지 중요한 개념적 요소라 언급한 것은 본 논문의 주장을 잘 뒷받침해 준다. 앞서 언급한 것처럼 기업의 협력적 혁신과정으로서의 co-creation, 즉 co-production은 knowledge management perspective를 주로 기반으로 하기 때문에 co-production과정에 참여하는 고객과 기업 사이의 지식공유가 매우 중요하며, 활발하고 효과적인 지식공유는 상호작용의 결과로 이뤄질 수 있을 것이다. 또한 기존 기업주도의 혁신과정에 고객이 참여하는 것은 co-production과정에서 고객의 독립적 역할을 인정하고 동등한 주도권과 지배력을 인정한다는 equity개념을 수반하는 것이라 할 수 있다.

이제까지 체계적으로 정의되지 못한 co-creation을 관점의 차이에 따라, 그리고 co-creation이 일어나는 위치에 따라 어떻게 분류할 수 있는지 살펴보았다. 다음으로 co-production 중 기업관점에서 기업의 협력적 혁신과정으로서의 고객과의 co-creation에 집중하면서 ① 기업이 자신의 혁신과정에서 고객과 co-creation을 하는 이유, ② 기업혁신과정에서 고객과의 co-creation 성과, ③ 기업혁신과정에서 고객과의 co-creation성과에 영향을 미치는 요소, ④ 기업혁신과정에서 고객과의 co-creation에 의해 창출된 성과의 분배 문제를 순차적으로 알아보겠다. 마지막으로 co-production의 좋은 예로 알려져 있는 Threadless.com의 사례를 통해 앞서 살펴본 개념들을 적용해 봄으로써 보다 명확한 이해를 돕겠다. 이를 통해 혁신이 기업생존과 성장의 핵심동력인 상황에서(Ernst et al., 2011) 기업의 새로운 혁신방법으로서 고객과의 co-creation에 집중하면서 기업들이 어떻게 co-creation을 통해 성공적인 혁신을 이끌 수 있는지에 대한 시사점을 제공하고자 한다.

왜 기업은 혁신과정에서 고객과 co-creation을 하는가?

1) 기업혁신방법의 진화

혁신이란 "새로운 아이디어나 접근방식을 이전과는 근본적으로 다른 방법으로 적용하여 해당 기업과 이해당사자들에게 새로운 가치를 창조하는 것"으로 정의할 수 있다(이상문 · 임성배, 2016, p.56). 고객이 추구하는 가치의 변화, 짧아지는 제품수명주기, 초경쟁사회의 도래로 기업이 시장에서 생존하고 경쟁우위를 확보하기 위해서 혁신은 선택이 아닌 필수가 되었다. Lee, Olson, and Trimi(2012)에 따르면, 기업이 혁신을 하는 방법은 폐쇄적 혁신(closed innovation)에서 협력적 혁신(collaborative innovation), 개방형 혁신(open innovation) 그리고 공동혁신(co-innovation)으로 진화되어 왔다.

기업의 가장 전통적인 혁신방법이라 할 수 있는 폐쇄적 혁신은 기업 내부에 보유한 독창적 자원/역량을 바탕으로 기업 내부의 역량을 통해 혁신을 이루는 것이다. 이 경우 당연히 기업 내부의 R&D부서 역할이 중요해지며, 기업들은 NIH(Not-Invented-Here) 신드롬과 같은 폐쇄적 혁신문화를 갖기 쉽다. 다음으로 협력적 혁신은 초경쟁사회의 도래로 기업이 독립적으로 내부의 자체 역량만으로는 지속적인 경쟁우위를 유지하기 어렵게 되자, 외부의 협력상대를 찾아 그들의 핵심역량과 자사의 핵심역량을 결합하여 혁신적인 가치사슬을 디자인하는 방식으로 진화하였다(이상문 · 임성배, 2016). 다음으로 Chesbrough(2003)가 만들어 낸 용어인 개방형 혁신은 주로 기업 간의 일대일 협력에 관한 협력적 혁신을 조직뿐만 아니라 개인까지 협력의 대상으로 확장한 개념이다(이상문 · 임성배, 2016). 개방형 혁신에서는 고객들도 기업의 혁신과정에서 협력대상이 될 수 있는 것이다. 또한 협력적 혁신은 외부로부터 지식/역량을 빌리는 것, 즉 outside-in의 관점만 강조하였다면, 개방형 혁신에서는 outside-in뿐만 아니라 조직 내부의 것을 협력대상자에게 빌려주는 inside-out까지 양방향 협력을 중시한다(Lee, Olson, and Trimi, 2012). 개방형 혁신을 넘어 기업의 새로운 혁신방법으로 제안되고 있는 것은 공동혁신이다. 공동혁신은 협력의 대상들이 지속적으로 개방형 혁신에 참여할 수 있는 동기를 마련해 주지 못한다는 개방형 혁신이 갖는 결정적 한계점을 극복하기 위해 도입되었다(이상문 · 임성배, 2016). 공동혁신은 기업 내부와 외부의 다양한 이해관계자들로부터 나온 다양한 아이디어나 방법들이 창조적이고 협력적인 방법으로 융합되어 고객을 포함한 모든 이해당사자들이 새로운 가치나 경험을 할 수 있도록 하는 플랫폼으로, 참여하는 모든 대상이 새로운 가치나 경험을 공유할 수 있으므로 참여자들의 지속적이고 적극적인 몰입을 가능케 하는 혁신모델인 것이다(이상문 · 임성배, 2016). 이러한 혁신의 진화과정을 보다 구체적으로 이해하기 위해서는 Lee, Olson, and Trimi(2012)와 그 논문을 발전시킨 이상문과 임성배(2016)의 《메타 이노베이션》 책을 참고하기 바란다.

위의 기업혁신방법의 진화과정에 드러난 핵심은 다음과 같다.

① 기업의 혁신은 점차 폐쇄적 방법에서 개방적 혁신의 모습으로 발전되고 있다.
② 혁신과정의 협력대상자는 외부 기업에서 고객과 같은 개인을 포함한 다양한 대상으로 넓어지고 있다.
③ 공동혁신의 결과는 기업에만 가치를 창출하는 것이 아니라 co-creation에 참여한 모든 협력자들에게 가치와 경험을 창조해야 한다.

그렇다면 무엇이 기업의 혁신과정을 고객과의 co-creation 형태로 변화시킨 것일까?

2) 기업이 혁신과정에서 고객과 co-creation을 하는 이유

큰 틀에서 기업이 고객을 포함한 외부의 이해관계자들을 자신의 혁신과정에 포함하는 이유는 자사 내부의 자원/지식/역량을 보완해 줄 외부자원을 통합하기 위해서이다. 오늘날 다양한 협력대상자들 중, 기업의 혁신과정에서 특히 고객과의 co-creation활동이 활발히 이뤄지고 있는 이유는 다음과 같은 중대한 요인들에서 찾을 수 있다.

첫째, 기업 입장에서 고객이 추구하는 가치가 달라졌기 때문이다. 오늘날의 고객들은 전통적으로 추구해 온 제품의 기능적 · 실용적 가치보다는 고객맞춤화(customization)와 경험혁신에 많은 가치를 부여한다(이상문 · 임성배, 2016; Etgar, 2008; Greer and Lei, 2012). 그러므로 기업 offering과 가치제안 개발과 혁신과정에서 고객과의 협력은 그들의 니즈 관련 지식을 통합하기 위한 중요한 과정인 것이다.

둘째, 기술발전으로 고객이 기업의 혁신과정에 참여하여 co-creation 하는 시간/노력/비용이 급격하게 줄어들었기 때문이다(Etgar, 2008; Greer and Lei, 2012; Prahalad and Ramaswamy, 2004b). 특히 인터넷과 커뮤니티 같은 네트워크의 발전은 고객과 기업 간의 수많은 접점(touchpoints)을 창출하였으며, 발전된 기술을 통해 고객과 기업은 빠르고 저렴한 비용으로 상호작용하고 새로운 가치창조를 위한 협력적 혁신과정에 손쉽게 참여할 수 있게 되었다.

셋째, 고객 자체의 변화도 고객이 기업의 협력적 혁신과정에 co-creator로서 참여함을 촉진시켰다. 고객 스스로 전례 없는 방대한 정보/지식에 대한 접근이 가능해짐에 따라 고객이 지닌 전문지식과 지식의 넓이와 깊이가 확연히 증가하였다(Greer and Lei, 2012; Prahalad and Ramaswamy, 2004b). 따라서 고객이 기업의 협력적 혁신과정에서 제공하는 지식들은 혁신을 이끄는 핵심 아이디어가 될 정도로 가치를 지닐 수 있게 된 것이다. 마지막으로 고객이 co-creation에 참여하고자 하는 동기(motivation)가 증가함에 따라 고객은 기업의 협력적 혁신과정에 보다 적극적으로 참여하게 되었다(Prahalad and Ramaswamy, 2004b). 고객의 offering을 개발하는데 스스로 실험(experimentation)해 보고자 하는 욕구의 증가 그리고 기업의 혁신과정에 참여를 통해 느끼는 즐거움(enjoyment), 성취감(accomplishment), 자신감(self-confidence)과 자신이 통제(control)할 수 있다는 심리적 혜택은 고객이 보다 자발적이고 적극적으로 기업의 협력적 혁신과정에 기여하고자 하는 동기를 유발시켰다.

이처럼 기업의 요구, 외부환경의 변화, 고객 스스로의 요인들이 복합적으로 작용하여 기업과 고객은 협력적 혁신과정에 함께 참여하여 가치를 공동으로 창조하는 활동을 보다 활발히 전개하게 된 것이다.

기업혁신과정에서 고객과의 co-creation의 성과

그렇다면, 기업의 협력적 혁신과정에서 고객-기업 간 co-creation활동은 어떠한 결과를 이끌어 내는 것일까? 기업들은 고객과의 co-creation이 자사와 외부고객들의 핵심역량을 협력적으로 통합함으로써 보다 나은 혁신 결과를 이끌어낼 것이라는 믿음을 가져 왔다. 그러나 이러한 믿음을 바탕으로 실제 기업협력과정에 고객을 참여시켜 온 기업들은 매우 상이한 성과를 얻었다(Chang and Taylor, 2016). 이는 고객과의 협력적 혁신과정의 성과를 측정하는 수준(level)과 종류(type of performance)가 서로 다른데도 불구하고, 이 부분을 명확하고 체계적으로 정리하지 못했거나 고객과의 협력적 혁신과정의 성과에 영향을 미치는 다양한 다른 변수들이 존재함에도 불구하고 이 부분에 대한 충분한 연구가 실시되지 못해서 나타난 일이라 할 수 있다. 따라서 본 연구에서 기업과 고객의 협력적 혁신과정이 이끌어 내는 결과/성과를 수준과 종류에 따라 체계적으로 정리해 볼 것이다. 그 후, 협력적 혁신의 성과에 영향을 미칠 수 있는 변수들에 대한 종합적 고찰이 이뤄질 것이다.

1) 고객과의 co-creation성과의 다양한 수준

기업과 고객의 협력적 혁신과정의 결과들은 크게 세 가지 수준, ① 협력적 혁신과정과 개발된 새로운 제품(서비스)수준, ② 기업수준, ③ 고객수준의 차원에서 살펴볼 수 있다(그림 2 참조). 우선 협력적 혁신과정과 개발된 새로운 제품(서비스)수준이란 고객과 기업 간의 특정제품(서비스)을 혁신하기 위한 협력적 상호작용이 일어났을 때, 그 특정상호작용이 이뤄진 과정과 그러한 협력적 혁신과정을 통해 개발된 새로운 제품(서비스) 자체의 성과에 집중하는 것이다. 신제품 개발연구자들의 용어를 빌리자면 신제품 개발프로젝트(new product development project)수준의 결과물들이라 할 수 있다. 예를 들어, 고객과 기업 간의 특정 co-creation과정이 얼마나 효율적으로 이뤄졌는지, 그러한 co-creation과정을 통해 개발된 새로운 제품(서비스)이 얼마나 시장에서 잘 팔리는지와 같이 협력적 co-creation활동의 결과를 특정한 신제품 개발프로젝트 혹은 특정 co-creation활동에 한정하여 살펴보는 것이라 할 수 있다(Chang and Taylor, 2016).

다음으로 co-creation은 다양한 co-creators가 공동으로 참여하기 때문에 co-creation 참여대상에 따라 서로 다른 차원의 성과를 살펴볼 수 있다. 본 연구의 경우, 고객과 기업 간 협력적 혁신과정에서의 co-creation에 초점을 맞추고 있으므로 기업수준과 고객수준에서 서로 다른 co-creation 성과를 살펴볼 수 있다(Hoyer et al., 2010). 먼저 기업수준에서 co-creation의 성과는 기업-고객 간 협력적 혁신과정을 통한 기업 전체의 재무적 성과의 향상 혹은 기업 전체의 브랜드 이미지 제고와 같이 특정프로젝트가 아닌 기업 전체를 분석의 단위(unit of analysis)로 하는 성과들을 의미한다. 마지막으로 고객수준의 co-creation성과는 기업-고객 간 협력적 혁신과정에 참여한 각 고객을 분석단위로, 그 고객이 co-creation과정에 만족했는지 혹은 공동으로 개발한 신제품을 구매하고자 하는 의도가 있는지 등을 포함하는 성과라 할 수 있다. 이처럼 기업-고객 간 협력적 혁신과정에서 co-creation은 무엇을 분석의 단위로 하여 성과가 측정되었는지에 따라

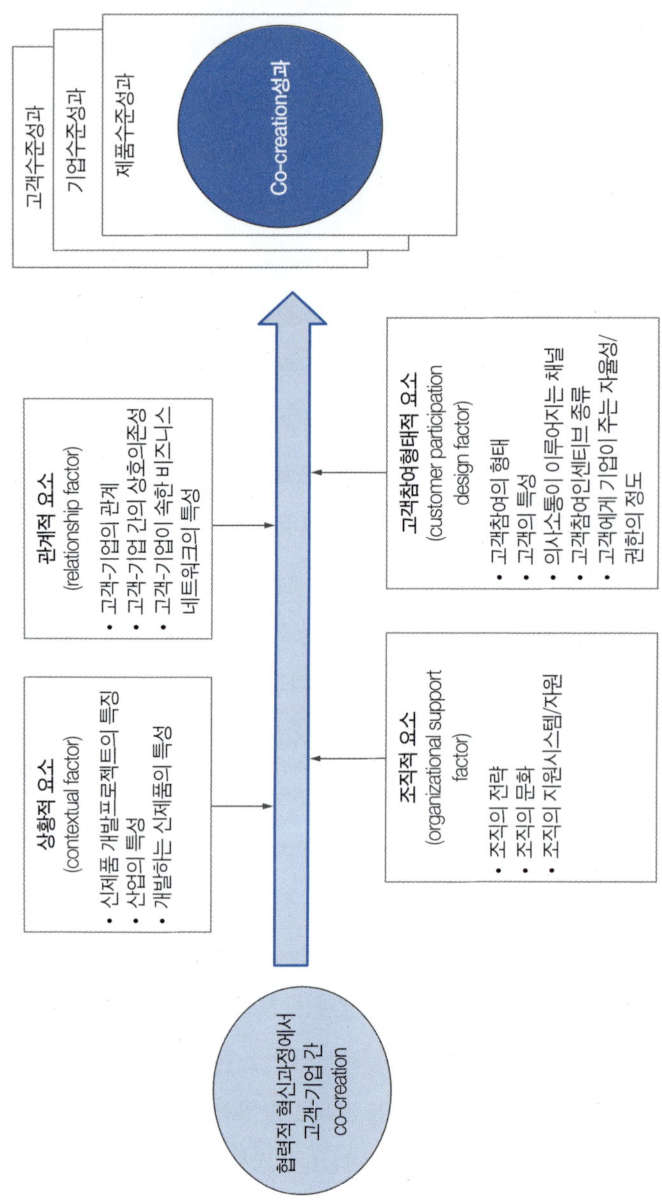

그림 2 협력적 혁신과정에서 고객과의 co-creation성과와 영향을 미치는 요소

① 협력적 혁신과정과 개발된 새로운 제품(서비스)수준, ② 기업수준, ③ 고객수준으로 구분할 수 있다.

2) 고객과의 co-creation성과의 다양한 종류

Co-creation성과는 성과측정수준뿐만 아니라 어떠한 성과를 측정하고 있는지, 즉 성과의 종류/타입에 따라서도 분류할 수 있다. 최근 기업의 신제품 개발과정에서 고객참여가 신제품 개발성과에 미치는 영향을 메타분석(meta-analysis)한 Chang and Taylor(2016)에 따르면 협력적 혁신과정과 개발된 신제품수준에서의 성과는 크게 세 가지 종류, ① 신제품 개발과정과 관련된 성과(new product operational performance), ② 신제품의 재무적 성과(new product financial performance), ③ 신제품의 마케팅적 성과(new product marketing performance)로 구분된다. 구체적으로 신제품 개발과정과 관련된 성과는 고객-기업 간 협력적 혁신과정이 얼마나 효율적이고 효과적으로 이뤄졌는지를 측정하는 지표들로 신제품 개발시간(speed to market), 신제품 개발비용 혹은 개발된 신제품의 혁신성(innovativeness), 신제품의 품질 등을 포함한다. 반면 신제품의 재무적 성과는 협력적 혁신과정을 통해 개발된 신제품이 시장에서 이룬 매출, 수익 등 재무적 측면의 결과들을, 신제품의 마케팅성과는 기업-고객 간 협력적 혁신과정을 통해 이룬 기업과 고객 간의 관계적 성과들, 충성도, 만족, 구전의도(WOM, referral), 향후 계속 관계를 유지하려는 의도 등 마케팅적인 성과지표들을 의미한다.

Chang and Taylor(2016)가 포함하지는 않았지만 최근 연구들에서 주목받고 있는 또 다른 종류의 co-creation성과 종류는 지식 측면의 성과지표들이다. 앞서 언급한 바와 같이 기업의 협력적 혁신과정으로서의 co-creation은 knowledge management perspective에 바탕을 두고 있다. 그러므로 기업과 고객 간의 협력적 상호작용을 통해 실제로 co-creation 활동에 참여한 대상자가 상호 간의 학습을 통해 새로운 보완적 지식을 얻었는지, 창조했는지, 기존에 보유하고 있던 지식을 확장했는지는 co-creation의 성과를 평가하는 중요한 측면일 수 있다(Greer and Lei, 2012; Mahr, Lievens, and Blazevic, 2014). 요약하면 Chang and Taylor(2016)가 제시한 세 가지 종류의 co-creation성과의 종류에 지식 관련 성과를 추가하여, 기업-고객 간 협력적 혁신과정 속의 co-creation은 크게 네 가지 종류의 성과, 즉 ① 협력적 혁신과정과 관련된 성과(operational performance), ② 재무적 성과(financial performance), ③ 마케팅적 성과(marketing performance), ④ 지식 관련 성과(knowledge-related performance)로 구분할 수 있다. 이러한 네 가지 타입의 co-creation성과는 협력적 혁신과정과 개발된 신제품수준뿐만 아니라 기업수준성과에도 적용될 수 있다.

그러나 고객수준성과의 경우, 앞서 제안한 네 가지 종류의 co-creation 성과를 고객상황에 맞게 약간 수정할 필요가 있다. Chan, Yim, and Lam(2010)은 고객수준 co-creation성과의 종류에 관한 큰 틀을 제시하였는데, 그들은 고객참여를 통해 크게 고객에게 두 가지 결과, 경제적 가치(economic value)와 관계적 가치(relational value)가 산출된다고 하였다. 고객이 기업의 협력적 혁신과정에 참여함으로써 고객에게 발생하는 경제적 가치는 보다 고객맞춤화된 제품의 개발, 신제품의 개선된 품질 등으로 앞서 제시한 재무적 성과를 고객에게 적용한 것으로 이해할 수 있다. Chan, Yim, and Lam(2010)에 따르면 관계적 가치는 고객과 기업 간의 상호작용을 통한 기업-고객 간 관계의 발전 등을 포함하는 개념으로 앞서 제시한 마케팅적 성과와 유사하다 할 수 있다. 이러한 경제적 가치와 관계적 가치는 co-creation을 통해 고객에게 발생하는 성과를 개괄적으로 제시하는 데 기여하였다. 그러나 고객-기업 간 co-creation과정에서 고객이 심리적으로 느끼는 즐거움(enjoyment), 성취감(accomplishment), 자신감(self-confidence)과 자신이 통제(control)할 수 있다는 심리적 혜택들을 강조한 최근 연구경향을 반영하면서(예: Franke, Schreier, and Kaiser, 2010; Yim, Chan, and Lam, 2012), 고객-기업 간 관계에 초점을 두는 관계적 가치와 다르게 고객이 co-creation과정에 참여하여 느끼는 심리적 가치를 새롭게 제안하고자 한다. 마지막으로 고객-기업 간 협력적 혁신과정에서의 지식공유는 한 방향이 아닌 쌍방향의 학습과정이므로 고객이 co-creation을 통해 얻게 되는 지식 관련 성과도 고객수준의 한 종류의 성과로 포함될 수 있다. 정리하면, 고객수준의 co-creation성과는 ① 심리적 성과, ② 경제적 성과, ③ 관계적 성과, ④ 지식 관련 성과로 구분될 수 있다.

기업혁신과정에서 고객과의 co-creation성과에 영향을 미치는 요소

고객-기업 간 혁신과정에서 co-creation은 다양한 요소들에 의해 영향을 받아 co-creation성과의 차이를 가져온다(Chang and Taylor, 2016; Chatterji and Fabrizio, 2014; Hoyer et al., 2010). 기업의 혁신과정에서 고객-기업 간 co-creation의 성과에 영향을 미치는 요소들에 대한 연구는 안타깝게도 많이 진행되지 못했는데, 최근 Chang and Taylor(2016)는 문헌연구를 통해 co-creation성과에 영향을 미치는 요소들을 크게 네 가지 카테고리로 정리하여 기업혁신과정에서의 고객참여는 상황적 요소(contextual factor), 관계적 요소(relationship factor), 조직적 요소(organizational support factor), 고객참여형태적 요소(customer participation design factor)에 의해 그 효과가 다를 수 있음을 지적하였다(표 2 참조).

일차적으로 고객-기업 간 협력적 혁신과정은 co-creation이 이뤄지는 상황(상황적 요소), 즉 고객이 참여한 신제품 개발프로젝트의 특성, 산업의 특성, 고객이 개발하는 제품의 특성 등에 따라 성과가 달라질 수 있다. 또한 고객-기업 간 협력적 혁신과정은 기본적으로 고객과 기업 간의 상호작용을 바탕으로 하기 때문에 고객과 기업이 맺어 온 관계 및 상호영향

표 2 고객-기업 간 혁신과정에서 co-creation성과에 영향을 미치는 요소

요소	예
상황적 요소 (contextual factor)	• 신제품 개발 프로젝트의 특징(예: 신제품 개발 프로젝트의 시장/기술 동태성, 프로젝트의 복잡성) • 고객참여가 이뤄지는 산업의 특성(예: 고기술 산업 vs. 저기술산업, B2B vs. B2C) • 개발하는 신제품의 특성(예: 혁신적 제품 vs. 점진적 제품, 유형적 제품 개발 vs. 서비스 개발)
관계적 요소 (relationship factor)	• 신제품 개발 프로젝트에 참여하기 전의 고객과 기업의 관계 • 고객과 기업 사이의 상호의존성 • 고객과 기업이 속한 비즈니스네트워크의 특성
조직적 요소 (organizational support factor)	• 조직의 전략 (예: 전략적 유연성) • 조직의 문화 (예: 혁신적 문화, 새로운 것을 받아들이는 정도) • 조직의 지원시스템/자원 (예: IT 시스템, 신제품 개발 팀)
고객참여 형태적 요소 (customer participation design factor)	• 고객참여의 형태 (예: lead user method, crowdsourcing) • 참여하는 고객의 특성 (예: 브랜드/기업에 충성도가 높은 고객) • 고객참여의 의사소통이 이뤄지는 채널 (예: 대면 방식, 웹사이트) • 고객참여에 기업이 제공하는 인센티브 종류 (예: 금전적 vs. 비금전적 인센티브) • 고객에게 기업이 주는 자율성/권한의 정도

출처 Chang and Taylor(2016)의 Web Appendix Theme 1을 바탕으로 구성.

력 등에 의해 co-creation의 성과가 영향을 받을 수 있으며 이러한 요소들을 관계적 요소라 한다. 많은 연구들은 기업성과가 조직적 요소에 의해 달라질 수 있음을 보여주었다. 고객-기업 간 협력적 혁신과정의 성과 역시 고객과 co-creation을 하는 기업의 전략, 문화, 시스템, 인력자원 등 조직적 요소에 따라 달라질 수 있다. 왜냐하면 기업의 전략, 문화, 시스템, 자원과 같은 조직적 요소에 따라 고객참여를 기업이 효과적으로 지원하고 그 가치를 극대화할 수 있는 정도가 달라질 수 있기 때문이다. 마지막으로 기업이 고객을 자신의 혁신과정에 참여시키는 방법(고객참여 형태적 요소)은 어떠한 고객을 참여시키는지, 어떠한 커뮤니케이션 채널을 통해, 어떠한 인센티브를 주면서 혹은 얼마만큼의 자율권을 고객에게 부여하는지에 따라 다양할 수 있으며 이러한 고객참여의 형태는 기업의 협력적 혁신과정으로서의 co-creation성과에 영향을 미칠 수 있다.

기업혁신과정에서 고객과의 co-creation성과에 영향을 미치는 요소에 관해서는 Chang and Taylor(2016)와 장우정(2017)을 참고하기 바란다.

기업혁신과정에서 고객과의 co-creation에 의해 창출된 성과의 분배

앞선 논의에서는 혁신과정에서 고객과 기업이 협력적으로 상호작용하면서 함께 가치를 창조하고 이러한 가치가 기업, 고객 각각에게 어떠한 성과를 창조해 낼 수 있는지 가치창조(value creation)의 관점으로 살펴보았다. 여기서 더 나아가 추가적으로 생각해 보아야 할 문제는 협력적 공동가치창출과정에 의해 창출된 공동의 가치를 참여자들 사이에 어떻게 분배하느냐라는 가치분배(value capture와 value sharing)의 문제이다(Jap,

2001; Fang, Lee, and Yang, 2015; Reypens, Lievens, and Blazevic, 2016). 기업-고객이 동등한 협력자로서 혁신과정에 참여했을지라도 공동으로 창조된 가치가 동등하게 분배된다는 것을 의미하는 것은 아니다(Payne, Storbacka, and Forw, 2008).

예를 들어, 기업-고객 간 혁신과정을 통해 공동으로 창조한 offering의 지적재산권은 어떻게 분배되어야 하는가에 관한 문제점은 co-creation을 통한 기업혁신을 저해하는 요소로 인식되어 왔다(Hoyer et al., 2010). 지적재산권뿐만 아니라 협력적 혁신과정을 통해 개발된 offering이 재무적 성과를 내기 시작했을 때, 이러한 성과를 어떻게 기업-고객 간에 분배하고, 참여자들이 그러한 분배가 공평하다고 인식하여 향후 협력적 혁신과정에도 자발적이고 적극적으로 임할 수 있는지는 중요한 문제이다. 이러한 맥락에서 최근 Franke, Keinz, and Klausberger(2013)는 개인소비자가 기업의 협력적 혁신과정에 참여할 때 기업이 소비자에게 제공하는 인센티브와 그 인센티브가 소비자들에게 공평하게 느껴지는지를 연구하기도 했다.

협력적 혁신과정으로서의 co-creation에서 co-creation 참여자들 간에 공동창조된 가치가 어떻게 배분되는지에 대한 연구는 Fang, Lee, and Yang(2015)을 제외하고는 거의 이뤄지지 않았지만, 공동창조된 가치의 공평한 분배 문제는 매우 중요한 향후 연구주제가 될 수 있다. Co-creation의 성패는 결국 참여자 모두의 자발적이고 적극적인 협력에 의해 결정되기 때문에 공동참여자 간의 가치분배가 참여자들에게 공정하게 느껴지지 않는다면 참여자들의 적극적인 참여와 협력은 이끌어 낼 수 없기 때문이다(Fang, Lee, and Yang, 2015; Franke, Keinz, and Klausberger, 2013).

본 연구에서는 기업-고객 간 쌍방의 협력자 상황만을 한정하여 가치분배의 문제가 상대적으로 단순했을 수도 있다. 그러나 오늘날 협력적 혁신과정에서 co-creation은 협력자 쌍방의 상호작용뿐만 아니라 고객, 공급자, 경쟁자, 정부 등을 포함한 다양한 co-creator들이 다자간의 형태로 co-creation의 활동에 참여하는 경우가 늘어나고 있으므로, 이러한 다양한 참여자들 간의 가치분배가 어떻게, 어떠한 기준에 따라 이뤄져야 하는지, 혹은 어떠한 요소에 의해 결정되는지를 연구하는 것은 향후 연구의 중요한 주제라 할 수 있다(Reypens, Lievens, and Blazevic, 2016).

핵심개념의 Threadless.com 사례에 적용

이제까지 기업의 협력적 혁신과정으로서의 고객과의 co-creation에 초점을 맞춰 이러한 co-creation이 어떠한 성과를 창출하고, 어떠한 요소들에 의해 성과가 달라질 수 있으며 co-creation에 의해 창출된 성과의 분배 문제를 살펴보았다. 앞서 언급한 개념적 요소들을 보다 명확히 이해하고 현실에 적용하기 위해 Threadless.com의 co-creation 사례를 적용해 보고자 한다.

Threadless.com(www.threadless.com)은 2000년 미국 시카고에 설립되어 주로 티셔츠를 판매하는 온라인 패션기업이다. 이처럼 단순한 온라인 소매업체가 치열한 산업에서 살아남고 성장할 수 있었던 주된 이유는 비즈니스를 하고 혁신을 이뤄 나가는 독특한 방식 때문이다. Threadless.com은 여타의 기존 패션기업들과는 달리 기업 내부의 디자이너가 티셔츠를 디자인하여 생산 · 판매하는 방식이 아니라, 전 세계에 있는 일반 대중(고객)들이 Threadless.com을 통해 판매될 티셔츠를 디자인하는 방식을 따르고 있다. 기업 내부의 디자이너가 아닌 일반 고객에 의해 디자인된 티셔츠 아이디어가 그 웹사이트에 올려지면, 사이트의 일반 회원(고객)들은 제안된 티셔츠 디자인에 점수를 매기고, 투표를 하여(그림 3 참조) 다음 주에 Threadless.com을 통해 판매될 티셔츠를 결정하게 된다. 고객이 제안한 디자인이 투표에 의해 선정되어 Threadless.com을 통해 판매되면 그 고객은 기업으로부터 제품의 판매량에 따라 금전적인 보상을 받게 된다. 그림 4는 Threadless.com 사이트에 제시되어 있는 고객들이 co-creation에 참여하는 과정을 요약해 놓은 것이다. 즉, Threadless.com은 기업이 신제품을 개발하는 혁신과정 속에서 고객이 제품디자인과 최종 신제품 선택을 담당하고 있는 것이다(O'Hern and Rindfleisch, 2010). 구체적으로 Threadless.com은 고객이 제품을 개인적으로 사용하는 상황이 아닌 기업이 새로운 제품을 개발하는 디자인과정과 최종 신제품 선택과정에 일반 고객을 참여시켜 고객들이 지닌 창의적인 디자인능력과 자신들의 니즈에 보다 적절한 제품을 선별해 낼 수 있는 그들의 지식/자원을 기업이 이용하는 co-production의 예라 할 수 있다.

이와 같은 Threadless.com의 co-creation활동들은 ① 개발된 새로운 제품(서비스)수준, ② 기업수준, ③ 고객수준의 다양한 성과들을 창출한다. 우선 개발된 새로운 제품수준이란, Threadless.com의 경우 특정고객이 제안한 특정티셔츠 디자인별로 이 티셔츠를 개발하는 시간과 비용이 얼마인지, 이 티셔츠는 몇 개가 팔려 얼마의 수익을 창출했는지, 이 티셔츠 개발과정을 통해 얼마만큼의 구전이 발생했고, 새로운 지식이 창출되었는지와 관련된 성과들이다. 기업수준이란 고객들이 제안하여 생산 · 판매된 다양한 티셔츠들의 성과들이 합쳐진 Threadless.com이라는 기업수준의 성과를 말한다. Threadless.com이 다양한 고객들이 디자인한 티셔

그림 3 고객들이 Threadless.com에서 티셔츠 디자인을 평가하는 예

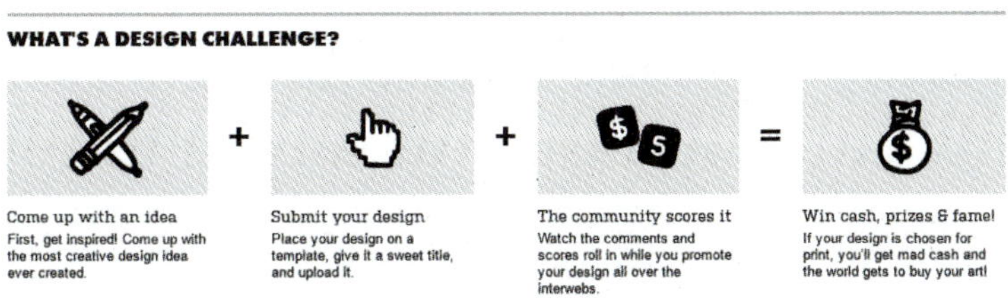

그림 4 Threadless.com에 고객이 참여하는 과정

츠들을 통해 종합적으로 얼마의 비용을 소비하고, 얼마의 판매량과 수익을 거두었으며, 이러한 지속적인 co-creation과정을 통해 일반 고객들이 Threadless.com이라는 기업에 대해 얼마나 긍정적인 태도를 지니게 만들었는지, 그리고 이러한 과정을 통해 Threadless.com은 무엇을 배웠는지 (예: co-creation 운영방법 혹은 소비자의 선호, 디자인능력)가 기업수준의 성

과들이라 할 수 있다. 마지막으로 Threadless.com의 경우, 고객수준의 성과란 이 기업의 co-creation과정에 참여한 고객들(즉, 티셔츠를 디자인한 고객 혹은 제안된 티셔츠를 평가하는 데 참여한 고객)이 co-creation에 참여함으로써 즐거움과 성취감(자신의 디자인이 선택, 혹은 자신이 뽑은 제품이 판매된다는) 등을 느낌으로써 심리적 성과를 얻을 수 있고, 고객이 자신의 디자인을 기업에게 제안하여 기업이 이를 처리하면서 기업-고객 간의 상호작용을 통해 고객이 기업에 대한 태도와 관계를 형성할 수 있으며 또한 co-creation을 통해 고객 입장에서는 디자인능력을 개인적으로 키우는 등 능력과 지식제고의 기회를 얻게 됨으로써 개인의 지식 관련 성과를 누릴 수 있게 된다.

마지막으로 co-creation의 성과에 영향을 미치는 요소들을 Threadless.com의 사례에 적용해 보자. 앞서 제시한 4가지 요소인 상황적 요소(contextual factor), 관계적 요소(relationship factor), 조직적 요소(organizational support factor), 고객참여형태적 요소(customer participation design factor)는 치열한 경쟁이 이뤄지는 패션산업에서 Threadless.com이 어떻게 성공적으로 비즈니스를 할 수 있었는지를 설명할 수 있다. 상황적 요소 측면에서 보면 단순한 티셔츠를 주로 판매하는 패션산업 자체가 기술집약적인 산업이 아니므로 높은 수준의 기술이 없는 고객들도 쉽게 자신의 창의성과 니즈에 대한 지식으로 참여 · 기여할 수 있고, 또한 패션산업은 고객의 니즈가 빠르게 변화하는 시장이라는 특성상 고객들로부터 직접 그들이 무엇을 선호하는지에 대한 니즈를 빨리 파악하는 것이 중요한 제품군이었다는 점을 통해 Threadless.com co-creation의 성공을 설명할 수 있다. 관계적 요소 측면에서 Threadless.com이 고객과의 성공적인 co-creation을 지속할 수 있는 이유는 그 기업이 다년간의 co-creation활동을 통해 수

많은 고객 디자이너들과 웹사이트에서 매주 새로운 디자인을 평가하는 데 참여하는 고객베이스를 보유하고 있고, 그들과의 관계를 잘 유지해 왔기 때문에 co-creation이 끊임없이 잘 운영될 수 있는 것이다. 조직적 요소로 해석하면, Threadless.com이라는 웹사이트를 만들어 특별한 기술이 없어도 쉽게 티셔츠를 디자인하고 제출할 수 있는 쉬운 플랫폼을 만들어 고객들의 co-creation활동을 돕는 시스템을 제공했으며, Threadless.com의 출발이 된 조직문화 자체가 개방적이고 고객에게 기업과 동등한 수준의 권한을 부여할 수 있는 문화가 마련되어 있다는 점에서 Threadless.com의 성공을 설명할 수 있다. 마지막으로 고객참여형태적 요소로 살펴보면 Threadless.com은 고객의 지속적인 참여를 담보하기 위해 공평한 인센티브를 제공하는 데 노력해 왔는데, 초기에는 선택된 디자인을 제안한 고객에게 고정된 상금을 주는 형태였지만, 고객들이 디자인을 제안한 고객과 기업 간 수익분배의 형평성 문제를 제기하자 티셔츠의 판매량에 비례하여 디자인한 고객에게 수익을 배분하는 구조로 변경함으로써 고객들이 자발적으로 co-creation활동에 참여해 갈 수 있는 형태로 발전해 나갔다.

모든 기업이 기업의 혁신과정에서 고객과 co-creation을 하기만 하면 Threadless.com처럼 성공을 거둘 수 있는 것은 아니다. 앞서 살펴본 것처럼 Threadless.com은 co-creation의 성공에 영향을 미칠 수 있는 다양한 요소들 중 co-creation이 보다 효과적인 산업에서, 그러한 제품을 적절한 관계적 · 조직적 · co-creation참여형태적 뒷받침을 제공함으로써 성공적으로 고객과의 co-creation을 이용하여 성과를 창출할 수 있었던 것이다.

결론

혁신이 기업생존과 성장의 필수요소라는 말은 공허한 말이 아니다. 대한상공회의소 보고서에 따르면 우리나라 코스피 상장기업의 평균수명은 약 32.9세로, 하나의 기업이 탄생해서 생존하는 기간이 약 33년밖에 되지 않는 것이다(최승노, 2015). 기업이 자신의 offering, 가치사슬, 고객기반, 비즈니스모델을 끊임없이 혁신하지 않으면, 그리고 기업이 혁신하는 방법 자체를 혁신하지 않으면 기업은 더 이상 살아남을 수 없다. 기업의 협력적 혁신과정으로서 고객과의 co-creation은 기업이 혁신하는 방법을 혁신한 것이라 할 수 있다. 고객을 포함한 다양한 이해관계자들이 참여하여 공동으로 혁신을 이뤄 나가고 그러한 혁신의 결과물로 창조된 가치는 협력적 혁신과정에 참여한 이해관계자들 모두에게 가치 있는 것이어야 하며, 그들에게 공정하게 분배되어야 한다. 협력적 혁신과정으로서의 co-creation은 현재 완성형이 아니며 지속적으로 변화・발전해 가는 과정에 있다. 본 논문은 이러한 변화・발전에 조금이나마 기여하고자 이 분야의 지난 연구들을 바탕으로 co-creation이 무엇인지, 기업은 왜 협력적 혁신과정으로 고객과 co-creation을 하는지, 협력적 혁신과정으로서 고객과 co-creation의 결과 어떠한 성과물이 나오고 이러한 성과는 co-creator 간에 어떻게 분배되어야 하는지를 체계적으로 정리하였다. 본 논문이 기업혁신의 새로운 방법/전략으로서 co-creation에 관심을 갖고 있는 학자, 기업실무자들에게 도움이 되는 읽을거리가 되길 바란다.

참고문헌(References)

이상문 · 임성배(2016). 메타이노베이션. 한국경제신문.

장우정(2017). "신제품 개발 과정에서 고객참여가 신제품 시장성과에 미치는 영향: 제품 개별성과 가격 포지셔닝의 조절효과를 중심으로", 마케팅관리연구. 제22권(제2호), 25-47.

최승노(2015). "한국기업 평균수명 33세…'기업잔혹사' 네 가지 이유 있었네", 조선pub, accessed by [http://pub.chosun.com/client/news/viw.asp?cate=C03&mcate=M1002&nNewsNumb=20150517414&nidx=17415].

Auh, Seigyoung, Simon J. Bell, Colin S. McLeod, and Eric Shih(2007). "Co-production and customer loyalty in financial services", *Journal of Retailing, 83* (3), 359-370.

Bendapudi, Neeli and Robert P. Leone(2003). "Psychological Implications of Customer Participation in Co-Production", *Journal of Marketing, 67*(January), 14-28.

Chan, Kimmy Wa, Chi Kin Yim, and Simon S. K. Lam(2010). "Is Customer Participation in Value Creation a Double-Edged Sword? Evidence from Professional Financial Services Across Cultures", *Journal of Marketing, 74*(May), 48-64.

Chang, Woojung and Steven A. Taylor(2016). "The Effectiveness of Customer Participation in New Product Development: A Meta-Analysis", *Journal of Marketing, 80*(January), 47-64.

Chatterji, Aaron K. and Kira R. Fabrizio(2014). "Using Users: When Does External Knowledge Enhance Corporate Product Innovation?" *Strategic Management Journal, 35*(10), 1427-45.

Chesbrough, Henry(2003). *Open Innovation: The New Imperative for Creating and Profiting from Technology.* Boston: Harvard Business School Press.

Cui, Anna S. and Fang Wu(2016). "Utilizing Customer Knowledge in Innovation: Antecedents and Impact of Customer Involvement on New Product Performance", *Journal of the Academy of Marketing Science, 44*(4), 516-538.

Cui, Anna S. and Fang Wu(2017). "The Impact of Customer Involvement on New Product Development: Contingent and Substitutive Effects", *Journal of Product Innovation Management, 34*(1), 60-80.

Ernst, Holger, Wayne D. Hoyer, Manfred Krafft, and Katrin Krieger(2011). "Customer Relationship Management and Company Performance-The Mediating Role of New Product Performance", *Journal of the Academy of Marketing Science, 39*(2), 290-

306.

Etgar, Michael(2008). "A Descriptive Model of the Consumer Co-Production Process", *Journal of the Academy of Marketing Science, 36*(1), 97-108.

Fang, Eric(Er), Jongkuk Lee, and Zhi Yang(2015). "The Timing of Codevelopment Alliances in New Product Development Processes: Returns for Upstream and Downstream Partners", *Journal of Marketing, 79*(January), 64-82.

Franke, Nikolaus, Peter Keinz, and Katharina Klausberger(2013). "Does This Sound Like a Fair Deal?: Antecedents and Consequences of Fairness Expectations in the Individual's Decision to Participate in Firm Innovation", *Organization Science, 24*(5), 1495-1516.

Franke, Nikolaus, Martin Schreier, and Ulrike Kaiser(2010). "The "I Designed It Myself" Effect in Mass Customization", *Management Science, 56*(1), 125-140.

Fuchs, Christoph and Martin Schreier(2011). "Customer Empowerment in New Product Development", *Journal of Product Innovation Management, 28*(1), 17-32.

Greer, Charles R. and David Lei(2012). "Collaborative Innovation with Customers: A Review of the Literature and Suggestions for Future Research", *International Journal of Management Reviews, 14*(1), 63-84.

Grönroos, Christian(2011). "Value Co-creation in Service Logic: A Critical Analysis", *Marketing Theory, 11*(3), 279-301.

Grönroos, Christian and Päivi Voima(2013). "Critical Service Logic: Making Sense of Value Creation and Co-creation", *Journal of the Academy of Marketing Science, 41*(2), 133-150.

Hoyer, Wayne D. , Rajesh Chandy, Matilda Dorotic, Manfred Krafft, and Siddharth S. Singh(2010). "Consumer Cocreation in New Product Development", *Journal of Service Research, 13*(3), 283-296.

Jap, Sandy D.(2001). ""Pie Sharing" in Complex Collaboration Contexts", *Journal of Marketing Research, 38*(1), 86-99.

Kazadi, Kande, Annouk Lievens, and Dominik Mahr(2016). "Stakeholder Co-creation during the Innovation Process: Identifying Capabilities for Knowledge Creation among Multiple Stakeholders", *Journal of Business Research, 69*(2), 525-540.

Lee, Sang M., David L. Olson, and Silvana Trimi(2012). "Co-innovation: Convergenomics, Collaboration, and Co-creation for Organizational Values", *Management Decision, 50*(5), 817-831.

Lusch, Robert F. and Stephen L. Vargo(2014). *Service-Dominant Logic: Premises, Per-*

spectives, Possibilities. Cambridge: United Kingdom, Cambridge University Press.

Madhaven, Ravindranath and Rajiv Grover(1998). "From Embedded Knowledge to Embodied Knowledge: New Product Development as Knowledge Management", *Journal of Marketing, 62*(October), 1-12.

Mahr, Dominik, Annouk Lievens, and Vera Blazevic(2014). "The Value of Customer Co-created Knowledge during the Innovation Process", *Journal of Product Innovation Management, 31*(3), 599-615.

McColl-Kennedy, Janet R., Stephen L. Vargo, Tracey S. Dagger, Jillian C. Sweeney, and Yasmin van Kasteren(2012). "Health Care Customer Value Co-creation Practice Styles", *Journal of Service Research, 15*(4), 370-389.

O'Hern, Matthew S. and Aric Rindfleisch(2010). "Customer Co-Creation: A Typology and Research Agenda", *Review of Marketing Research, 6*, 84-106.

Payne, Adrian F., Kaj Storbacka, and Pennie Frow(2008). "Managing the Co-creation of Value", *Journal of the Academy of Marketing Science, 36*(1), 83-96.

Prahalad, C. K. and Venkat Ramaswamy(2000). "Co-opting Customer Competence", *Harvard Business Review, 78*(1), 79-90.

Prahalad, C. K. and Venkat Ramaswamy(2004a). *The Future of Competition: Co-Creating Unique Value with Customers.* Boston: Harvard Business School Publishing.

Prahalad, C. K. and Venkat Ramaswamy(2004b). "Co-Creation Experiences: The Next Practice in Value Creation", *Journal of Interactive Marketing, 18*(3), 5-14.

Ramaswamy, Venkat and Francis Gouillart(2010). *The Power of Co-Creation*. New York: FreePress.

Ranjan, Kummar Rakesh and Stuart Read(2016). "Value Co-creation: Concept and Measurement", *Journal of the Academy of Marketing Science, 44*(3), 290-315.

Reypens, Charlotte, Annouk Lievens, and Vera Blazevic(2016). "Leveraging Value in Multi-Stakeholder Innovation Networks: A Process Framework for Value Co-Creation and Capture", *Industrial Marketing Management, 56*(July), 40-50.

Tapscott, Don and Anthony D. Williams(2010). "Wikinomics: The Art and Science of Peer Production", in *Leading Organizations: Perspectives for A New Era.* G. R. Hickman(ed.), Thousand Oaks: Sage Publications, 48-62.

Troye, Sigurd Villads and Magne Supphellen(2012). "Consumer Participation in Coproduction: "I Made It Myself" Effects on Consumers' Sensory Perceptions and Evaluations of Outcome and Input Product", *Journal of Marketing, 76*(March), 33-46.

Vargo, Stephen L. and Robert F. Lusch(2004). "Evolving to a New Dominant Logic for

Marketing", *Journal of Marketing, 68*(January), 1-17.

Wernerfelt, Birger(1984). "A Resource-based View of the Firm", *Strategic Management Journal, 5*(2), 171-180.

Yim, Chi Kin(Bennett), Kimmy Wa Chan, and Simon S. K. Lam(2012). "Do Customers and Employees Enjoy Service Participation? Synergistic Effects of Self- and Other-Efficacy", *Journal of Marketing, 76*(November), 121-140.

Choice Modeling in Marketing: Method and Theory

김재환 | 고려대학교 경영대학

Choice Modeling in Marketing: Method and Theory

Jaehwan Kim

Korea University Business School

Introduction

Consumer choice is prevalent in many occasion. It is a key behavioral variable to both researchers and practitioners. The choice can be made in various decision contexts such as making purchase, adopting new system, planning for future activities, etc. In marketing, predicting consumer choice and understanding the effects of policy variables are of critical interest to researchers. Choice models have been very useful for this purpose and have been popularly used in many studies, especially in the area of brand choice and category choice.

In Korea, studies dealing with choice models were mostly introduced in 1990's. More formal introduction of the multinomial logit model was given by Kwang Ho Ahn and Seoil Chaiy's work[1] published in 1992 in Korean Management Review. The derivation and nature of choice model

1 Ahn, Kwang Ho and Seoil Chaiy(1992). "Empirical Study on Store Choice using Multinomial Logit Model," *Korean Management Review*, vol 22, no. 2.

were well explained in a tutorial–type description with applications to store choice data. As new type of data became available more and more, e.g., scanner panel data in 1980's to web–data, and mobile–data via SNS, in early 2000's, the use of choice models in academic studies also got exploded.

Development of choice models was benefited from multiple disciplines – economics, psychology, and statistics. Although the way to view the process that gives rise to final choice is different, these areas share a common aspect. It is that first there's a theory responsible for choice data generation and the randomness is assumed to be embedded in the observed choice, not to mention in the model. The objective of this essay is to enrich our understanding on link between economic theory and statistical models used for choice researches. Rather than reviewing plenty of published studies, therefore, we focus on what is to be in the model and how it can be best developed.

The remaining part of the essay is organized as follows. In section 2, we first describe latent utility model with logit and probit, the most familiar likelihoods in literature. Then, how one can incorporate marketing variables into choice model and how to account for heterogeneity across consumers are explained. In section 3, we move on the issue of generalized model of discrete and continuous demand including economic theory and the use direct utility models. In final section, we offer concluding remarks with opportunities for future research.

Methods

1) Basic Form

Choice is revealed as discrete outcome such as buy versus no-buy in market place(e.g., y is choice with $y=1$ if purchased and $y=0$ otherwise). It is well known that conventional regression approach is not proper to model the discrete outcome, which leads to rich developments in models and estimation methods specifically for consumers' choice decision in marketing and economics literature. Statistical specifications employed in choice models are basically in two forms – logit and probit, mainly due to the view on stochastic component in latent utility whereas the two approaches share the same view on utility formulation process. Below, I briefly describe standard likelihoods for discrete choice models.

Suppose that there are 'J' choice options in the given set known to consumer h. The individual h is given, U_{hjt}, the utility for a option j ($j=1, .., J$) at time t:

$$U_{hjt}=V_{hjt}+\varepsilon_{hjt} \tag{1}$$

where V_{hjt} is the deterministic part of the utility, and ε_{hjt} is the unobserved part which is known to consumer h, but not to the researcher. The probability that the individual h purchases option j at t, P_{hjt} is simply the chance that the utility of j is greater than other options in the choice set as given by:

$$P_{hjt} = P(V_{hjt} + \varepsilon_{hjt} > V_{hkt} + \varepsilon_{hkt} \quad \text{for } k = 1, \cdots, J\ (k \neq j))$$

Then, this choice probability becomes specific form of cumulative probability depending on how we assume on error space (ε), which leads to following two choice models mostly used in literature,

$$P_{hjt} = \frac{exp(V_{hjt})}{\sum_{k}^{J} exp(V_{hkt})} \tag{2}$$

or

$$P_{ijt} = \int_{-\infty}^{\widetilde{V}_{hJt}} \cdots \int_{-\infty}^{\widetilde{V}_{h(j+1)t}} \int_{-\infty}^{\widetilde{V}_{h(j-1)t}} \cdots \int_{-\infty}^{\widetilde{V}_{h1t}} \phi(\widetilde{\varepsilon}_{h1t}, \cdots, \widetilde{\varepsilon}_{h(j-1)t}, \widetilde{\varepsilon}_{h(j+1)t}, \cdots, \widetilde{\varepsilon}_{hJt}) d\widetilde{\varepsilon}_{h1t}, \cdots d\widetilde{\varepsilon}_{h(j-1)t}, d\widetilde{\varepsilon}_{h(j+1)t}, \cdots d\widetilde{\varepsilon}_{hJt} \tag{3}$$

where $\widetilde{V}_{hkt} = V_{hjt} - V_{hkt}$ and $\widetilde{\varepsilon}_{hkt} = \varepsilon_{hkt} - \varepsilon_{hjt}$.

The likelihood in (2) is called a logit model and is based on the assumption that ε is distributed i.i.d extreme value (0,1). Due to its simplicity, the logit model is dominantly used in marketing research and many studies that dealt with consumer's discrete choice. On the other hand, the likelihood in (3) is a pobit model and comes from the assumption that ε is normal distributed, i.e., $\varepsilon \sim N(0, \Sigma)$ where Σ is the non-diagonal covariance matrix. The ability of probit model to flexibly account for the dependence in latent utilities among the choice options is the advantage. However, such merit is often discounted by the challenge in the complicated nature in evaluating high dimensional integrals for normal distribution. In the end, the different statistical specification for choice likelihood comes from what distributional assumption the researcher employ for the stochastic component, ε.

2) Measuring Effect of Marketing Activities on Choice

Probably most studies in marketing are more interested in measuring and understanding the effects of marketing variables(x_{hjt} : vector of attributes for j given to h at t) on the choice outcome(y_{hjt}) than what distributional assumption(extreme value versus normal) is proper. This was done by relating the deterministic component, V to X as:

$$V_{hjt} = \Sigma_k \beta_{hk} X_{hjkt} \tag{4}$$

where β_{hk} is the individual h's sensitivity parameter to marketing variable k (e.g., price). By putting (4) back to (1), β is estimated.

3) Capturing Individual Heterogeneity

The parameters β in (4) are the key information to marketing decision makers. The performance of the many marketing programs such as targeting, timing, and ordering is dependent on the quality of the estimates of β's especially in the area where customization is critical. Therefore, a proper matching the mobile coupon, for example, to consumers with high propensity to respond would require the β estimates to be obtained at each individual level in the database, i.e., not β, but β_h. In accordance with this motivation, β is specified at the unit of analysis level in (4). In fact, the issue of incorporating heterogeneity into the model is independent of likelihood, which points out that how to capture the individual difference in response is not core component in choice modeling studies. Nevertheless choice modeling setup mostly includes how the heterogeneity is stated. It is because statistical inference via choice model is expected to produce the set of parameter estimates at individual consumers or at least at a segment level.

Past studies largely paid attention to how to view the nature of parameter heterogeneity which is unobservable in nature. There are two different streams — one group states that differences in β's can be successfully described in discrete distribution, and the other school views that the β's vary across people in a continuous manner. The former approach uses following finite mixture form for representation of heterogeneity.

$$\beta_h = \sum_{m=1}^{M} \theta_{hm} \beta_m \tag{5}$$

where β_m and θ_m is the parameter and the relative size of component m, respectively. Due to its simplicity and easiness in interpretation, this approach has been used in the area of market segmentation, pricing, competitive structure analysis, and so on. The main assumption is that there's no within-group heterogeneity, which restricts a group of consumers (e.g., individuals 1, 10, and 20 belonging to group 'm') to have the same β's. i.e., $\beta_1 = \beta_{10} = \beta_{20} = \beta_m$.

The continuous representation in second approach mostly used the following normal heterogeneity specification,

$$\beta_h \sim N(\bar{\beta}, \Omega) \tag{6}$$

where $\bar{\beta}$ is aggregate market mean and Ω is the matrix of unobserved heterogeneity. The diagonal elements of Ω represents the degree of heterogeneity. The normal heterogeneity allows for flexible form of individual differences and dependence via Ω. In market place, the data include individual characteristics such as demographic variables and purchase history in which people are different. These variables for each individual(z_h) informed marketing researcher of the observed part of the heterogeneity and can be incorporated into (6) as follows:

$$\beta_h = \Delta' z_h + \zeta_h \qquad \zeta_h \sim N(0, \Omega) \tag{7}$$

where Δ is the coefficient matrix for the effect of individual characteristics(e.g., age, gender) on the sensitivity parameter, which enriches the prediction of individual choice outcome. The continuous representation of parameter heterogeneity mostly produces better in- and out-of-sample fit than latent class approach in the literature. Of course, one can think of more general and flexible form of heterogeneity specifications that are still continuous but allow for multimodality in distribution. For example, the following normal mixture just works for this purpose.

$$\beta_h = \sum_{m=1}^{M} \theta_m N(\overline{\beta}_m, \Omega_m) \tag{8}$$

where $\overline{\beta}_m$ and Ω_m are market mean and the degree of heterogeneity in component m, respectively. The specification in (8) is flexible as it consists for M finite latent classes with different weight of θ_m (i.e., between component heterogeneity) and consumers in each m component are still allowed to be different depending on Ω_m(i.e., within-component heterogeneity). The mixture model in (8) nests finite mixture model in (5) as diagonal elements in Ω_m becomes zero and it nests continuous model in (6) as $M=1$.

Generalized Model of Demand

Choice models in previous section described as logit or probit were formulated assuming specific statistical distribution on random terms. However, there are other conditions and probably more important than statistical specification that justify these models in practical applications. First, these models are mostly for discrete demand, i.e., what to buy, not for continuous demand, i.e., how much to buy. Information on demand that marketers look for are clearly beyond the level of discrete choice. Second, the underlying assumption is that consumers purchase single best item at a time, not allowing for purchase of more than one variant. This assumption can be rephrased that the models assume that all the alternatives in choice set are perfect substitutes. The conditions are to be seen as restriction on a general form of the model for consumer demand rather than problematic assumptions themselves. Therefore, it is necessary to explore a generalized model of consumer demand that nests the discrete choice models for perfect substitutes as a special case.

1) Economic Theory

Models of demand are basically based on a theoretical framework that rationalizes the observed choice and purchase quantity, i.e., a constrained utility maximization that gives rise to Kuhn–Tucker condition. According to this framework, any observed choice decision by an individual consumer is attributed to a story that (i) she was *willing* to buy it and (ii) she was *able* to buy it. More formally, the observed demand is realized outcome of the following utility maximization with constraint:

$$max.\, U(x, z) = \sum_j u(x_j) \qquad s.t. \sum_j x_j p_j \le E \tag{9}$$

where

x_j : purchase quantity of good j $(j=1,\cdots,J)$
p_j : price of good j
E : total budget
$u(.)$: utility function

It is obvious that the functional form they employ in $U(.)$ and constraint equation in (9) are critical in understating what drives consumer demand. For now, we assume that constraint is linear, i.e., $\sum_j x_j p_j$, and focus on utility function, $U(x)$. **Figure 1** shows differences in consumer choice for two–goods case and the underlying utility structure associated. Left panel (a) shows that $U(x)$ is linear, for example $U(x_1, x_2)=\psi_1 x_1+\psi_2 x_2$. Under this utility structure, the indifference curve is also linear indicating that the two goods are perfect substitutes. Therefore, utility maximization occurs at either $(x_1, 0)$ or $(0, x_2)$, i.e., corner solution, and the final decision between these two candidates is made based on the difference in (ψ_1 vs ψ_2) and in (p_1 vs p_2), or equivalently (ψ_1/p_1) vs (ψ_2/p_2). In (b) where the two goods are not perfect substitutes, it becomes possible for consumer to select both goods $(x_1{}^*>0, x_2{}^*>0)$, i.e., interior solution. Also the actual amount that the consumer allows for purchase is determined by the relative ratio of ψ_j/p_j between two goods.

Figure 1 Observed Demand and Utility Structure

(a) Linear utility: Perfect substitutes	(b) Nonlinear utility: Imperfect substitutes
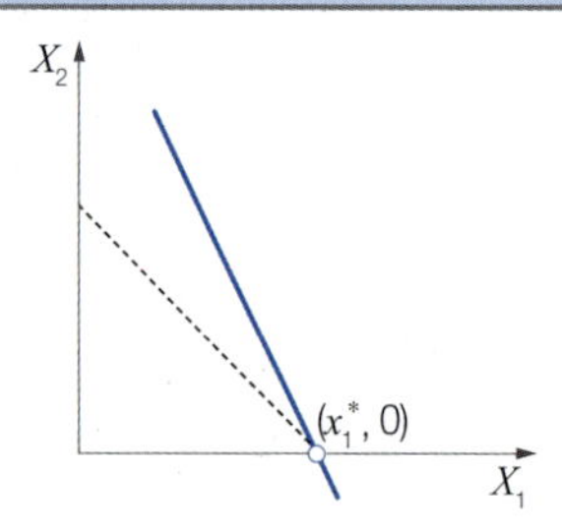	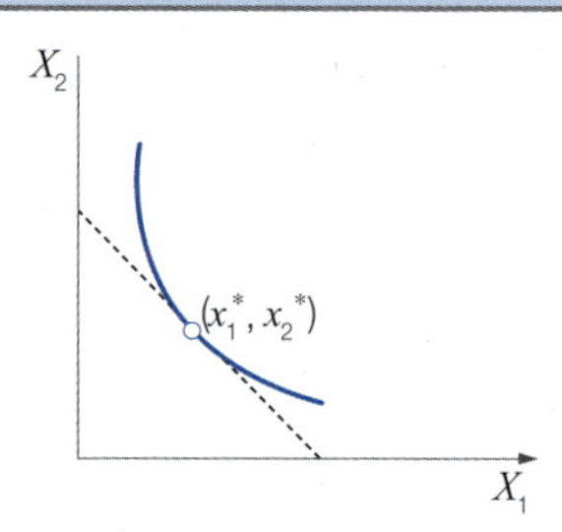

------- : budget constraint ($\sum_j x_j p_j = E$)

—— : indifference curve

It is straightforward that the data to which traditional logit or probit models in section 2 could be applied were the case of (a) where every observation is of corner solution. On the other hand, the aggregate demand models in applied economics literature dealt with the interior solutions in the case of (b) only. In market place, however, consumer demand comes with mixture of both corner and interior solutions in many product categories. For this reason, literature came to look for the development of a generalized demand models that flexibly capture the corner and interior solutions, which I illustrate in next section.

2) Model for Discrete and Continuous Demand

The development of a generalized model for consumer demand requires a valid utility function and statistical specification for likelihood following the framework of constrained utility maximization in (9). The description would provide more details for the explanations in former section. Basic setup is that a consumer who has budget(E) and faces total J alternatives(j=1,⋯,J) with cost(p_j) associated with purchase of each good decides what to buy and how much to buy so that her utility is maximized while the total expenses does not exceed the budget:

$$max.\, U(x, z) = \sum_j u_x(x_j) + u_z(z) \quad s.t.\ f(x, z; p) = E \qquad (10)$$

where $z\left(=E-\sum_{j} x_j p_j\right)$ is the outside good(unspent budget) assumed to be always purchased($z>0$) with price equal to one($p_z=1$), $u_x(.)$ and $u_z(.)$ are direct utility functions, and $f(.)$ is the structure of budget constraint.

(1) Direct Utility Function

For illustrative purpose, we use a following utility function for $ux(.)$ and $uz(.)$, assuming linear budget constraint for $f(.)$ in (10) , *i.e.*, $f(x, z; p)=\sum_{j} x_j p_j + z$.

$$U(x, z) = \sum_{j} \frac{\psi_j}{\gamma} ln(\gamma x_j + 1) + ln(z) \tag{11}$$

where ψ_j are baseline utility parameters($\psi>0$) and γ is a satiation parameter($\gamma>0$). Role of parameters can be understood from the marginal utility for each of the inside good as given by:

$$u_j = \frac{\partial U(x, z)}{x_j} = \frac{\psi_j}{\gamma x_j + 1} \tag{12}$$

$$u_z = \frac{\partial U(x, z)}{z} = \frac{1}{\left(E - \sum_{j} x_j p_j\right)} \tag{13}$$

As ψ_j increases, the marginal utility for the same amount of x_j also increases. On the other hand, the diminishing returns to marginal utility gets larger(i.e., consumers get quickly satiated with additional consumption) as γ increases, but marginal utility is close to constant as γ approaches '0'.

(2) Statistical Specification

The utility maximizing solution for (10), $(x_1^*, \cdots, x_J^*)$ is obtained by the method of Lagrangian multipliers:

$$max\ L = \sum_j \frac{\psi_j}{\gamma} ln(\gamma x_j + 1) + u_z(z) + \lambda(E - p'x - z)$$

Starting from setting partial derivatives to zero $\left(0 = \frac{\partial L}{x_j} \text{ and } 0 = \frac{\partial L}{z}\right)$ to obtain the optimality conditions, the Kuhn–Tucker(KT) conditions of utility maximizing demand for good j (j=1,$\cdots$,J) are given as:

$$u_j = p_j u_z \iff \frac{\psi_j}{\gamma x_j + 1} = p_j u_z \qquad \text{if } x_j > 0 \tag{14}$$

$$u_j < p_j u_z \iff \frac{\psi_j}{\gamma x_j + 1} = p_j u_z \qquad \text{if } x_j = 0 \tag{15}$$

The statistical specification is made by incorporating random terms(ε) to marginal utilities in (12), or equivalently to ψ parameters in LHS of KT conditions in (14) and (15).

$$\psi_{jt} = \psi_j \cdot \exp(\varepsilon_{jt}) \tag{16}$$

Incorporating (16) to (14) and (15), and by taking logarithms on both sides gives the stochastic *KT* conditions:

$$\varepsilon_{jt} = g_{ji} \qquad \text{if } x_{jt} > 0 \tag{17}$$

$$\varepsilon_{jt} < g_{jt} \qquad \text{if } x_{jt} = 0 \tag{18}$$

where

$$g_{jt} = -\,ln(\psi_j) + ln(\gamma x_{jt} + 1) + ln(p_{jt}) - ln\left(E - \sum_{k}^{J} p_{kt} x_{kt}\right) \tag{19}$$

The final likelihood for the observed data at time t that individual h purchases total R out of J goods($R<J$) is given as:

$$\begin{aligned}
&P(x^{*}_{h,n1,t} > 0 \text{ and } x^{*}_{h,n2,t} = 0 \;\; for \;\; n_1 = 1, \cdots, R \text{ and } n_2 = R+1, \cdots, J) \\
&= |J_{ht}| \cdot \int_{-\infty}^{g_{h,J,t}} \cdots \int_{-\alpha}^{g_{h,R+1,t}} f(g_{h,1,t}, \cdots, g_{h,R,t}, \varepsilon_{h,R+1,t}, \cdots, \varepsilon_{h,J,t})\, d\varepsilon_{h,R+1,t} \cdots d\varepsilon_{h,J,t} \\
&= |J_{ht}| \cdot f(g_{h,1,t}, \cdots, g_{h,R,t}) \cdot \int_{-\infty}^{g_{h,N,t}} \cdots \int_{-\infty}^{g_{h,R+1,t}} f(\varepsilon_{h,R+1,t}, \cdots, \varepsilon_{h,R+1,t} \cdots d\varepsilon_{h,J,t} \\
&= |J_{ht}| \cdot \prod_{k=1}^{R} f(g_{h,k,t}) \cdot \prod_{k=R+1}^{J} F(g_{h,k,t})
\end{aligned} \tag{20}$$

where $|J_{ht}|$ is Jacobian that maps from x to ε

$$|J_{ht}| = det\left[\frac{\partial g_{jt}}{\partial x_{jt}}\right] = \prod_{j=1}^{R}\left(\frac{\gamma}{\gamma x_{hjt} + 1}\right) \cdot \left\{\sum_{j=1}^{R} \frac{\gamma x_{hjt} + 1}{\gamma} \cdot \frac{p_{hjt}}{z_t} + 1\right\} \tag{21}$$

The likelihood presented in (20) is a generalized model for consumer's discrete and continuous demand. It nests the standard choice models as special case. When the observation is of corner solution with R=1, the likelihood becomes the standard multinomial logit or probit. When more than one good is purchased and the purchase basket comes with zero demand and non−zero demand($1<R<J$), the likelihood still handles this multiple−discreteness data and produces the estimates of utility parameters.

Concluding Remarks

What we've seen in the choice model literature is constant endeavor aimed at explaining, understanding, and predicting choice behavior in market place. Taking up on this achievement, we make a few suggestion for marketing researchers. Although there are many issues and opportunities for future research, we focus on 'zero demand' and discuss the related research problems in this section.

1) Zero demand and outside good

A critical issue to marketer is how to understand zero demand rather than nonzero demand. If the product was purchased, one can easily think that the consumer was not only willing to but also able to acquire the offering. However, inference on no−purchase is not straightforward as the outcome could have come from multiple scenarios. As long as the model is based on economic theory, the attribution is given to one possible combinations of absence in preference and constraint.

The methods to deal with corners at each product offering level have been developed well. What matters to marketing researcher is probably how to handle the outside good. As the definition of outside good is *the budget left*, the estimation of consumer budget parameter is largely dependent on the parametric specification on utility of outside good, for example logarithmic function. Therefore the estimation of budget constraint and the calculation of price elasticity are potentially vulnerable to artifact. Studies that allow us for estimating a working budget that realistically reflects consumer's substitution between the inside goods and outside good will be useful for the advancement of choice modeling literature.

2) Constraint

Structure of utility was the popular goal in many studies that attempted to better predict choice behavior. Nonlinearity imposed on utility function has been successfully implemented for studying horizontal variety seeking and complementary demand. On the other hand, the constraint domain in consumer demand has received relatively less attention from the choice model literature. While utility is related to consumer's preference, constraint governs consumer's ability to make an actual purchase, related to consumer's cost. Thus the underlying structure in constraint is quite informative to marketers, especially regarding 'why' consumers come up with no-purchase or why they are overly-or-less responsive. This includes the existence of more than one constraint, nonlinearity in cost function, etc, which calls for many research in the future.

Analysis of promotional activities and many incentives offered by marketers for competitive reasons are often aimed at reducing consumer's cost, burden, or inconvenience associated with buying the focal product. This implies that the effect of such marketing activities is to be better understood when one investigates it through the relationship to constraint as opposed to utility. Yet, many studies in this area linked the marketing variables to utility not to constraint. Recently a few studies attempt structural analysis for how price promotion changes consumer's choice basket, especially its effect on changes in consumer constraint. These endeavors would bring more accurate and valid measure on competitive structure such price elasticity and answer why market response is often silent to aggressive promotional offers.

3) Conclusion

The advances in technology of data collection dramatically increased the quality of data in various ways including size and coverage of variables. The availability of such a quality data in return calls for development of choice models that come closer to consumers in reality. Consumer choice decision is core variable as an important performance metric to marketers and as one of the most popular response variables to researchers. Marketing intelligence system that support marketer's decision in configuration, timing, etc will be mostly developed by choice models in the future as well. Explosion of unstructured data such as text data and conciliation among many areas including computer science or data science beyond the level of traditional interaction between marketing, economics, and statistics will bring ample opportunities to learn about many aspects of choice behavior which has not been revealed yet.

빅데이터와 디지털 마케팅

김모란 | UNIST 경영대학

빅데이터와 디지털 마케팅

김모란
UNIST 경영대학

디지털시대의 도래와 함께, 온라인상에서 소비자들은 자유롭게 그들의 상품 관련 지식, 아이디어, 경험을 공유하게 되었다. 이렇듯 방대한 양의 소비자와 마켓에 대한 데이터가 하루가 다르게 쏟아져 나오는 오늘날의 마케팅환경에 대한 이해와 적응은 기업성공의 필수과제가 되었다.

여기에서는 이러한 디지털환경의 변화에 따른 경영과 마케팅트렌드의 변화를 살펴보고, 기업의 실제 사례를 바탕으로 디지털마케팅의 새로운 방향을 제시하고자 한다.

빅데이터 시대의 도래

기술의 발전과 대중화로 인하여, 사람들은 더 이상 사는 지역이나 시간에 구애받지 않고 원하는 정보를 생성 또는 소비할 수 있게 되었다. 이러한 디지털 세상에서 개인이 활동한 모든 것들은 데이터로 남게 된다. 이 데이터는 기존의 아날로그 데이터와는 달리 텍스트, 비디오, 그래픽 등의 다양한 형태를 띠며 그 양 또한 매우 방대하다. 이렇듯 특정형식에 구애받지 않으며 양 또한 제한 없이 쏟아져 나오는 정보를 빅데이터라고 한다. 예를 들어, 구글(Google)에서 코카콜라(Coca-Cola)라는 글로벌 기업을 검색할 경우, 1초도 안 되는 찰나의 시간에 무려 1억 6천9백만 개에 달하는 연관 정보가 도출된다. 여기에는 코카콜라를 좋아하는 소비자들이 올린 코카콜라 팬아트와 영상뿐 아니라 코카콜라가 인체에 미치는 악영향에 대한 소비자 보고서와 수치 등도 포함되어 있다.

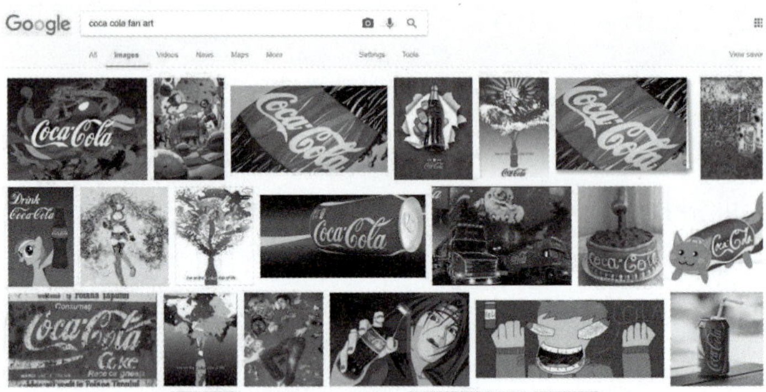

출처 https://www.google.co.kr/search?q=coca+cola&biw=1536&bih=759&site=webhp&source=lnms&tbm=isch&sa=X&ved=0ahUKEwistPr_m-nRAhXlkZQKHda8BSgQ_AUIBigB#tbm=isch&q=coca+cola+fan+art&imgrc=_

그림 1 구글 내 코카콜라 팬아트 이미지(2017).

이와 같이 인터넷과 디지털기기 활용의 대중화로 디지털경제 역시 일상적인 경제활동으로 자리 잡게 되었다. 그 결과 소비자와 기업들이 디지털 세상에 남긴 모든 행적과 감정의 표현은 데이터로 남는다. 예컨대, 온라인 쇼핑몰에서 특정 개인이 어떤 브랜드를 검색했는지, 얼마만큼의 시간 동안 어느 페이지에 머물렀는지, 실제 구매에 이르렀는지, 구매금액은 얼마이며, 이 구매는 일회성인지 주기성을 띠는지, 마지막 구매 이후 어떠한 경험을 얻었고, 감정은 어떻게 변화했는지 등이 모두 기록되어 빅데이터로 남게 되는 것이다.

빅데이터의 범위와 활용은 여기서 그치지 않는다. 수많은 개인들의 검색정보분석을 통해 트렌드, 핫이슈, 관심사 등을 객관적으로 분석하는 것 역시 가능하다. 실제로 구글에서는 미국 내 감기(flu)와 관련된 키워드검색(Search Keywords) 빈도를 분석하여 지역별 감기환자 수와 감기전염지역을 예측하는 서비스를 개발하였고, 이는 기존 방식의 데이터수집과 통계분석을 통한 미국 질병통제본부(Centers for Disease Control and Prevention: CDC)의 예측을 앞서는 것으로 나타났다(Beth Mole, 2015).[1]

또한 디지털 세상 속에서 개인은 단순히 주어진 정보의 습득자가 아닌 정보의 생성자로서도 큰 의미를 지니게 된다. 개인의 SNS와 블로그에 올려지는 수많은 UGC(User Generated Contents), 포스팅, 개인 간 대화 등의 정보는 디지털 세상에서 빠른 속도로 파생되고 다시 기록되어 단순히 "개인"이 아닌 "우리"의 니즈와 트렌드를 형성하여 디지털경제에 더 큰 영향을 미치게 된다. 따라서 이러한 디지털정보, 즉 빅데이터를 활용한 소비자의 니즈 파악과 새로운 상품 개발 및 더 나은 서비스 제공은 디지털경제에서 기업이 반드시 이해하고 실천해야 할 부분이다.

이와 같이, 빅데이터의 분석 및 활용이 기업들에게 시사하는 바는 바로 의사결정을 더 객관적으로 더 정확하게 할 수 있다는 점이다. 이는 빅데이터 활용의 가장 큰 강점이자 의의이다. 디지털 세상에 기록으로 남은 다양한 형태의 데이터를 통해 기업의 의사결정자들이 미처 이해하지 못한 새로운 시장트렌드와 소비자의 변화하는 니즈에 대한 파악이 가능하고, 이를 바탕으로 좀 더 정확하고 정교한 기업의 마케팅전략과 고객대응전략을 수립할 수 있게 되는 것이다.

1 Beth Mole(2015). *New flu-tracker uses Google search data better than Google.*

디지털 시대의 마케팅 트렌드

빅데이터 시대 이전에도 고객별 차이에 기반을 둔 고객별 맞춤전략을 수립하고자 하는 노력은 꾸준히 있어 왔다. 1990년대부터 CRM(Customer Relationship Management, 고객관계관리) 콘셉트가 등장하면서 고객별로 상이한 니즈를 충족시키기 위해 기업들은 상품의 다양화, 서비스의 차등화 등의 전략을 수립하였고, 이를 통해 새로운 고객을 확보하고 기존 고객에게서 수익을 극대화하고자 하는 마케터들의 노력이 계속되었다. 초창기 CRM에서는 기존 고객들의 정보를 입력한 데이터 웨어하우스나 스토리지를 구축하여 이를 분석한 자료를 고객맞춤 마케팅전략 수립에 활용하였다.

현재의 디지털환경과 빅데이터의 활용은 이와 같은 마케터들의 고객맞춤 마케팅전략을 더욱 객관적이며 세밀하게 만들어 준다. 기존에는 기업 자체적으로 구축한 고객데이터 스토리지에 의존하였으나 오늘날에는 상대적으로 저비용 혹은 오픈소스 형태로 이용가능한 분산컴퓨팅(Distributed Computing, 아마존의 클라우드나 구글의 데이터센터, 하둡 등을 일컬음)을 활용하여, 자체적으로 값비싼 비용을 들여 고객 데이터베이스를 구축하지 않고도 얼마든지 효율적인 고객분석시스템을 운용할 수 있게 되었다. 또한 데이터분석과 관련해서도 오픈 소프트웨어인 R이나 Python을 활용하여 방대한 양의 고객 관련 데이터를 빠르고 객관적으로 분석하는 것이 가능하다. 이러한 우호적 디지털환경은 마케터들이 신속하게 대규모의 고객데이터를 분석하고 시장트렌드 변화에 즉각적으로 대응할 수 있게 해준다.

표 1 **빅데이터 환경의 특징**

구분	기존	빅데이터 환경
데이터	• 정형화된 수치자료 중심	• 비정형의 다양한 데이터 • 문자데이터(SMS, 검색어) • 영상데이터(CCTV, 동영상) • 위치데이터
하드웨어	• 고가의 저장장치 • 데이터베이스 • 데이터웨어하우스(Data-warehouse)	• 클라우드컴퓨팅 등 비용효율적인 장비 활용 가능
소프트웨어/분석방법	• 관계형 데이터베이스(RDBMS) • 통계패키지(SAS, SPSS) • 데이터마이닝(data mining) • machine learning, knowledge discovery	• 오픈소스 형태의 무료 소프트웨어 • Hadoop, NoSQL • 오픈소스 통계솔루션(R) • 텍스트마이닝(text mining) • 온라인버즈분석(opinion mining) • 감성분석(sentiment analysis)

출처 정용찬(2012). 빅데이터 혁명과 미디어 정책이슈. p. 4.

이와 같이 빅데이터를 중심으로 하는 디지털마케팅 시대의 새로운 트렌드는 무엇인지, 핵심 키워드와 실제 기업 사례를 통해 살펴보고자 한다.

1) 마이크로마케팅(Micro-marketing)과 개인마케팅(Individual Marketing)

마이크로마케팅은 마케팅의 차별화타깃팅전략의 일종으로, 무차별적 대중을 상대로 하는 매스마케팅(Mass Marketing)의 반대라고 볼 수 있다. 매스마케팅이 일방향소통채널인 광고 등을 활용하여 더 많은 대중에게 기업이 강조하고자 하는 메시지를 반복하여 전달하는 데 집중하는 반면, 마이크로마케팅은 디지털플랫폼을 통한 기업과 소비자 간 쌍방향소통을 바탕으로 고객의 니즈와 브랜드 반응을 즉각적이고 적극적으로 수용하여 반영하는 특징이 있다. 이를 통해 기업은 고객의 정확한 니즈를 신속히 반영할 수 있으며 이에 따라 고객의 구매욕구 또한 더욱 상승하는 것이다.

(1) C&A 사례

SNS를 활용한 기업과 소비자 간 쌍방향소통은 이미 활발하게 이루어지고 있다. 이에 따라 많은 기업들이 대표적인 SNS업체인 페이스북을 통한 마케팅 프로모션을 진행하고 있다. 특히 페이스북의 유니크한 기능 중 하나인 '좋아요'나 '공유하기' 기능을 활용하면 페이스북 내에서 일반 유저들의 실시간 반응과 프로모션의 활성화정도를 실시간으로 추적할 수 있어 기업마케팅에 매우 효과적으로 이용된다.

브라질 패션기업인 C&A는 페이스북의 '좋아요' 기능을 활용하여 'Fashion Like'라는 마케팅전략을 구사하고 있다. 페이스북의 C&A 페이지에 들어가 보면, C&A가 자사의 의류 사진을 올려놓은 것을 볼 수 있다. 이 의류들은 오프라인 매장에서 현재 판매되고 있는 상품들인데, 페이스북 유저들이 각 상품 사진에 '좋아요'를 누르면, 실시간으로 '좋아요'의 개수가 누적되어 오프라인 매장에 걸려 있는 해당 상품의 옷걸이에 표시된다. 오프라인 매장에 옷을 구매하러 들른 소비자들은 옷걸이에 실시간으로 표시되는 '좋아요'의 개수를 통해 가장 인기 있는 옷이 무엇인지 알 수 있게 된다. C&A 입장에서도 온 · 오프라인을 연계하여 소비자와의 쌍방향소통이 가능하다는 점 외에 인기 있는 디자인이나 패턴, 컬러의 트렌드를 캐치하여 추후 상품개발에 반영할 수 있다는 점에서 큰 이점이 있다.

출처 http://www.advertolog.com/

그림 2 C&A의 온·오프라인 연계 마케팅

여기에서 더 나아가 소비자와 시장에 대한 빅데이터를 활용하면 더욱 정확하고 정교한 개인마케팅전략의 수립이 가능해진다. 기존의 CRM이 고객을 미리 설정해 둔 여러 기준들을 토대로 그룹화하여 그룹별 타깃마케팅을 수립한 데 비해, 빅데이터를 활용한 마케팅은 더 세분화된 작은 그룹이나 개인별 타깃마케팅을 가능하게 한다. 즉, 여러 디지털기기에서 취합된 개인의 데이터를 통해, 특정 상품이나 서비스에 대한 니즈와 구매력이 확률상 높은 고객을 찾아내어, 이 고객에게 집중적으로 마케팅활동을 펼침으로써 진정한 의미의 마이크로마케팅과 개인마케팅이 가능해지는 것이다.

(2) 신한카드의 판(FAN)페이봇 사례

신한카드는 2016년에 카드업계 최초로 구글의 알고리즘을 기반으로 한 인공지능(AI) '소비비서'인 판(FAN)페이봇 서비스를 런칭하였다(**그림 3** 참조). 기존의 전자가계부처럼 단순히 소비내역을 기록하는 것이 아닌, 고객의 소비데이터를 분석하여 특정 비용항목의 지출이 어느 시점에 많아질지 미리 예측하여, 사전알림메시지를 전송하는 등의 소비예측 시스템 기능이 추가되었다. 이를 통해 고객은 합리적인 소비와 계획적 지출이 가능해지며, 신한카드 역시 축적된 고객 데이터를 통하여 고객별 소비성향에 대한 방대한 데이터베이스를 확보하게 된다. 이러한 개인고객의 금융데이터를 활용하여 신한카드는 고객에게 최적화된 상품과 서비스, 가맹점을 추천하고 이를 개인타깃마케팅에 적극 활용할 수 있을 것으로 기대하고 있다.

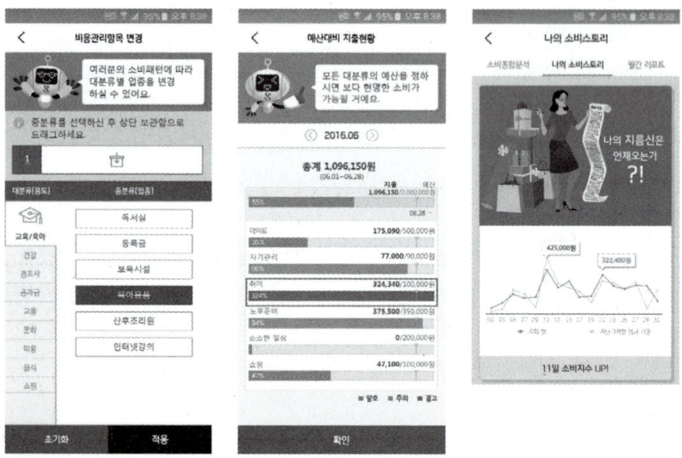

출처 신한카드 홈페이지, http://www.finomy.com/news/articleView.html?idxno=38639

그림 3 신한카드의 판(FAN)페이봇

2) 마케팅자동화 (Marketing Automation)

마이크로마케팅이나 개인타깃마케팅의 핵심은 빅데이터 분석을 통해 개인화된(personalization) 맞춤마케팅전략을 수립하는 것이다. 성공적인 '개인화맞춤'전략 수립을 위해서는 개인의 행동과 관련된 데이터가 많으면 많을수록 유리하다. 이와 관련하여 최근에 크게 주목받고 있는 분야 중 하나로 사물인터넷(Internet of Things: IoT)을 꼽을 수 있다. 사물인터넷은 각종 사물에 센서와 통신 기능을 내장하여 인터넷에 연결하는 기술을 의미한다(위키백과, 2017). 쉽게 말해서 일상생활에서 사용하는 가전제품, 모바일기기 등이 스스로에게 축적된 데이터들을 분석하고 학습한 정보를 사용자에게 제시하거나 사용자가 이를 원격으로 조정할 수 있는 기술이다. 이 역시 인공지능을 활용한 사례인데, 영화 《아이언맨》에서 아이언맨의 인공지능비서 '자비스'를 떠올리면 이해하기 쉽다. 영화 속에서 자비스는 아이언맨의 저택에서 방 안의 조명과 온도조절 등의 소소한 일과 함께 아이언맨이 전투 중에 입는 슈트의 배터리 잔량, 적과의 거리, 부상정도 등을 실시간으로 체크하여 이를 끊임없이 주인인 아이언맨에게 알리고 최적화된 전략을 제시한다.

바로 이러한 사물인터넷에 내재된 정보를 활용하면 기업 역시 타깃소비자에게 가장 적절한 시기에 가장 최적화된 상품과 브랜드에 대한 메시지를 노출시킴으로써 진정한 의미의 개인타깃마케팅이 가능해지며, 이 모든 과정을 자동화하여 더욱 효율적인 고객관리와 마케팅운영을 목표로 하는 것이 마케팅자동화의 핵심이다.

그림 4 영화《아이언맨》에서 주인공 아이언맨과 인공지능비서 자비스가 대화하는 장면

(1) LG 홈챗(HomeChat) 사례

국내 생활가전업계 역시 사물인터넷을 활용한 생활가전의 효용을 극대화하고자 노력하고 있다. 최근 미세먼지 문제가 심각해지면서 코웨이, 위닉스 등의 기업들이 사물인터넷기능을 갖춘 공기청정기를 출시하여 많은 관심을 받고 있다. 기존의 필터능력이나 활용면적 등 제품 본연의 기능만으로는 더 이상 경쟁제품과의 차별화가 어렵기 때문에, 사물인터넷을 도입하여 공기청정기 스스로 실내공기의 질을 분석하고 이에 맞추어 가장 적정한 온도와 습도를 사용자에게 제시하고 스스로 작동하는 것이다. 이뿐만 아니라 사용자의 원격명령도 가능해져서 모바일기기에 연동된 공기청정기의 사용시간과 귀가 전 작동 등을 적절히 조절할 수 있다. 또한, 필터나 주요 부품의 마모정도를 확인 후 교체예상시기를 예측하여 사용자에게 알림으로써, 제품구매와 관련한 프로모션에도 적극 활용할 수 있게 되었다.

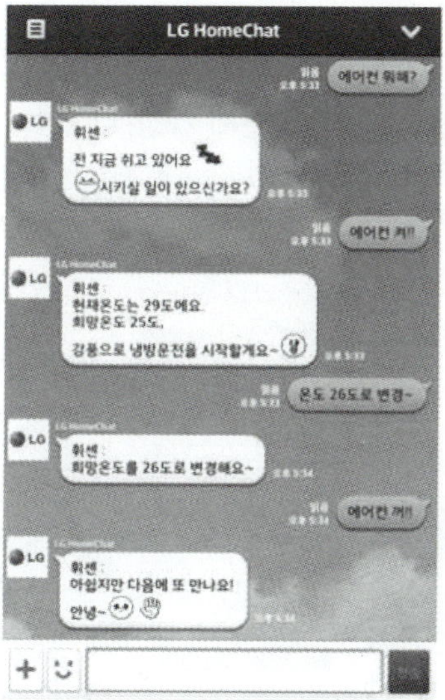

출처 LG그룹 블로그.

그림 5 홈챗 메신저를 통한 에어컨 사용화면

이처럼 사물인터넷과 생활가전제품을 연결하는 사례가 점차 늘고 있는데, 인터넷업체와 모바일통신업체의 협조로 점차 가속화되고 있다. 2015년 출시된 LG전자의 홈챗은 이러한 스마트융합가전을 진일보시킨 사례로 볼 수 있다.

LG전자는 일찌감치 자사의 에어컨, 세탁기, 냉장고 등에 사물인터넷 기능을 탑재한 제품을 출시하였다. 이어서 출시된 홈챗은 바로 이 가전제품들을 모두 통솔할 수 있는 인공지능 개인비서와 같은 존재이다. 예를 들어, 사용자가 홈챗이 연동된 모바일기기 메신저를 통해 세탁을 시작하라거나, 온도를 조절하라는 명령을 내릴 수 있으며, 홈챗 역시 기존에 사용자가 설정한 에어컨 사용시간, 냉장고 온도, 세탁기 기능 등의 데이터를 분석하여 최적화된 사용 방향을 제시하고 스스로 조절할 수 있다(그림 5, 그림 6 참조). 아주 간단한 버전이긴 하지만, 영화 《아이언맨》 속 자비스와 같은 역할을 이 홈챗이 실제 가정에서 하고 있는 것이다.

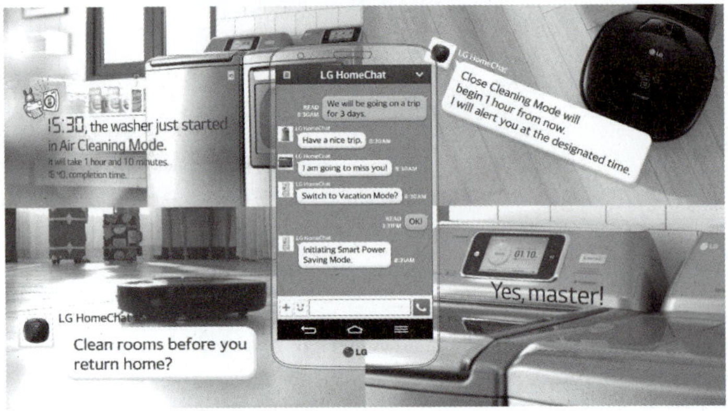

출처 LG CNS 블로그

그림 6 LG전자 홈챗 사용방법

바로 이러한 사물인터넷에서 파생되는 빅데이터를 활용하면 마케팅의 자동화 역시 가능해진다. 사용자 개인의 취향, 사용주기, 사용패턴 등에 대한 기록을 모두 갖고 있는 데다가 각 사물들이 서로 소통하고 스스로 학습하면서 융합제품에 대한 아이디어 역시 제시할 수 있게 됨으로써, 특정 개인에게 가장 알맞은 브랜드와 상품을 도출해 내고 이를 프로모션에 활용할 수 있는 것이다. 이 개인화된 마케팅을 일일이 마케터가 진행할 수는 없기 때문에, 개인타깃마케팅은 궁극적으로 마케팅자동화로 귀결된다. 현재 비즈니스솔루션 기업인 오라클, IBM 등이 마케팅자동화기술 개발에 많은 투자를 하고 있기 때문에, 곧 마케팅자동화가 상용화될 시기가 도래할 것으로 보인다. 이 경우 특정 개인에게, 특정 메시지를, 특정 시기에 전달하는 마케팅의 전 과정을 자동화하고 이를 통해 더욱 강력한 마케팅프로모션전략이 가능해지며 장기적으로는 더욱 정교하고 개인화된 고객관리가 가능해진다.

3) 모바일기기 보편화와 마이크로모먼트

2016년 전 세계 광고시장에서 디지털광고가 차지한 비중은 약 30%로, 금액으로 따지면 약 198조 4천억 원의 규모이며, 이는 전년 대비 20% 이상 상승한 수치이다. 이 중에서도 특히 모바일광고가 차지하는 비중이 전체 디지털광고시장의 40%로, 현재 모바일기기가 가장 중요한 광고매체로 활용됨을 보여주었다(eMarketer, 2015).

이처럼 모바일기기가 디지털시대의 중심이 되면서 새롭게 등장한 용어가 마이크로모먼트(Micro-moments)이다. 구글이 제시한 마이크로모먼트는 마케터들이 가장 주목해야 할 소비자들의 "순간들"이라는 의미로 모바일시대의 소비자 현상을 일컫는다. 즉, 갑자기 궁금한 것이 생기거나 상품구매욕구가 생겼을 때 스마트폰과 같은 모바일기기를 활용하여 이러한 니즈를 즉시 해소하려는 소비자트렌드를 가리킨다. 다음의 네 가지 순간이 바로 구글이 제시한 마케터가 캐치해야 할 소비자들의 "순간들"이다.

① 알고 싶은 순간(I-want-to-knowmoments)
② 가고 싶은 순간(I-want-to-gomoments)
③ 하고 싶은 순간(I-want-to-domoments)
④ 사고 싶은 순간(I-want-to-buymoments)

이러한 소비자들의 매 순간은 그들의 모바일기기에 모두 기록되고, 이것이 빅데이터 분석의 근간으로 활용되어 마케팅 자동화를 통한 새로운 개인마케팅전략에 활용된다.

출처 Google. "4 New Moments Every Marketer Should Know".

그림 7 마이크로모먼트

이러한 소비자의 마이크로모먼트를 활용하기 위해, 기업들은 위치기반서비스와 서치키워드분석 결합을 통하여 소비자가 필요로 할 만한 서비스와 상품을, '적절한 장소'에서, '실시간'으로 제시하는 마케팅프로모션을 진행하고 있다.

한편 모바일기기의 보편화는 기업과 소비자 간 쌍방향소통이 더욱 원활해지게 하고 있다. 모바일기기를 매개로 한 여러 어플리케이션을 활용하여 새로운 대화플랫폼을 개척할 수 있는데, 일반 사용자의 사용패턴을 분석하면 타깃소비자가 특히 선호하는 플랫폼을 찾아내어 이곳에 집중적으로 프로모션을 진행할 수 있다.

요즘에는 특히 개인 간 소통이 가능한 메시징 플랫폼(트위터, 페이스북,

위챗, 카카오톡 등과 같이 연결된 개인 간 대화가 가능한 어플리케이션)의 활용도가 높기 때문에 마케터들이 주목하고 있다.

(1) 위챗(WeChat) 사례

위챗은 중국의 인터넷기업인 텐센트가 출시한 메신저 앱이다. 위챗의 성공으로 텐센트는 2016년 중국 최대 인터넷기업인 알리바바의 실적을 앞질렀다. 현재 사용자 수가 8억 명을 넘어선 위챗은 디지털플랫폼을 통해 다양한 서비스를 제공함으로써 소비자들의 편의를 도모하는 동시에, 소비자의 이탈을 막는 방식으로 수익을 극대화하고 있다. 메신저 앱이라는 용어가 무색할 정도로 위챗은 무료로 메시지를 주고받는 기능뿐만 아니라 택시호출, 송금과 결제를 포함한 통합금융서비스, 영화예약, 혼인신고와 같은 공공서비스까지 그야말로 생활에 필요한 모든 서비스를 제공하고 있다. 이렇게 위챗이라는 디지털플랫폼에 또 다른 앱들을 연동하여 검색부터 결제의 모든 과정을 끊김 없이 가능하게 함으로써, 사용자로 하여금 굳이 다른 앱이나 플랫폼을 사용할 필요성을 느끼지 못하게 한다. 이러한 울타리화된 플랫폼 내에서 수많은 기능을 제공하여 한 가지 기능에만 집중했던 다른 플랫폼들보다 비교우위에 서게 된 것이다. 중국의 스마트폰 사용자들은 일단 위챗을 사용하고 나면 이탈이 적은 것으로 나타나 위챗을 활용한 집중마케팅 역시 각광받고 있다. 즉, 중국 소비자를 겨냥한 모바일 서비스를 출시하려는 기업들은 위챗을 통해 사용자의 반응을 가장 효과적으로 수집할 수 있으며 동시에 가장 빠르게 대중에게 알리는 효과를 누릴 수 있게 되었다. 이렇듯 다양한 모바일서비스를 하나의 메시징플랫폼에서 모두 제공함으로써, 일관되고 효과적인 마케팅프로모션이 가능해진 것이다.

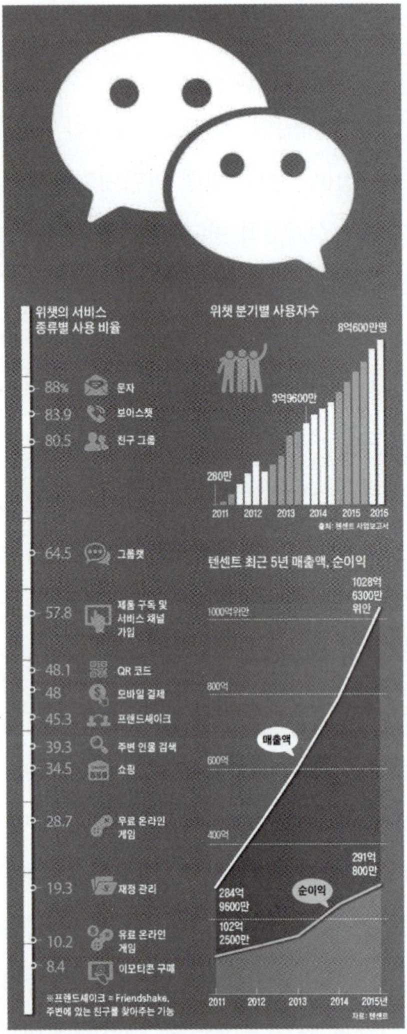

출처 조선비즈(http://biz.chosun.com/site/data/html_dir/2016/08/26/2016082601585.html)

그림 8 위챗이 제공하는 서비스 현황

4) 증강현실(Augmented Reality: AR)과 가상현실(Virtual Reality: VR)기술

증강현실이나 가상현실기술은 기존의 정적인 그래픽의 한계를 뛰어넘어 사람들에게 능동적이고 현실적인 경험을 제공한다. 2016년 출시되어 전 세계적인 열풍을 일으킨 포켓몬고 게임이 바로 이 증강현실기술을 활용한 대표적 사례이다. 기존의 게임은 PC나 모바일기기상의 게임세상 속에서만 존재한 데 반해, 포켓몬고는 실제 살고 있는 현실 속에 가상의 게임캐릭터를 들여와 현실과 가상이 섞인 환상적인 경험을 제공하는 것이다. 또한 글로벌 가구기업인 이케아나 페인트기업인 악조노벨의 경우, 자사 모바일 앱을 통해 실제 소비자의 방을 배경으로 가상의 가구를 배치하거나 벽에 페인트칠을 할 수 있는 서비스를 제공한다. 이 역시 증강현실과 가상현실기술을 응용한 새로운 마케팅기법으로 이해할 수 있다. 이러한 새로운 기술은 구매하기 전에는 결과를 알기 어려운 상품들의 가상체험을 통해 보다 높은 구매욕구를 불러일으키며, 구매 이후 만족도를 높이는 등 실제로 긍정적인 마케팅효과를 나타냈다.

(1) 선샤인 아쿠아리움(Sunshine Aquarium) 사례

일본 도쿄에 위치한 선샤인 아쿠아리움은 2013년 증강현실기술을 활용한 펭귄내비게이션 앱을 런칭하였다. 이 앱을 고안한 계기는 단순했다. 교통이 혼잡한 일본의 경우 대중교통이 주요 교통수단인데, 이 아쿠아리움에서 가장 가까운 역이 1Km나 떨어져 있어 역에서부터 아쿠아리움까지 고객을 안내하기가 무척 어려웠다. 고객들의 불편한 경험을 바탕으로 선샤인 아쿠아리움은 모바일 앱을 통해 아주 편리하고 생동감 있는 내비게이션을 제공해야겠다는 아이디어를 도출했다.

출처 www.adeevee.com

그림 9 도쿄 선샤인 아쿠아리움 AR을 활용한 내비게이션 앱

이 앱을 작동시키고 실제 거리를 스마트폰에 비추면, 가상의 펭귄들이 등장하여 사람들을 인도한다. 이 펭귄들은 사람들을 무사히 아쿠아리움으로 인도했고, 역과 아쿠아리움 사이에서 길 찾기를 불편해했던 고객들은 이를 마치 놀이처럼 즐기게 되었다. 그 결과 AR내비게이션 앱이 출시된 이후 아쿠아리움의 방문객 수가 1.5배 이상 늘었다고 한다.

이는 가상현실을 활용하여 단순히 상품과 서비스의 효용과 마케팅효과를 극대화할 뿐만 아니라, 고객들에게 새로운 차원의 즐거움과 경험을 제공할 수 있음을 시사한다. 따라서 향후의 마케팅에서 증강현실과 가상현실을 활용하는 것은 선택이 아니라 필수가 될 것으로 보인다.

맺음말

4차 산업혁명의 시대가 도래하였다. 이는 인공지능과 같은 기존에 존재하지 않았던 새로운 기술을 바탕으로 한 지식혁명사회의 시작을 의미한다. 4차 산업혁명이 본격화되면 인간의 지식노동영역 중 많은 부분을 인공지능 등의 기술과 로봇이 대신할 것이다. 이런 시대에 기업의 혁신과 경쟁력을 강화하기 위한 주요 원천이 바로 빅데이터이다. 사물인터넷과 증강현실기술 등에서 축적되는 개인들의 데이터는 기존의 아날로그 데이터와는 비교도 되지 않는 양과 다양성을 자랑한다. 이러한 데이터를 축적하고 분석하는 모든 과정은 인공지능과 오픈소스로 운영되는 분산컴퓨팅 등이 도맡게 될 것이다. 따라서 마케터들은 이런 부분에 집중하기보다 인간의 고유영역인, 어떤 데이터가 중요하고 어떤 데이터 간의 결합이 필요하며 소비자들조차 미처 깨닫지 못하는 새로운 니즈가 무엇인지 찾아내는 인사이트에 집중해야 할 것이다. 이를 위해서는 빅데이터 분석이나 정보매니지먼트가 기업 내 특정부서에만 국한된 이슈라는 인식의 한계를 벗어나야 하며, 전사적 차원의 적극적인 인식의 전환이 요구된다.

또한 모든 사물들이 인터넷으로 연결되어 개인의 일거수일투족이 모두 기록된다는 데 대한 거부감을 해소하려는 사회적 노력과, 민감한 정보들을 안전하게 처리하는 기술적인 노력이 함께 이루어져야 할 것이다. 아울러 인간의 지식노동이 인공지능으로 대체되는 데서 비롯되는 윤리적 문제와 기술적인 위험성에 대한 사회적인 논의도 반드시 필요하다.

이러한 여러 가지 이슈와 기술적인 한계를 안고 있음에도 불구하고 빅데이터를 활용한 마케팅전략이, 기업의 지속적 성장을 위한 신제품 개발과 개인맞춤마케팅을 통한 고객과의 긴밀한 관계 형성에 가장 정확하고 정교한 인사이트를 제공하는 것 또한 사실이다. 따라서 앞서 살펴본 많은 성공사례들을 바탕으로 빅데이터의 순기능을 적극 활용한 새로운 마케팅 전략 개발에 마케터들의 역량을 집중해야 할 것이다.

마케팅윤리에 대한 소고

고인곤 | 강남대학교 경영대학

마케팅윤리에 대한 소고

고인곤
강남대학교 경영대학

들어가며

사례1

마케팅은 기업의 가장 핵심적인 기능이다. 재무나 회계 등 여러 기능 가운데 유일하게 소비자나 시장, 경쟁자 등의 외부환경을 다루고 있으며 효용을 창출하는 역할을 담당한다. 소비자가 원하는 제품이나 서비스를 제공하지 않으면 기업은 생존할 수 없다. 그런데 마케팅이라고 하면 부정적으로 느끼는 사람들이 많다. 왜 그럴까?

사례2

현대 사회는 광고의 홍수시대라고 말할 정도로 우리 주변에는 광고가 넘쳐난다. 기업들은 멋진 광고를 제작하고 소비자에게 알리기 위해 막대한 비용을 지불하고 있다. 슈퍼볼(Super Bowl)의 광고단가는 10초당 20억 원에 육박한다. 그러나 광고 메시지를 그대로 받아들이는 사람들은 거의 없다. 왜 그럴까?

사례3

현대자동차의 수출용 자동차와 내수용 자동차의 품질 차이에 대한 국내 소비자의 불신이 뿌리 깊게 자리 잡고 있다. 이에 현대자동차는 공개적으로 품질비교 테스트를 실시했지만 여전히 불식되지 않고 있다. 설상가상으로 쉐보레나 삼성자동차가 소비자의 취향을 겨냥한 신제품을 출시하면서 현대자동차의 국내시장 점유율은 계속 하락하고 있다.

대다수의 사람들은 기업의 이익과 사회의 이익은 일치하지 않는다고 생각하는 듯하다. 그러다 보니 전술한 사례처럼 마케팅 개념이나 광고의 메시지, 내수용과 수출용 제품에 대해서 부정적으로 생각한다. 기업은 사람들의 이러한 생각을 변화시켜야 목표성과를 이룰 수 있다. 기업이 윤리적인 측면을 고려해야 하는 이유가 바로 여기에 있다.

윤리

하버드 대학에서 정치철학을 담당하는 샌델(M. Sandel) 교수는 학생들에게 논쟁에 직접 참여하게 하여 정의(justice)라는 추상적이고도 철학적인 개념을 구체적으로 이해시키는 강의방식으로 유명하다. 정의란 진리에 맞는 올바른 도리이자 사회를 구성하고 유지하는 공정한 도리를 의미한다.

그런데 윤리(倫理)라고 할 때의 '윤(倫)'은 무리, 질서 등을 뜻하고, '리(理)'는 이법, 도리 등을 의미하므로 윤리란 사람과 사람 사이의 관계, 즉 인간관계의 도리라고 할 수 있다. 한편, 서양에서의 윤리(ethics)는 희랍어의 'ethos'에서 유래하여 사회의 풍속, 습관 등의 의미를 가지며 사람으로서 마땅히 지켜야 할 도리를 의미한다. 결국 동서양을 막론하고 인간의 삶에 있어서 윤리는 필수불가결한 것으로 여겨져 왔음을 알 수 있다.

윤리적으로 산다는 것은 옳고 그른 것을 분명히 구분하여 옳다고 판단한 것에 따라 사는 것을 의미하므로 윤리란 서두에서 이야기한 정의의 또 다른 표현이라고 할 수 있다. 서양철학적 시각에서 볼 때, 정의에 대한 철학적 근거로 많이 회자되는 것은 공리주의와 자유주의, 평등주의이다.

1) 공리주의(utilitarianism)

정의의 기준을 효용(행복)에 두는 철학사조로는 '최대다수의 최대행복(the greatest good for the greatest number of individuals)'이 핵심사상이다. 벤담(J. Bentham)은 정의란 공리를 극대화하는 행위로서 공리란 쾌락이나 행복을 가져오고 고통을 막는 모든 것이라고 주장하였다. 공리주의자들은 비용편익분석(cost-benefit analysis)을 사용해서 의사결정 결과, 사회 전체가 얻게 되는 이익과 그에 수반되는 비용을 계산하여 의사결정의 정의성을 판단한다. 즉, 효율성을 중시하는 것이다. 그러나 공리주의는 전체의 이익을 위하여 개인의 권리가 무시될 수 있고, 개인마다 효용의 가치가 다를 수 있다는 단점이 있다. 이에 밀(J. S. Mill)은 개인의 자유를 가미하여 보완하고자 했으나 완벽하게 개선하지는 못했다. 그럼에도 불구하고 공리주의는 오늘날에도 여러 측면에서 활용되고 있다. 서두의 사례를 예로 들자면 광고를 포함한 기업의 마케팅활동에 의해서 사회적으로 해악을 끼치는 술이나 담배 등 소위 쾌락제품에 대해서도 구매욕구가 유발된다. 이는 공리주의에 어긋나는 것이다.

2) 자유주의(libertarianism)

이 사조는 정의의 기준을 효율성이 아닌 인간의 자유에 대한 보장에 둔다. 사람들은 누구나 자유라는 기본권이 있으므로 이를 보장해 주는 대안이 그렇지 않은 대안에 비해서 더 정의롭다고 판단하는 것이다. 프리드먼(M. Friedman)은 개인의 자유를 억압하지 않는 최소국가의 필요성을 역설했다. 공리주의에 의하면 소득과 부의 재분배를 통해 사회 전체의 행복을 극대화할 수 있으나 이는 개인의 자유를 억압하게 되므로 자유주의에 의하면 정의롭지 못한 것이다. 그러나 자유주의적인 행동은 장기판매나 안락사 등 여러 가지 사회적 이슈가 되는 논란에서 자유롭지 못하다는 단점이 있다. 서두의 사례와 같이 기업이 광고에서 자사의 유리한 점만 부각한다면 소비자의 알 권리를 침해하게 되므로 이는 정의롭지 못하고 비윤리적인 행동이다.

3) 평등주의(equalitarianism)

이 사조는 차별 없이 공정하게 부를 분배하는 데 정의의 기준을 둔다. 롤스(J. Rawls)는 정의를 추구하기 위해서는 원초적으로 평등한 위치에서 어떤 원칙에 동의해야 하는가를 물어야 한다고 주장하였다. 원초적으로 평등한 위치란 개인의 이해관계가 반영되어 있지 않은 상태를 말한다. 즉, 인종이나 종교, 국가나 빈부 등의 측면에서 어떤 상황에 처할지 모르는 소위 '무지의 장막(veil of ignorance)' 뒤에 있다고 가정하는 것이다. 원칙이란 전체집단의 삶을 지배할 사회계약을 의미한다. 평등주의는 불가피한 사회적 · 경제적 불평등은 인정한다는 차등원칙을 허용하고 있지만 이에 대해서는 논란의 여지가 있다. 자칫 잘못하다가는 노력에 대한 동기를 부여하지 못함으로써 전체적인 효용을 저하시킬 수 있기 때문이다. 서두의 사례를 예로 들자면 내수용 그랜저 자동차를 구매하는 국내 소비자는 수출용 그랜저 자동차를 구매하는 미국 소비자에 비해서 가격이나 품질에 있어서 차별을 받는다고 생각한다.

결국 정의에 대한 세 가지 철학적인 근거들은 모두 완벽하지 못하다. 동서고금의 수많은 철학자들의 업적은 정의에 대한 완전한 이론적 근거를 마련하고자 노력한 산물인 것이다.

기업윤리

전술하였듯이 윤리는 사람에게만 적용되는 개념이었으나 경제적으로나 사회문화적으로 기업이 차지하는 비중이 커짐에 따라서 빈곤이나 환경, 건강, 생활의 질과 같은 다양한 사회문제들을 해결하기 위해서 국가에만 의존할 것이 아니라 기업도 책임의식을 가지고 일익을 담당해야 한다는 주장이 힘을 얻게 되었다. 시기적으로 본다면 기업윤리(business ethics) 개념은 사회적 자각운동(social awareness movement)이 태동되기 시작한 1960년대의 미국에서 본격적으로 형성되기 시작했다고 하겠다. 기업윤리란 기업의 이해관계자들이 추구하는 가치이념과 관련하여 기업의 의사결정에 적용되는 도덕적 기준으로 정의할 수 있다.

기업윤리와 유사한 개념으로 기업의 사회적 책임(Corporate Social Responsibility: CSR) 개념이 있는데, CSR은 기업이 기본적으로 관심을 두고 있는 이윤추구활동 이외에 법령과 윤리를 준수하고 기업 이해관계자들의 요구에 성실하게 대응함으로써 사회에 긍정적인 영향을 미치는 활동을 말한다. 결국, 기업윤리가 추상적인 개념이라면 CSR은 이를 구체화시킨 행동적인 개념이라고 볼 수 있다. 한편, 원래 윤리개념은 도덕적인 측면이 강하므로 강제성을 띠고 있지는 않지만 기업의 사회적 책임의 범위가 점차 확장되는 추세이므로 때로는 법적인 구속력을 가지기도 한다(신형덕, 2016).

캐롤(Carroll, 1991)은 기업의 사회적 책임을 발전단계에 따라서 그림 1 과 같이 4단계로 분류하고, 기업도 사회구성원으로서 당연히 사회적 책임을 부담해야 하며, 사회적 요구를 외면하는 기업은 단기적으로는 비용측면에서 유리할 수 있지만 장기적으로는 사회적 비용이 크게 증가하여 기업의 성과가 낮아지게 된다고 주장하였다.

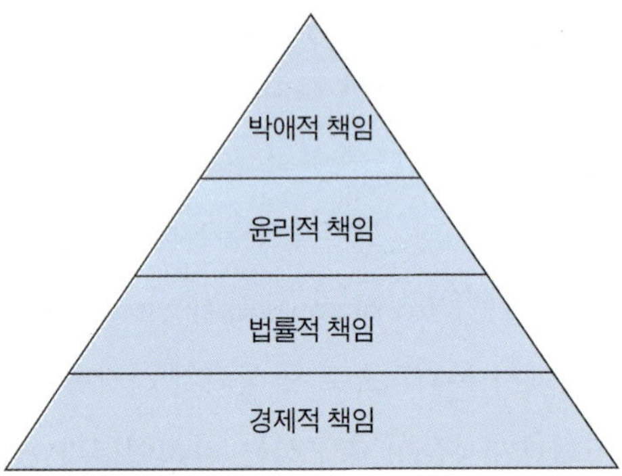

출처 Carroll, Archie B.(1991). The Pyramid of Corporate Social Responsibility: Toward the Moral Management of Organizational Stakeholders, Business Horizons, 34(4), p. 43.

그림 1 기업의 사회적 책임의 발전단계

CSR활동을 활발히 하는 기업들은 그렇지 않은 기업에 비해서 자원관리 및 성과창출활동이 양호하다(Cocharn and Wood, 1984). 쳉 등(Cheng, Ioannou, and Serafeim, 2014)과 웨독과 그레이브스(Waddock and Graves, 1997)는 사회적 책임을 충실히 수행하는 기업은 수익성, 단기상환능력, 레버리지 비율과 같은 재무적인 성과가 양호한 것을 발견하였다. 또한 기업의 CSR활동은 마케팅활동(Moskowitz, 1972), 무형자산 개발(Gardberg and Fombrun, 2006), 우수인력 확보(Turban and Greening, 1997)에 긍정적인 영향을 미친다. 아울러 기업의 사회적 책임활동은 조직에 대해 긍정적인 감정과 충성심을 유발하여 구성원의 조직시민행동을 높이는 것으로 나타났다(이수정 · 윤원구, 2012).

마케팅윤리

현대의 비즈니스계는 총성 없는 전쟁터를 방불케 한다. 기업 간, 브랜드 간의 치열한 경쟁은 날이 갈수록 심해지고 있으며, 좋은 제품을 만들 수 있는 기술력이나 우수한 인력, 양호한 재무능력은 기업이 생존하기 위해 기본적으로 갖추어야 할 필요조건이 되었다. 그런데 기업이 성공하기 위해서는 어떤 능력이 필요할까? 바로 마케팅능력이다. 마케팅능력이 있어야 충성고객을 창출할 수 있고 시장점유율 제고를 통해서 목표하는 바람직한 성과를 산출할 수 있다. 마케팅부문의 능력이나 지식은 타부문에 비해서 기업성과에 미치는 영향이 크며(고인곤, 2010; Day, 1994; De Luca and Atuahene-Gima, 2007; Dutta, Narasimhan and Rajivet, 1999; Joshi and Sharma, 2004; Marinova, 2004; Vargo and Lusch, 2004; Zinger, LeBrasseur and Zanibbi, 2001), 궁극적으로는 기업의 지속적 경쟁우위를 달성하기 위하여 반드시 갖추어야 할 요소(Hooley, Fahy, Beracs, Fonfara, and Snoj, 1999; Vorhies, 1998; Vorhies and Morgan, 2005; Weerawardena, 2003)라는 것을 많은 연구들이 보여주고 있다.

이때 기업이나 브랜드가 윤리적인 모습을 소비자에게 보여준다면 경쟁자에 비해서 훨씬 용이하게 충성도를 이끌어 낼 수 있을 것이다. 따라서 마케팅윤리는 매우 중요한 이슈이다. 최근 소비자의 감정을 상하게 하는 국내외 기업행태가 매스컴에 자주 오르내리고 있는데, 대한항공의 땅콩회항이나 남양유업의 밀어내기 매출강요, 옥시의 가습기살균제, 네슬레의 아프리카지역 분유판매, 나이키의 아동노동착취, 갭의 열악한 해외생산공장 등이 대표적인 사례들이다. 이러한 소식을 접한 소비자들은 해당기업에 대해서 부정적인 인식을 가지게 되어 제품이나 서비스를 구매하지 않으며, 주변사람들에게 좋지 않은 입소문을 내기도 하므로 기업의 마케팅담당자는 윤리적인 측면을 고려하여 의사결정을 내려야 한다.

윤리적 마케팅(ethical marketing)이란 투명하고 신뢰할 만하며 책임감 있는, 개인이나 기관의 마케팅정책과 활동을 강조하는 행동양식(practice)으로 이러한 정책이나 활동은 소비자와 이해관계자들에게 공정함과 도덕적 청렴성을 보여준다(Murphy, Laczniak, and Prothero, 2012). 이러한 맥락에서 본다면 마케팅윤리(marketing ethics)란 마케팅담당자가 업무를 수행하는 데 있어서 준수해야 하는 도덕적 기준이라고 정의할 수 있는데, 구체적으로는 행동지침이나 원리, 가치관으로 발현된다. 학술적으로는 이를 체계적으로 연구하는 학문을 지칭한다.

전술한 기업의 사회적 책임(CSR)과 마케팅윤리는 상호 연관된 개념으로 보아도 무방하다. 그런데 마케팅의 윤리적인 측면을 고려하다 보면 의사결정상황이 마케팅 분야에만 국한되지 않거나 소비자의 이익과 기업의 이익이 상충하는 경우가 빈번하게 발생하여 의사결정을 어렵게 만든다. 래츠니아크와 머피(Laczniak and Murphy, 2006)는 그림 2 와 같이 마케팅윤리에서의 기본적인 시각(Basic Perspective: BP)을 제시하였다. 그들의 주장에 의하면 7가지 BP는 별개의 개념이 아니라 서로 연결되어 있으며, 마케팅담당자가 이러한 시각을 가지고 업무를 수행해야 마케팅윤리의 평가 및 개선이 효과적으로 이루어질 수 있다고 한다. 구체적인 내용은 다음과 같다.

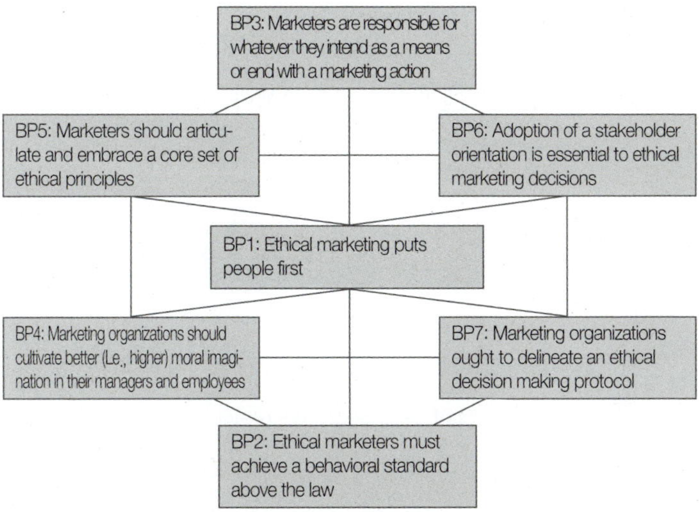

출처 Laczniak, G. and Murphy, P.(2006). "Normative perspectives for ethical and socially responsible marketing", Journal of Macromarketing, 26(2), p. 157.

그림 2 마케팅윤리의 평가 및 개선에 대한 7가지 기본적인 시각(Basic Perspectives)

- BP1: 기업보다 사람을 우선시한다.
- BP2: 법규에 우선하는 행동기준을 수립해야 한다.
- BP3: 의도한 마케팅활동의 수단, 혹은 결과에 대해 책임져야 한다.
- BP4: 마케팅관리자 및 직원들로부터 높은 도덕적 상상을 이끌어 낸다.
- BP5: 윤리적 원칙의 핵심을 명확히 하고 포용한다.
- BP6: 마케팅 의사결정에 있어서 이해관계자를 지향한다.
- BP7: 윤리적 의사결정 프로토콜을 정확하게 파악해야 한다.

1) 학문적 측면에서의 마케팅윤리 이슈들

슐레겔밀히와 외버세더(Schlegelmilch and Öberseder, 2010)는 윤리개념이 본격적으로 대두되기 시작한 1960년대 이후 발표된 마케팅윤리와 관련된 논문들을 조사하여 18개의 이슈를 도출했다. 구체적인 내용은 다음과 같다.

① 제품 관련 이슈: 안정성, 품질, 디자인, 포장, 레이블링, 윤리적 제품들
② 가격 관련 이슈: 가격공정성, 고정가격, 가격차별, 가격인상
③ 유통 관련 이슈: 독점적 유통권리, 채널통제, 각종 지원금
④ 촉진 관련 이슈: 광고윤리, 제품진열, 다이렉트마케팅, 판촉
⑤ 판매 관련 이슈: 판매원의 윤리적 갈등, 윤리적 가치와 행동
⑥ 기업의사결정 관련 이슈: 기업의 윤리적 의사결정, 관리자의 윤리적 가치와 행동, CSR과 마케팅
⑦ Codes and Norms 관련 이슈: 마케팅윤리이론, 윤리적 norms과 윤리

codes

⑧ 소비자 관련 이슈: 소비자의 윤리적 의사결정, 윤리적 가치와 윤리적 인식

⑨ 취약소비자 관련 이슈: 아동층이나 노년층, 빈곤층과 관련된 마케팅 결정의 윤리적 측면

⑩ 국제적/문화 간 마케팅윤리 관련 이슈: 다국적기업의 비윤리적 행위, 기업의 윤리적 의사결정과 소비자의 윤리적 의사결정과 같은 다양한 주제에 대한 국가 간 비교

⑪ 마케팅조사 관련 이슈: 결과각색이나 사생활이슈와 같은 마케팅조사 회사와 고객의 윤리적 책임과 행위

⑫ 마케팅교육 관련 이슈: 마케팅교육에서의 윤리적 질문의 융합

⑬ 사회적 마케팅 관련 이슈: 사회적 마케팅의 개념과 정의, 윤리적 차원, 마케팅관리자의 사회적 책임, cause-related marketing

⑭ 그린마케팅 관련 이슈: 그린마케팅의 사회적 책임과 비용

⑮ 법규 관련 이슈: 마케팅 분야에서의 법규와 윤리 간의 관계

⑯ 인터넷 관련 이슈: web privacy, identity 도용, phishing, 온라인 경매

⑰ 종교 관련 이슈: 마케팅윤리에 미치는 종교와 종교적 가치의 영향

⑱ Literature Reviews 관련 이슈: 마케팅윤리 문헌 고찰

그들은 상기 이슈들의 논문들이 게재된 횟수와 인용된 횟수 및 가장 많이 인용된 논문은 무엇인지를 조사하였는데, 가장 많이 게재되고 인용된 이슈는 'decision making'이었으며 최대인용논문은 〈A Contingency Framework for Understanding Ethical Decision Making in Marketing〉이었다. 구체적인 내용은 **그림 3** 과 **표 1** 과 같다.

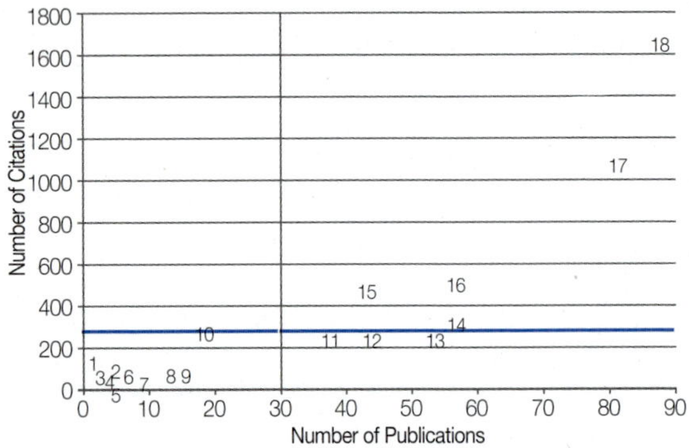

주 1 law, 2 literature review, 3 religion, 4 price, 5 green marketing, 6 Internet, 7 place, 8 product, 9 vulnerable consumers, 10 sales, 11 marketing research, 12 international, 13 education, 14 promotion, 15 consumers, 16 social marketing, 17 norms and codes, 18 decision making.

자료 Schlegelmilch, B. B. and Öberseder, M.(2010). "Halh a Century of Marketing Ethics: Shifting Perspectives and Emerging Trends", Journal of Business Ethics, 93, p. 7.

그림 3 Impact/importance of ethics-related topics in marketing from 1960 to 2008.

2) 실무적 측면에서의 마케팅윤리 이슈들

마케팅활동은 소비자의 욕구(needs & wants)를 충족시킬 수 있는 제품이나 서비스를 창출하고, 효과적으로 전달함으로써 조직의 목적을 달성하는 모든 활동을 의미한다(AMA, 2007).

촌코와 헌트(Chonko and Hunt, 1985)는 281개의 미국기업을 조사하여 마케팅 분야의 대표적인 10가지 윤리적 이슈를 발견하였다. 가장 많은 윤리적 문제는 뇌물수수(bribery)였으며 공정성과 정직성, 가격의 순이었는데, 구체적인 내용은 **표 2** 와 같다.

표 1 Most cited papers in the marketing ethics literature 1960~2008(top10)

Title	Author	Citations as of July 2008	Issue	Year	Journal
A Contingency Framework for Understanding Ethical Decision Making in Marketing	Ferrell and Gresham	337	DM	1985	JM
Ethics and Marketing Management: An Empirical Examination	Chonko and Hunt	138	N&C	1985	JBR
A Content Analysis of Ethical Policy Statements Regarding Marketing Activities	Hite et al.	138	N&C	1988	JBE
Corporate Ethical Values and Organizational Commitment in Marketing	Hunt et al.	122	DM	1989	JM
Ethical and Legal Foundations of Relational Marketing Exchanges	Gundlach and Murphy	121	LA	1993	JM
Social Responsibility, Ethics and Marketing Strategy: Closing the Gap Between Concept and Application	Robin and Reidenbach	110	N&C	1987	JM
Social Marketing: An Approach to Planned Social Change	Kotler and Zaltman	110	SM	1971	JM
Analysing Ethical Decision Making in Marketing	Dubinsky and Loken	89	DM	1989	JBR
Socially Responsible Organizational Buying: Environmental Concern as a Non-Economic Buying Criterion	Drumwright	82	N&C	1994	JM
Cognitive Moral Development and Marketing	Goolsby and Hunt	80	DM	1992	JM

* issues: DM-decision making, LA-Law, N&C-norms & codes, SM-social marketing
** journals: JM-Journal of Marketing, JBR-Journal of Business Research, JBE-Journal of Business Ethics

출처 Schlegelmilch, B. B. and Öberseder, M.(2010). "Halh a Century of Marketing Ethics: Shifting Perspectives and Emerging Trends", Journal of Business Ethics, 93, p. 12.

표 2 **마케팅 의사결정 상황에서의 윤리적 이슈들**

순위	이슈	비율(%)
1	뇌물수수(bribery): 납품업자로부터 선물, 부정한 금전수수, 의문시되는 커미션 수수 등	15
2	공정성(fairness): 타인을 농간하는 것, 필요치 않은 서비스를 이용하도록 고객을 유인하는 것, 남의 실적을 자신의 공로로 삼는 것 등	14
3	정직성(honesty): 서비스 및 능력의 과잉 제시, 고객기만 등	12
4	가격(price): 차별적인 가격책정, 가격담합, 고가격 부과 등	12
5	제품(product): 불필요한 제품생산, 타사제품과 브랜드의 권리침해, 안전성이 결여된 제품, 제품성과를 과장해서 주장하는 것 등	11
6	인력(personnel): 고용, 해고, 직원평가 등의 부당성	10
7	기밀(confidentiality): 기밀자료 또는 경쟁업체의 정보를 빼내거나 활용하는 것 등	5
8	광고(advertising): 과대광고, 기만광고 등	4
9	자료의 조작(manipulation of data): 기업체 내의 자료왜곡, 통계자료나 정보의 위조 · 변조 · 오용 등	4
10	구매(purchasing): 공급업체 선정 시 호혜준수 등	3

출처 Chonko, B. L., and Hunt, D. S. (1985). "Ethics and Marketing Management: An Empirical Examination", Journal of Business Research, 13, p. 346.

한편, 4P(product, price, place, promotion)개념을 기준으로 대표적인 윤리적 이슈를 파악할 수도 있는데 구체적인 내용은 다음과 같다.

① product: 원자재 수급이나 제조 · 사용이나 폐기에 있어서의 비윤리적인 사항, 고객에게 제시한 내용과 다른 제품이나 서비스 제공, 위험하거나 해로운 제품 제공, 환불이나 교환 · 수리 등의 구매 후 서비스 문제, 지나친 진부화정책으로 인한 기존제품 사용자의 불편 등

② price: 경쟁업체나 구매업체와의 가격담합, 자유로운 가격경쟁을 제한하는 활동, 불공정한 가격정책, 기만적 가격정책 등

③ place: 제조업체와 중간상인 · 소비자 간 힘의 불균형에 의한 불공정성, 소비자정보 보호, 유통기한 위 · 변조, 비정상적 유통구조 운영 등

④ promotion: 허위 · 기만광고나 판매촉진, 선정적이고 저속한 광고, 판단능력이 부족한 소비자(노약자나 어린이 등) 대상의 불공정한 광고, 과다한 판매촉진으로 인한 가격상승효과, 판매원의 비윤리적 행동, 언론플레이를 통한 소비자 오도 등

향후 연구방향 및 결언

전술하였듯이 슐레겔밀히와 외버세더(Schlegelmilch and Öberseder, 2010)는 논란의 여지가 있음을 인정하면서도 향후 마케팅윤리 연구에서 종교적인 문제와 그린마케팅, 인터넷마케팅, 어린이나 노약자, 빈곤층 등의 취약소비자(vulnerable consumers) 이슈가 다뤄질 것으로 보았다.

최근 마케팅 분야에서 주목받고 있는 진정성(authenticity)도 마케팅윤리와 떼놓을 수 없는 개념이다. 진정성의 정의에 대해서는 연구자들마다 일치된 견해가 없으나 본래(original)의 의미로 사용되거나 사회심리학적 시각에서는 명확한 정체성을 가지고 행동한다는 의미로 사용된다. 브랜드 진정성은 브랜드에 대한 신뢰를 창출하는 데 중요한 역할을 수행하며(Eggers, O'Dwyer, Kraus, Vallaster, and Gueldenberg, 2013), 브랜드 일관성과 계속성, 차별성이 브랜드 진정성을 형성한다(Schallehn, Burmann, and Riley, 2014). 베버랜드 등(Beverland, Lindgreen, and Vink, 2008)은 진정성을 'Pure(literal), Approximate, Moral'의 세 가지로 구분하고 광고에서 소비자들이 각각의 진정성을 어떻게 평가하는지를 살펴보았는데, 이 과정에

서 중요하면서도 상징적인 단서(indexical and iconic cues)가 핵심적인 역할을 함을 발견하였다.

현대 비즈니스에서 윤리적인 마케팅활동은 경쟁자가 쉽게 모방하지 못하는 경쟁우위가 된다. 특히 대부분의 기업이 속하는 제품수명주기의 후기성장기 및 성숙기는 기술수준이 정점에 이르고 발전속도가 정체되어 기업의 제품이나 서비스가 상품(commodity)화되는 현상을 보이는 시기이다. 이러한 상황에서 기업이 마케팅윤리를 강화한다면 경쟁자에 비해서 한층 용이하게 경쟁력을 제고할 수 있게 되어 궁극적으로는 기업이 목표하는 바람직한 마케팅성과를 창출할 수 있을 것이다.

참고문헌(References)

고인곤(2010). "마케팅 능력과 기업의 신제품 개발성과에 대한 연구: 마케팅 지식창출을 중심으로", **상업교육연구, 제24권**(제4호), 213-238.

마이클 샌델(2010). **정의란 무엇인가**. 이창신 역. 파주: 김영사.

신형덕(2016). **기업윤리와 사회적 책임**. 서울: 시그마프레스.

이수정 · 윤정구(2012). "기업의 사회적 책임활동에 대한 정당성 인식이 종업원의 조직시민 행동에 미치는 영향에 관한 연구: CEO의 비전적 리더십의 조절효과를 중심으로", **지식경영연구, 제13권**, 제4호, 31-54.

Beverland, B. M., Lindgreen, A., and Vink, W. M.(2008). "Projecting Authenticity Through Advertising: Consumer Judgment of Advertiser's Claims", *Journal of Advertising, 37*(1), 5-15.

Carroll, Archie B.(1991). "The Pyramid of Corporate Social Responsibility: Toward the Moral Management of Organizational Stakeholders", *Business Horizons, 34*(4), 39-48.

Cheng, B., Ioannou, I., and Serafeim, G.(2014). "Corporate social responsibility and access to finance", *Strategic Management Journal, 35*, 1-23.

Chonko, B. L., and Hunt, D. S.(1985). "Ethics and Marketing Management: An Empirical Examination", *Journal of Business Research, 13*, 339-359.

Cochran, P. L., and Wood, R. A.(1984). "Corporate social responsibility and financial performance", *Academy of Management Journal, 27*, 42-56.

Day, G. S.(1994), "The Capabilities of Market-Driven Organizations", *Journal of Marketing, 58*(Oct.), 37-52.

De Luca, Luigi M. and K. Atuahene-Gima(2007). "Market Knowledge Dimensions and Cross-Functional Collaboration: Examining the Different Routes to Product Innovation Performance", *Journal of Marketing, 71*(Jan.), 95-112.

Dutta, S., O. Narasimhan and S. Rajiv(1999). "Sucess in High-Technology Markets: Is Marketing Capability Critical?", *Marketing Science, 18*(4), 547-568.

Eggers, F., O'Dwyer, M., Kraus, S., Vallaster, C., and Gueldenberg, S.(2013). "The impact of brand authenticity on brand trust and SME growth: a CEO perspective", *Journal of World Business, 48*(3), 340-348.

Gardberg, N. A. and Fombrun, C. J.(2006). "Corporate citizenship: Creating intangible assets across institutional environments", *Academy of Management Review, 31*, 329-

346.

Hooley, G., J. Fahy, T. Cox, J. Beracs, K. Fonfara and B. Snoj(1999). "Marketing Capabilities and Firm Performance: A Hierarchical Model", *Journal of Market Focused Management, 4*, 259-278.

Joshi, A. W. and S. Sharma(2004). "Customer Knowledge Development: Antecedents and Impact on New Product Performance", *Journal of Marketing, 68*(Oct.), 47-59.

Laczniak, G. and Murphy, P.(2006). "Normative perspectives for ethical and socially responsible marketing", *Journal of Macromarketing, 26*(2), 154-177.

Marinova, D.(2004). "Actualizing Innovation Effort: The Impact of Market Knowledge Diffusion in a Dynamic System of Competition", *Journal of Marketing, 68*(Jul.), 1-20.

Moskowitz, M. (1972). "Choosing socially responsible stocks", *Business and Society Review, 1*, 71-75.

Murphy, E. P., Laczniak, R. G., and Prothero, A.(2012). *Ethics in Marketing*. NY: Routledge.

Schallehn, M., Burmann, C., and Riley, N.(2014). "Brand authenticity: model development and empirical testing", *Journal of Product & Brand Management, 23*(3), 192-199.

Schlegelmilch, B. B. and Öberseder, M.(2010). "Halh a Century of Marketing Ethics: Shifting Perspectives and Emerging Trends", *Journal of Business Ethics, 93*, 1-19.

Turban, D. B., and Greening, D. W.(1997). "Corporate social performance and organizational attractiveness to prospective employees", *Academy of Management Journal, 40*, 658-672.

Vargo, S. L. and R. F. Lusch(2004). "Evolving to a New Dominant Logic for Marketing", *Journal of Marketing, 68*(Jan.), 1-17.

Vorhies, D. W. and N. A. Morgan(2005). "Benchmarking Marketing Capabilities for Sustainable Competitive Advantage", *Journal of Marketing, 69*(Jan.), 80-94.

Waddock, S. A. and Graves, S. G.(1997). "The corporate social performance financial performance link", *Strategic Management Journal, 18*(4), 303-319.

Weerawardena, J.(2003), "The role of marketing capability in innovation-based competitive strategy", *Journal of Strategic Marketing, 11*, 15-35.

Zinger, T. J., R. LeBrasseur and L. R. Zanibbi(2001). "Factors Influencing Early Stage Performance in Canadian Micro-enterprises", *Journal of Developmental Entrepreneurship, 6*(2), 129-150.

제2부

실천적 마케팅의 준비

박정은
이화여자대학교 경영대학

김성진
서울여자대학교 경영학과

김훈
세명대학교 경영학과

김주영
서강대학교 경영대학

우리나라의 관계지향적 영업에 관한 고찰

박정은 | 이화여자대학교 경영대학

우리나라의 관계지향적 영업에 관한 고찰

박정은

이화여자대학교 경영대학

경쟁은 이제 산업 내 유사한 제품들을 가지고 경쟁하는 기업들 간의 경쟁이 아니라 소비자의 니즈를 충족시키기 위한 가치를 만들어 내는 산업 간의 경쟁으로 변화하고 있다. 이렇게 급변하는 환경 속에서 기업은 제품 위주의 차별이 어려워지고 서비스 강화 등을 통한 제품 이외의 요소로 차별점을 찾고 있는 가운데 영업의 중요성이 점점 더 부각되고 있다. 특히 제품이 성숙화되고 경쟁이 극에 달한 지금 상황에서 기업 입장에서는 신규 고객 유치보다 기존 고객 유지가 더욱 중요해지고 있고 이러한 관점에서 관계지향적 영업은 주요한 영업행위로서 부각되고 있다.

또한 열심히 일하는 'working hard'의 개념에서 보다 효과적으로 영업하는 'working smart'의 개념이 더욱 중요해지고 있다. 고비용 판촉 수단인 영업사원의 관리 측면에서 이전의 효율성을 높이는 영업에서 영업성공률을 높이고 지속적인 성과를 만들 수 있는 고객 중심의 효과성을 강조하는 방향으로 바뀌어 가고 있다.

이에 본 논문에서는 효과적인 영업의 대표적인 적응적 영업행위를 강화하고 장기적인 고객관계를 중요시하는 관계적 영업행위에 대한 고찰과 우리나라에서의 관계지향적 영업의 의미를 고찰해 보고자 한다.

서구 영업사원들 중심의 기존 연구들에서 관계지향적 영업이란 신뢰(Trust)와 헌신(Commitment)을 중심으로 하는 관계 형성을 통해 장기적인 거래관계를 유지하는 것을 의미하는데, 이것은 감성보다는 이성을 중시하는 서구의 소비자나 영업사원에 적합한 형태이다. 즉 서구에서의 거래관계는 경제적인 관계의 의미가 매우 중요하지만 동양에서는 장기적이고 보다 사회심리학적인 의미에서의 관계가 더욱 중요하다.

이러한 관점에서 동양에서의 관계에 대한 대표적인 연구가 중국의 관시(Guanxi) 연구이다. 서양 연구자들의 관점에서 중국의 관시는 사람 사이의 관계에서 호의를 얻기 위해 인맥을 동원하는 것이라고 정의되지만, 본연의 의미에서 관시의 정의는 대인관계에 있어 서로 신뢰와 도움을 주고받는 감정적이고 규범적인 관계라고 할 수 있다. 또한 도구적인 관점에서의 관시는 서로의 이익추구를 위한 수단으로 정의되기도 한다. 이처럼 중국 사람들의 관계인 관시는 신뢰라는 이성적인 부분도 존재하지만 근본적으로 상대방과 혜택을 주고받기 위한 감정적인 부분도 포함되어 있다.

우리나라에서도 관계라고 하는 것은 제품이나 서비스의 혜택과 비용 등을 고려하는 이성적인 부분도 중요하지만, 영업사원과의 친밀감과 호감 등 감성적인 부분도 매우 중요하다. 하지만 애석하게도 우리나라에서의 관계에 대한 연구는 기존 신뢰-헌신 이론의 미국적 이론에 근거하여 연구되어, 중국의 관시처럼 한국적인 관계에 대한 연구는 매우 부족하다고 할 수 있다.

우리나라의 영업사원들은 고객을 만나서 고향이나 학벌을 따지고 비공식적인 회식 자리를 통해 친밀한 관계가 되곤 한다. 현재 영업직에 종사하는 사람들에게 고객과의 관계는 이런 비공식적인 자리에서의 개인적 혹은 감성적인 관계를 의미한다. 따라서 영업사원들의 관계라고 하는 것은 공식적인 사업관계와 이를 지속하기 위한 비공식적인 사적 관계가 존재한다.

본 논문에서는 다음 사항들에 대해서 논의해 보고자 한다. 우선 영업의 주요한 두 가지 프로세스와 효과적인 영업행위에 대한 개념을 고찰해 보고, 어떠한 영업행위가 연구되어 왔는지 정리해 보고자 한다. 그리고 우리나라의 관계지향적 영업의 의미를 알아보고 구성요인을 구체화하여 서양의 이론과 다른 점을 찾아보고자 한다. 이를 통해 고객과 영업사원 간의 관계에 관한 개념을 제시하고 관계지향적인 영업의 구성요인을 찾아보고자 한다. 마지막으로 우리나라에서의 관계지향적 영업의 의미를 구축하고, 틀을 제시하고자 하는 것이 본 논문의 가장 큰 의의라고 하겠다.

효과적인 영업행위: Working Hard vs. Working Smart

1970년대부터 시작된 영업에 관한 연구는 효율적인 영업으로 꼽히는 열심히 하는 영업(Working Hard)에서 효과적인 영리한 영업(Working Smart)으로 초점이 전환되고 있다. 영업의 기존 방식은 불특정 다수의 고객을 무조건 만나서 설득하고 실적을 올리는 영업이었다고 할 수 있다. 그러나 현재는 시장에서의 경쟁이 치열해지고 삶이 복잡해지면서 새로운 고객들을 무작정 만날 수 없는 환경이 조성되고 있다.

따라서 효과적인 영업을 위해서는 고객지향성과 학습지향성이 강조되고 이제는 불특정 다수가 아니라 특정 다수, 즉 다시 말해서 마케팅

(Marketing)에서 언급되는 STP전략(Segmentation, Targeting, Positioning 전략)에 의거하여 우리 제품에 대한 Wants와 Needs가 있는 고객들을 찾아 영업하는 패턴으로 바뀌고 있다. 즉 고객들을 먼저 세분화해서 선정한 뒤 그 고객들에 대한 정보를 수집하고 학습한다. 학습을 통해 충분히 준비가 되면 불특정 다수가 아닌 특정 소수의 고객을 집중적으로 공략하게 된다. 효과적인 영업이란 팔릴지 안 팔릴지 모르는 상태에서 많은 고객을 만나는 게 아니라 고객에 대한 사전 학습을 통해 준비를 한 후 고객에게 접근해서 판매성공률을 높이는 영업을 말한다.

이렇게 효과성을 강조하고 있는 최근의 영업사원에 관한 연구들은 빠르게 변해가는 환경과 갈수록 치열해지는 경쟁에 대응하기 위해 학습(Learning)과 적응(Adaptiveness)의 중요성을 강조해 왔다(Park and Deitz, 2004). 시장변화에 적절히 대응하기 위해 Weitz, Sujan, and Sujan(1986)은 효과적인 영업의 대표적인 개념인 적응적 영업의 지식구조, 동기, 실행 사이의 관계를 바탕으로 한 적응 가능성의 개념적 모델을 제안하였고, 이들의 연구를 바탕으로 Spiro and Weitz(1990)는 적응적 영업행동의 측정도구인 ADAPTS를 개발하였다. 이들이 개발한 16개 항목은 적응적 영업행동 관련 연구에서 가장 자주 사용되는 척도들이다. 이후 일부 연구자들은 ADAPTS 척도의 한계점을 제시하면서, 새로운 측정도구들을 제시하고 있는 반면, 또 다른 연구자들은 적응적 영업행동의 선행변수와 결과변수들을 찾는 데 많은 노력을 기울이고 있다.

Franke and Park(2006)의 적응적 영업과 고객지향적인 영업의 성과 간의 관계에 관한 메타분석 연구에서는 두 가지 효과적인 영업 모두 성과에 긍정적인 영향을 미치는 것으로 나타났다. 하지만 이 연구에서도 고객지향적인 영업과 적응적 영업행위 간의 관계를 구체화시키지는 못했다.

즉, 고객지향성이 먼저인가 적응적 영업행위가 먼저인가에 대한 메타분석에서는 적응적 행위가 선행요인으로 나타났지만, 최근 연구에서는 고객지향성이 선행요인으로 나타난 결과도 도출되고 있다. 이러한 연구결과와 함께 적응적 영업행위의 중요성은 검증되었으나 실제로 효과적인 영업을 하기 위해 고객지향성과 학습지향성이 우선시되고 보다 장기적인 관점에서 효과적인 영업에 관한 연구들이 제시되면서 가장 주목받고 있는 영업행동이 관계지향적인 영업행위이다.

또한 최근에 대두되고 있는 효과적인 영업행위에는 윤리적 영업행위가 있다. 영업사원들의 인식이 부정적이고 영업사원들의 말과 행동에 대한 고객의 불신은 매우 오래된 대표적 고정관념이다. 이러한 부정적인 관점을 종식시키기 위해 영업사원의 윤리적인 행동이 강조되고 있으며 이를 중심으로 한 연구들에 윤리적 영업행위가 제시되어 있다. 이 윤리적인 행위의 관점에서도 장기적인 관계를 지속시키기 위해 신뢰를 형성하여야 하고, 이를 통해 고객을 충성고객으로 전환하는 것을 강조하고 있다. 이러한 의미에서도 윤리적 행위는 관계지향성과 관련이 있는 효과적인 영업행위이다.

앞에서도 언급했지만 1990년에 적응적 영업행위가 개발된 후 최근까지도 학계에서는 적응적 영업행위를 대표적인 효과적 영업행위로 인식하고 있다. 또한 Sprio와 Weitz(1990)가 개발한 ADAPTS Scale을 통해 효과적인 영업이 무엇인지에 대한 실증적인 논문이 지속적으로 발표되고 있다. 하지만 영업상황에서 영업사원의 적응성 자체도 중요하지만, 고객을 선정하고 고객에게 접근하는 데 있어서 단기적으로 거래를 할 것인지 혹은 장기적으로 거래를 할 것인지도 영업사원들의 주요 이슈이다.

이미 알려져 있는 대로 고객을 획득하는 데에는 광고비용, 판매수수료,

영업비용 등의 명시적인 비용들뿐만 아니라 시간비용 등도 포함되어 적잖은 경제적 비용이 든다. 따라서 STP전략에 의거하여 접촉한 고객에 대해서는 한 번의 거래로 끝낼 것이 아니라 고객이 가지고 있는 평생가치(Life time value)를 따져 보고 오랫동안 거래할 수 있는 관계로 지속하는 것이 옳다. 그러므로 장기지향성(Long Term Orientation)이라는 관점에서 관계지향적인 영업의 중요성이 대두된다.

영업의 두 가지 주요 프로세스: 영업관리와 영업행위 프로세스

우선 영업에 대한 연구를 분류하고 나누기 위해서는 영업에 관한 관리체계 혹은 영업관리 프로세스에 관한 이해가 필요하다. 영업의 관리체계는 다음 그림 1 과 같다. 우선 기업이 가장 먼저 해야 할 것은 영업에 관한 정의이다. 우리기업에서 영업이란 무엇인가에 대한 정의를 내리고 여기에 필요한 영업에 관한 철학 혹은 지향성(Orientation)을 먼저 가지고 있어야 한다. 어떤 기업에서의 영업은 대리점 관리이고, 또 다른 기업에서의 영업은 대면 영업을 말한다. 이들 기업들은 각기 고객지향성, 학습지향성, 성과지향성 등 다양한 지향성을 가지고 이를 영업사원들에게 강조하고 있다.

두 번째로 기업은 영업에 관한 정의를 바탕으로 영업이 필요한 기능을 명확히 하여야 한다. 영업에 관한 많은 연구에서 영업사원의 역할 불분명성(Role Ambiguity)이 성과에 부정적인 영향을 미친다고 한다. 따라서 기업은 영업사원의 역할과 책임(Role and Responsibility)에 관한 분명한 기준을 정립하여야 한다.

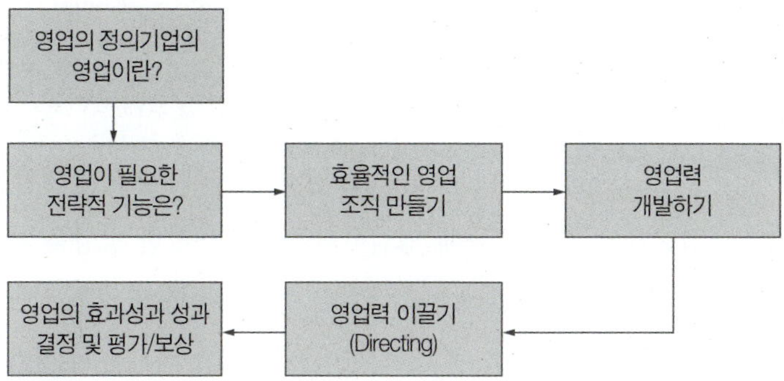

그림 1 영업관리 프로세스

세 번째 영업관리의 단계는 효율적인 영업조직을 구성하는 것이다. 이 분야는 인사조직에서 연구되는 많은 주제들이 포함된다. 특히 영업조직에 관한 이슈는 영업사원의 영업구역 배정 및 할당에 관한 것과 영업조직을 기업의 조직도 내에 구성하는 것에 대한 두 가지 분야로 나누어진다. 영업구역 배정 및 할당에는 영업사원의 역량, 총영업활동시간, 영업사원 커버리지, 총매출기준법 등이 사용되고, 영업조직을 나누는 기준으로는 지역, 제품, 기능 그리고 최근에 중요시되는 고객 중심의 영업조직 구성 방법이 있다.

네 번째 단계는 영업력(Sales Force)을 개발하는 단계이다. 우리기업에 필요한 영업사원의 특성과 수, 그리고 영업사원에 관한 교육 및 개발이 이 단계의 중요한 이슈이다. 또한 기업의 영업방식 혹은 효과적인 영업행위에 관한 이슈도 이 단계에서 고려된다. 최근의 영업연구에서 가장 활발하게 진행되는 분야가 효과적인 영업행위(Effective Selling Behavior)에 관한 것이다.

다섯 번째 단계는 영업력을 이끄는 관리자의 역할에 관한 것이다. 영업관리자의 역할 중 최근에 가장 각광받는 분야는 코칭(Coaching)이다. 영업사원에게 개선을 지시하는 것이 아니라 영업사원의 애로사항을 해결하는 방법을 같이 고민하고 스스로 개선할 수 있도록 이끌어 주는 것이 코칭의 가장 중요한 부분이다. 다음으로 영업관리자의 중요한 역할은 효과적인 영업전략의 수립을 통해 영업사원들에게 명확한 방향을 제시해 주는 것이다. 이외에 영업관리자의 역할은 동기부여와 확신을 심어주어 영업사원들이 자신감과 미래에 대한 확신을 가지고 직무를 수행하게끔 하는 것이다.

마지막 영업관리 프로세스의 단계는 영업의 효과성을 명확하게 하는 것이다. 과거의 영업성과는 재무적인 성과, 그중에서도 매출과 시장점유율에만 초점을 맞추고 무조건 더 많이 판매하는 것이 중요했다. 물론 우리나라의 많은 기업들은 여전히 여기에 초점을 맞추고 있다. 하지만 지금의 영업의 성과는 수익성(Profitability)과 생산성(Productivity)에 초점을 맞추고 있다. 또한 단기적인 매출보다는 지속적인 매출을 통해 수익을 극대화하는 것이 영업의 성과목표이다. 영업의 성과지표로는 과정지표, 결과지표, 선행지표가 많이 활용된다. 또한 성과 못지않게 중요한 것이 평가 및 보상이다. 영업사원의 평가에는 공정성과 형평성 등이 중요하고, 보상수준의 결정 및 인센티브 활용에 관한 많은 연구들이 발표되고 있다. 영업사원들의 입장에서는 인센티브를 덜 받더라도 안정적인 기본급을 받는 것을 선호하고, 기업의 입장에서는 인센티브를 많이 주고 기본급을 줄이고자 할 것이다. 이러한 양극단 사이에서 영업사원의 보상수준이 결정된다. 기업에서 성과에 대한 평가와 보상이 적절하고 안정적일 때 영업사원의 이직이 낮아진다고 한다.

영업관리 프로세스에도 포함되어 있지만 영업에 관한 두 번째 연구이슈는 효과적인 영업행위에 관한 것이다. 표준화된 영업행위는 그림 2 에서 보듯이 총 8개의 단계로 구분된다.

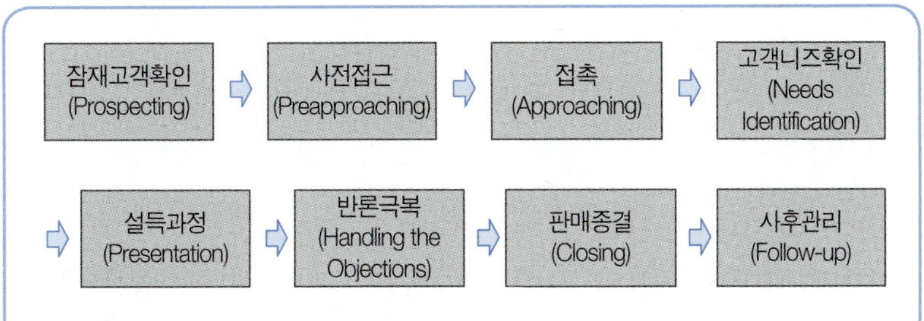

그림 2 영업행위 프로세스

이 영업과정에서 어떻게 하면 보다 효과적인 영업을 하여 판매종결률(closing rate or hit ratio)을 높이는가에 관한 연구가 최근 가장 활발하게 이루어지고 있는 연구 분야이다. 대표적인 연구로는 Weitz와 그의 동료들이 최근 20년간 발표한 적응영업행위(Adaptive Selling Behavior)에 관한 연구들이다(Weitz, Sujan and Sujan, 1988; Sprio and Weitz, 1990; Sujan, Weitz and Kuma,r 1994; Franke and Park 2006).

효과적인 영업행위의 첫 번째 단계는 잠재고객확인단계(prospecting)이다. 이 단계에서 영업사원이 해야 할 가장 중요한 것은 잠재고객이 누구인가에 대한 정의이다. 일반적으로 잠재고객은 MAD(Money, Authority, Desire)의 세 가지를 충족시켜야 한다. 즉, 제품을 구매할 수 있는 구매력(Money)과 제품구매의사결정을 할 수 있는 권한(Authority)과 제품을 구매하고 싶은 의지(Desire)가 있어야 한다. 잠재고객을 확정한 다음 해야 할 것은 잠재고객에 관한 모든 정보를 수집하고 학습하는 것이다. 영업사원이 영업행동을 하기 전 가장 많은 시간을 투자해야 되는 부분이 고객학습이다.

두 번째 단계는 사전준비와 사전접촉단계(pre-approaching)이다. 고객에 대한 정보학습 후 이 고객의 니즈가 무엇인지를 파악하고, 어떻게 접근할 것인가를 결정하는 단계이다. 오늘날에는 전화, 이메일, 모바일 등을 이용한 다양한 사전접촉방법이 존재한다. 고객의 특성을 잘 파악하여 어떤 사전접근방법이 좋은지 결정하여야 하고, 사전접촉 시 영업사원은 반드시 고객으로부터 본 미팅에 관한 언질(commitment)을 받아야 한다.

세 번째 단계는 접촉, 즉 본미팅단계(Approaching)이다. 이 단계에서 가장 중요한 것은 고객에게 건네는 첫 마디(first statement)이다. 이는 고객에게 영업사원의 이미지를 심어주므로 매우 중요하다. 심리학적으로 가장 바꾸기 어려운 부분이 첫인상이기 때문이다.

네 번째 단계는 고객의 니즈 파악이다. 어떤 문제에 관심이 있고, 고객이 왜 이 제품에 관심이 있는지 파악하는 것이야말로 영업행위에서 가장 중요한 부분이다. 이 과정에서 중요한 영업기술은 경청(Listening)과 질문(Questioning)이다. 적절한 질문을 하고, 무엇보다도 고객의 이야기를 잘 들어주는 것이 매우 중요한 영업력이다.

다섯 번째 단계는 설득과정(Presentation)이다. 영업과정을 한마디로 요약하면 고객설득과정이다. 이 설득과정에서 주의해야 할 것은 간단명료하게 혜택(Benefits)을 강조하고, 과학적인 증거(proof)로서 경쟁사와의 차이점을 제시하여 이를 보여주고(visualize) 고객의 용어를 사용해야 한다는 것이다.

여섯 번째 단계는 협상과 문제해결(Handling the objections)이다. 어떤 고객이나 고객집단을 만나더라도 고객은 반드시 반문을 하거나 반론을 제기한다. 즉, 고객 스스로가 자신의 선택에 문제가 없다는 것을 확신하기 위해 영업사원의 말에 반론을 제기하는 것이다. 이때 가장 중요한 것 역시 경청이고, 고객이 제기한 반론에 대해 명확한 증거와 함께 보완할 수 있는 협상력이 필요하다. 많은 경우 가격이슈를 반론으로 생각하는데 가격 이전에 제품의 품질에 대한 의문이나 혜택에 대해서 경제적 가치를 확신하지 못하기 때문에 고객은 가격으로 이의를 제기하는 것이다.

일곱 번째 단계는 판매종결이다. 판매종결은 최종적으로 계약서에 서명을 하는 것으로 많은 영업사원들이 이 단계에서 판매종결을 하지 못하고 계약을 성사시키지 못하는 경우가 많다. 계약내용을 고객의 입장에서 재차 확인하고, 거래에 대한 확신을 줌으로써 고객이 기꺼이 서명할 수 있도록 하는 것이 중요하다.

마지막 단계는 판매 후 조치(Follow-up)이다. 계약을 한 뒤 납기일을 맞추고, 수량과 품질에 대한 철저한 약속이행을 통해 신뢰를 주어야 하고, 거래에 대한 만족감을 제고하는 것이 매우 중요하다. 이는 재구매과정에도 영향을 미치기 때문에 영업사원들이 장기적인 관점에서 수익을 발생시키기 위해 더욱 더 신경을 써야 하는 부분이다.

이상에서 영업에 관한 두 가지 프로세스에 대해서 알아보았다. 이러한 영업의 주요한 두 가지 프로세스에서 가장 중요한 기본적인 이슈는 관계지향적 영업이라는 것이다. 이에 관계지향적 영업에 대한 개념적 정의와 구성요인 그리고 미래 연구방향에 대해서 제시하도록 하겠다.

우리나라의 관계지향적 영업 프로세스

1) 관계지향적 영업 프로세스의 시작은 어떤 고객과 어떤 관계를 구축하는가이다!

우선 관계지향적 영업에서 말하는 '관계'에 대한 정의가 명확하지 않다. 관계마케팅에서 이야기하는 관계는 고객과 기업 혹은 기업의 영업사원과 어떠한 목적을 달성하기 위해 관련성을 가지거나 행동하는 것 혹은 서로 아는 정도 등으로 나타낼 수 있다. 하지만 관계라는 것이 정확히 어떠한 상태인가에 대한 부분은 서양적인 부분과 동양적인 부분에서 차이가 있을 것이다. 서양 문화에서 관련성은 이해관계 혹은 계산적이고 인지적인 관계를 의미한다. 하지만 동양적인 관계에서는 이러한 인지적인 부분뿐만 아니라 상대적인 정서적 관점도 중요하다.

관계마케팅의 이론적 근거를 마련한 Morgan과 Hunt의 신뢰(Trust)와 헌신(Commitment) 이론에 따르면, 미국에서는 관계지향적인 것을 신뢰와 헌신을 통해서 장기적인 거래를 지속하고, 상호 기회주의적인 행동을 하지 않으며 상호혜택을 얻고자 하는 것으로 본다. 그러나 관계지향적 영업은 신뢰와 헌신을 형성하는 것도 중요하지만, 이러한 신뢰와 헌신을 누구와 어떻게 가지는지와 이를 통해 어떤 관계를 형성하는지, 이 관계로부터 얻을 수 있는 결과는 무엇인지에 대한 구체적인 관계지향적 영업의 프로세스를 구축하고 이해하는 것이 무엇보다 중요하다. 또한 신뢰와 헌신을 구축하는 과정과 의도 및 필요한 행위에 대해서도 정리할 필요가 있다.

우선 기업에서는 다음 네 가지 관계를 고려할 수 있다. 첫 번째는 가장 중요한 고객과의 관계이다. 하지만 여기서도 어떤 고객과 관계를 맺을 것인가가 선택의 이슈이다. 기업의 제한된 자원을 고려할 때 모든 고객과 관계를 맺고 관리할 수는 없기 때문이다. 두 번째 관계의 대상자는 내부고객인 직원들이다. 협업 및 팀영업이 중요시되는 오늘날의 영업상황에서 영업사원들 간의 관계도 중요하고, 영업사원과 영업관리자와의 관계도 매우 중요하다. 내부고객과의 관계가 좋지 못하면 영업사원들이 고객에게 충분한 지원을 할 수 없고, 고객가치창출도 어려울 것이다 (Park and Deitz, 2003). 세 번째 관계의 대상자는 사회구성원으로서 정부 및 이해관계자들과의 관계일 것이다. 오늘날 사회적 책임을 강조하는 시점에서 이러한 이해관계자들과의 관계는 매우 중요한 부분이 되었다. 마지막 관계의 대상자는 협력업자 및 경쟁사와 같은 기업들 간의 관계이다. 지금은 산업 내 경쟁보다는 산업 간의 경쟁이 더욱 큰 의미를 가진다. 따라서 산업 내의 경쟁사는 이제 협력자가 될 수도 있다. 따라서 이러한 기업들 간의 네트워크를 구축하고 협력관계를 가지는 것이 매우 중요하다. 본 논문에서는 가장 중요한 고객과의 관계뿐만 아니라 어떠한 고객과 어떤 관계의 특성을 가지고 어떤 성과를 기대하는가에 초점을 맞추고자 한다.

이상 관계지향적 영업 프로세스를 정리하면 우선 어떤 고객과 관계를 구성하느냐의 관점에서 관계의 대상과 관계의 의도를 밝히는 것이다. 두 번째는 이러한 관계를 통해 어떠한 관계의 형태를 만들어 가는가와 이를 위해 어떤 노력이 필요한가에 대한 고찰이다. 마지막으로 이러한 관계를 통해 영업사원은 어떠한 성과를 만들 수 있는지에 관한 것이다 (그림 3 참조)

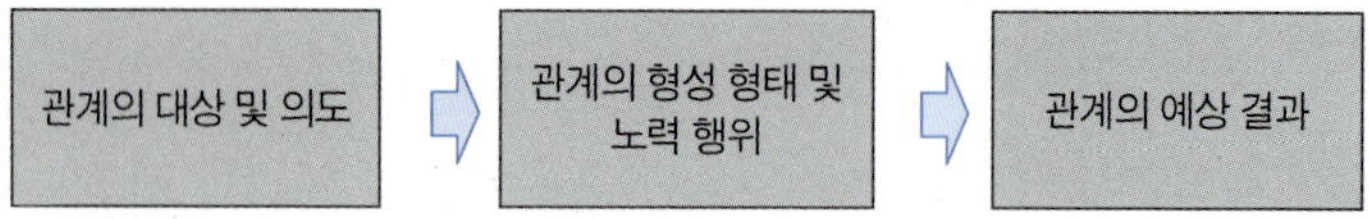

그림 3 관계지향적 영업프로세스

2) 관계의 대상 및 의도: 관계의 대상은 핵심고객이다.

영업사원들은 Key Man이라고 불리는 고객을 집중적으로 관리하고 이들을 효과적으로 공략해야 할 중요성을 인식하고 있다. 관계지향성에서 중요한 것은 마케팅에서도 중요하게 여기는 선택과 집중이다. 즉, 핵심고객을 선택하고 이 고객에 집중하는 것이다. 선별적으로 내 편을 만드는 것, 즉 모든 고객 혹은 많은 고객이 아니라 핵심고객(Key Customer)으로 선택한 고객을 선별적으로 관리하고 내 편으로 만드는 중요성 및 효과성을 표명하고 있다. 즉, 관계지향적인 영업은 이처럼 소수의 주요 고객을 선별하여 집중적으로 관리하는 것을 의미한다.

영업사원들이 관계를 맺고자 하는 사람, 즉 고객의 특성은 다음 여섯 가지로 구분될 수 있었다. 이들 특성은 관계의도에 영향을 미치는 선행요인이라고 할 수 있다. 우선은 여러 고객들 중 리더의 역할을 하는 고객이다. 리더로서 다른 고객들에게 영향을 미치면서도 롤 모델의 역할을 수행하기 때문에 다른 고객들은 이 리더 격인 고객을 모방하고 배우려 하는 경향이 있다. 따라서 이 고객과의 관계유지를 통해 다른 고객이 저절로 따라온다는 것이다. 두 번째는 지연, 학연, 혈연 등의 연관성이 있는 고객과 친해지려는 경향이 있다. 이 부분은 젊은 층보다는 나이가 있는 고객들에게서 많이 나타나는데 단일민족이라는 데 자부심을 느끼고 그렇게 배워온 우리나라의 장년층이 가진 문화적인 특성이라고 할 수 있다. 세 번째는 관계의 양방향성을 의미한다. 즉, 나에게 관심이 있는 상대방과 자연스럽게 친해진다는 것이다. 네 번째로 영업의 핵심은 성과이므로 성과가 좋은 고객, 즉 다량으로 구매하는 고객, 구매력이 있는 고객과 친하게 지내려고 한다는 것이다. 다섯 번째는 정직성이다. 관계는 장기적인 것을 지향하기 때문에 거짓행동을 하거나 정직하지 못한 것은 양쪽에게 모두 치명적일 수 있다. 마지막으로는 성격이 통하는 유사성을 가진 고객과 친하게 지내려고 한다는 것이다. 영업사원과 고객도 인간관계이다. 따라서 이러한 유사성 혹은 잘 맞는 성격 등이 중요한 관계의도의 요소가 될 수 있다. 이처럼 어떤 고객과 관계를 가지려고 하는 관계의도에는 리더십, 연관성, 양방향성, 성과, 정직성 및 유사성 등의 선행요인이 필요하고, 영업사원은 이러한 요소를 갖춘 핵심고객을 관계의 대상으로 선별해야 한다.

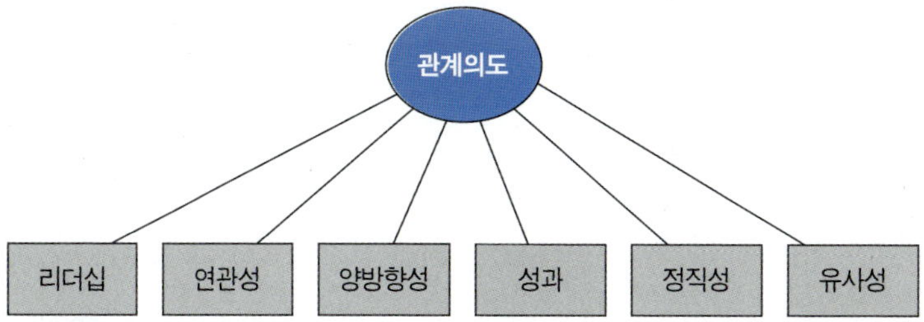

그림 4 관계의도의 선행요인

3) 관계의 형성 및 유지를 위한 노력: 신뢰에서 시작하고, 공적인 관계를 사적인 관계로 확장!

관계의 형성과정에서 영업사원들은 인간적인 관계와 사업적인 관계를 가지기를 원한다. 인간적인 관계는 관계를 형성하고 싶은 주요 목표고객들이 가지고 있는 특성에 따라 사적인 면에서 통하는 관계로 발전시켜 나가는 것이고, 사업적인 관계는 영업을 하면서 서로 윈-윈할 수 있는 혜택을 찾아가는 관계이다. 그런데 일단은 사업적인 관계에서 시작하여 신뢰를 쌓고 사적인 만남을 자주 가지면서 인간적인 관계로 발전하는 과정을 거친다. 일을 하면서 공적인 관계가 잘 이루어지면 서로 신뢰하게 되고, 그러다 보면 사적으로 가족 및 개인적인 일들에 대해 대화를 나누면서 유대감이 더욱 강해지는 것이다. 즉, 관계지향적인 영업은 사업적인 관계를 통해 서로 신뢰를 쌓아가고 이를 통해 사적인 관계까지 확장해 나가는 것을 의미한다. 즉, 우리나라의 관계에서는 계약 및 인지적인 부분에 한정되는 것이 아니고, 가족 혹은 친구와 같은 사적인 관계 형성을 통해서 신뢰를 더욱 강화시키고 공적인 관계까지 더욱 강한 유대를 형성시키는 것이다.

이상에서 관계란 공적인 부분과 사적인 부분이 있고, 지속적인 관계를 형성하기 위해서는 우선은 편안함, 정직함 등을 바탕으로 긍정적 결과가 지속되면(만족) 공적인 거래가 형성된다. 이 단계에서 신뢰를 형성하고 다음의 사적인 단계로 넘어가기 위해서는 개인적인 정보의 공유와 학습이 필요하며, 사적인 만남을 통해서 사적인 관계 단계로 넘어간다. 이러한 관계를 유지하기 위해서는 지속적인 정보의 공유와 성실함이 매우 중요한 유지요소이다.

그림 5 는 한국적인 관계지향적 영업에서 관계를 형성하는 과정에 관한 개념적인 모형이다. 여기에서 보듯이 관계는 공적인 관계와 사적인 관계의 두 가지로 구분된다. 또한 이러한 관계를 형성시키고 유지하는 데 있어서 가장 중요한 요인은 신뢰이다. 신뢰를 쌓고 공적인 관계를 형성하는 데 있어서 중요한 요인들은 편안함, 정직함, 그리고 긍정적 결과, 즉 만족이 있다. 사적인 관계와 신뢰를 형성하는 요인은 정보공유와 성실함 등이 있고, 사적인 만남을 통해서 개인적 관계가 형성된다.

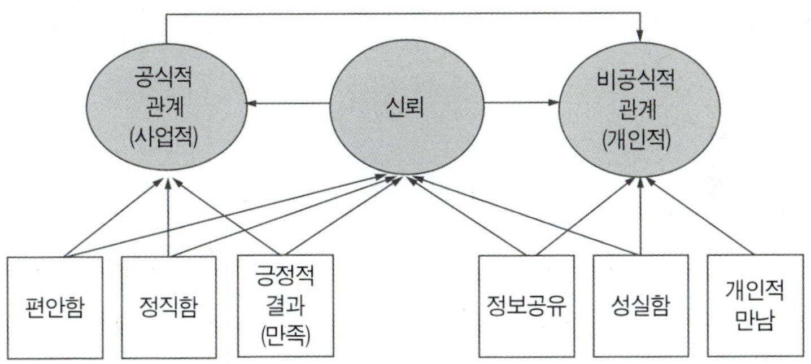

그림 5 관계의 형성과 유지를 위한 요인

4) 장기적인 관계의 결과: 핵심고객이 나의 영업을 대신한다!

관계지향적인 영업을 통해 영업사원은 고객과의 장기적인 관계를 구축하고 유지한다. 이러한 장기적인 관계를 통해 영업사원은 어떤 성과를 기대할 수 있을까? 이에 대한 관계의 결과변수를 정리해 보고자 한다. 일단은 지속적인 재무적 성과를 만들 수 있다는 기대를 가지고 있다. 영업을 통해 자신의 성과를 높이고 싶은 것은 당연하다. 또한 고객들은 영업사원과의 관계가 형성되면 자신의 업무와 영업사원의 업무를 구분하지 않고 서로 협력하는 관계를 기대한다. 또한 자기의 일처럼 관리하여 고객에게 부정적인 결과가 생기지 않도록 방지함으로써 서로 상생하게 되는 것이다. 관계를 통해서 지속적인 성과를 만드는 것의 중요성을 언급하였는데 특히 중요한 것은 기존 고객들이 신규 고객을 소개(Referral)해 준다는 데 있다. 이는 관계지향성에서 매우 중요한 성과 중 하나이다. 영업사원이 직접적인 노력을 하지 않더라도 고객이 다른 고객을 데리고 오는 이 소개는 기존 고객의 평생가치 부분에서도 매우 중요한 요소이다.

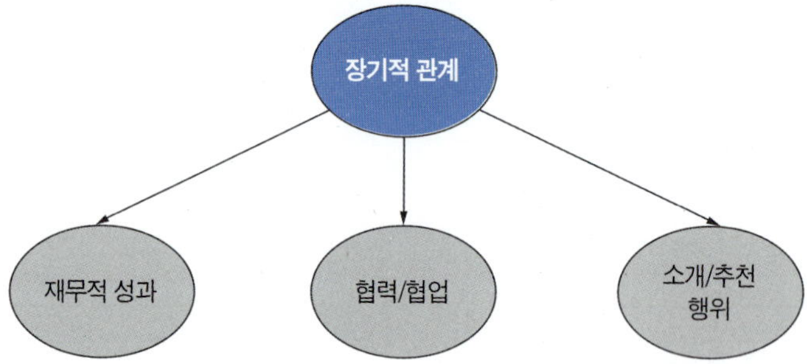

그림 6 관계의 결과

이상에서와 같이 관계지향적인 영업을 통해 영업사원들이 가장 많이 언급한 것은 재무적인 성과 부분이다. 영업을 통해서 가장 많이 기대하는 부분은 당연히 영업성과일 수밖에 없다. 하지만 관계지향적인 영업은 단순히 재무적인 성과보다는 장기적이고 꾸준한 재무적인 성과라고 하는 것이 성과지향성과는 다른 부분이다. 또한 고객과 영업사원이 서로 협업을 통해서 상생하는 관계임을 인식하게 된다. 고객의 업무를 자신의 업무처럼 배려하고 최선을 다해야 결국 자신도 잘 되고 고객도 잘 되는 협업의 결과인 것이다. 마지막으로 중요한 것은 관계를 통해서 신규 고객을 소개받는 결과이다. 결국 기존 고객과 관계를 형성하고 집중하면 신규 고객을 유치하려는 노력을 덜 수 있다는 것이다.

5) 관계지향적 영업의 체계

이상에서 우리나라의 관계지향적 영업행위의 프로세스와 함께 관계의도의 형성과 관계의 특성 및 형성을 위한 노력에 대해서도 알아보았다. 마지막으로 관계를 통해 기대할 수 있는 결과요인에 대해서도 알아보았다. 관계지향적 영업은 고객이 가진 여러 가지 특성들에 의해서 특정 고객과의 관계의도를 형성하게 되고, 이렇게 구축된 관계를 공적인 관계와 비공식적 관계를 통해 신뢰를 형성하는 것이다. 마지막으로 이러한 지속적인 관계를 유지하여 지속적인 성과를 만들고 고객과 협업하여 고객이 영업사원의 영업을 대신해 주는 밀접한 관계를 강화하게 된다. 이러한 과정을 바탕으로 그림 7 과 같은 통합적인 관계지향적 영업의 체계를 제시할 수 있다.

우리나라의 관계지향적 영업에 관한 결론

관계지향적 영업에 대한 학문적 연구는 미국이나 서구의 영업사원 및 고객들을 중심으로 진행되어 왔다. 본 논문에서는 서구와는 다른 한국적인 관계지향적 영업에 대해 알아보고 그 결과로서 관계의 의도와 6가지

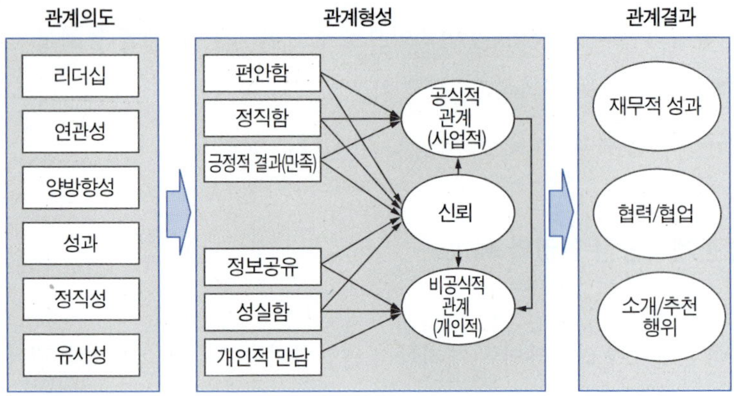

그림 7 관계지향적 영업의 체계

선행요인을 제시하면서 관계형성을 공식적 관계와 사적인 관계로 구분하여 이들 요인에 대한 선행요인도 제시하였다. 또한 이러한 관계형성에 있어서 매우 중요한 역할을 하는 신뢰에 대해서도 제시하였다.

본 논문은 한국적 상황에서 기존 서구 중심의 이론을 한국화하고 차이점을 제시하여 기존의 관계지향적 영업에 관한 이론적 고찰 및 정립의 필요성을 강조하였다. 또한 오늘날의 영업환경에서 그 중요성이 갈수록 커지고 있는 관계지향성의 특성을 파악하고, 한국에서의 관계지향적 영업의 과정을 관계의도, 관계형성 및 결과의 과정으로 프로세스를 정립하여 각 단계에서의 선행요인을 밝히고 성과변수들과의 관계도 제시하였다.

본 논문에서는 우리나라 기업의 영업관리 및 영업프로세스 정립을 위해 다음과 같은 결론 및 시사점을 제시하고자 한다.

1) 관계 중심의 효과성 강조: 고객과의 관계를 통해 영업의 효과성을 극대화하라!

본 논문에서는 영업 실무자들에게 한국에서의 관계지향적 영업에 대한 구체적인 개념과 실행방안을 제시하고, 영업관리자들에게 영업사원의 효과적인 영업행위에 관한 프로세스를 제안하였다. 즉, 영업사원이 효과적인 영업을 할 수 있도록 영업관리시스템의 효율적인 관리체계를 구축해야 하고 이러한 효율성을 바탕으로 영업사원들이 효과적인 영업을 할 수 있는 역량의 구축과 효과성에 근거한 성과기준을 정립하는 것이 매우 중요하다.

또한 앞서 언급한 관계지향적 영업의 프로세스를 이해하고 첫 번째 관계대상을 선정하고, 둘째, 이들과의 관계형태를 고려하여 어떤 노력을 할 것인가를 결정하며, 마지막으로 이를 통해 어떠한 결과를 예상하는지에 대해서도 효과성의 관점에서 영업의 성과를 다시 재정립해야 할 것이다.

(1) 관계대상은 모든 고객이 아니라 핵심전략고객이다!

관계대상을 선정할 때에도 모든 고객과 관계를 형성하는 것은 의미가 없음을 명심해야 한다. 기업 및 영업사원 개인의 자원 및 노력은 한정되어 있기 때문이다. 앞서 관계대상을 선정하기 위한 몇 가지 요인을 제시하였다. 우리기업의 특성 및 고객상황 등을 고려하여 이들 요인을 중심으로 고객평생가치 분석을 통해 핵심 및 전략고객을 선정하여 관계형성을 위해 노력해야 한다.

(2) 관계의 중심은 신뢰!

관계형성을 위한 노력에서도 공적인 관계와 사적인 관계의 적절한 배합이 필요하고, 이들의 기본은 신뢰형성이라는 것을 명심하여야 한다. 신뢰형성을 위해서는 지속적인 만족은 물론 성실함, 정보공유 등의 아낌없는 배려가 중요하다. 이러한 신뢰구축을 통해 공식적인 거래관계도 지속할 수 있고, 보다 인간적인 사적 관계를 통해 장기적인 수익을 창출할 수 있을 것이다.

(3) 고객을 영업사원으로...

마지막으로 관계의 결과는 재무적 성과뿐만 아니라 서로 어려울 때 도와줄 수 있는 파트너적인 협업 및 협력을 형성하게 되고, 나아가 고객은 파트너적인 행동을 통해 영업사원의 든든한 우군으로서 소개 및 추천 등의 파생적 영업행위를 할 것이다.

2) 영업사원의 고객지향성을 바탕으로 관계지향성을 높여라!

영업사원이 가진 지향성은 크게 고객지향성과 거래지향성으로 나눌 수 있다. 거래지향성은 고객과의 거래만을 중시하여 한 번 매출을 올리고 영업사원 자신의 이익을 챙기는 단기적 성과만 중시하는 것을 의미한다. 이는 변화하는 환경과 경쟁상황 속에서 지속적으로 고객을 만족시키고 수익을 창출하기에는 무리가 있다. 따라서 영업은 기본적인 지향성으로 고객의 니즈를 파악하고 경쟁사와의 차별성을 강조하여 이를 무기로 고객에 대해 지속적으로 학습하고 대응하는 고객지향적인 마인드를 가져야 한다. 이러한 고객지향성을 바탕으로 영업과정에서 상호 간에 혜택을 지향하며 서로 도와주고 상호 발전하는 관계를 중시하는 관계지향적인 영업으로 발전시켜야 할 것이다.

3) 한국적인 관계에 주목하라!

이러한 관계지향성 측면에서도 관계에 대한 한국적인 의미를 파악해야 하고 이를 정립하는 연구가 필요할 것이다. 서구에서 얘기하는 관계는 이성이 감성보다 큰 비중을 차지하는 것으로 계약 중심의 관계를 의미한다. 즉, 거래계약에 따른 경제적인 혜택을 강조하고 거래조건 이행 등에 관심이 크다. 하지만 우리나라의 영업사원들은 경제적인 관점을 중요하게 생각하면서도 장기지향적인 고객관계에서는 보다 편한 관계를 중요시하고, 많은 영업사원들이 고객과 공식적인 관계뿐만 아니라 비공식적인 사적 관계형성을 위해 많은 노력을 한다.

우리나라의 정서에서는 감정적인 요소가 이성적인 요소보다 조금 크게 작용하는 것 같다. 우리나라 영업사원들처럼 고객과 친해지면 비공식적인 형태의 만남을 통해서 형제관계 혹은 친구관계를 형성하는 것은 서구에서는 있을 수 없는 일이다. 이런 것들을 봐도 우리에게 감정 부분이 서구보다 더 강하다는 것을 알 수 있다. 이러한 한국적 관계지향적 영업프로세스를 통해 우리 영업사원들도 보다 효과적이고 장기지향적인 영업의 체계를 구축하여야 할 것이다.

참고문헌(References)

박정은(2014). "우리나라 영업 연구의 현재와 미래", **마케팅연구**, 29(6), 45-62.

최용배 · 박정은(2016). "우리나라 영업사원의 효과적인 영업행위와 관계지향적 영업행위에 관한 정성적 연구: 아주캐피탈의 자동차 금융 영업사원들의 사례를 중심으로", **유라시아 연구**, 13(1), 277-301.

Franke, G. R., & Park, J. E.(2006). "Salesperson adaptive selling behavior and customer orientation: a meta-analysis", *Journal of Marketing Research, 43*(4), 693-702.

Spiro, R. L., & Weitz, B. A.(1990). "Adaptive selling: Conceptualization, measurement, and nomological validity", *Journal of marketing Research*, 61-69.

Sujan, H., Weitz, B. A., & Kumar, N.(1994). "Learning orientation, working smart, and effective selling", *Journal of Marketing*, 39-52.

Weitz, B. A., Sujan, H., & Sujan, M.(1986). "Knowledge, motivation, and adaptive behavior: A framework for improving selling effectiveness", *Journal of marketing*, 174-191.

기업의 사회적 책임의 과거, 현재, 미래

김성진 | 서울여자대학교 경영학과

기업의 사회적 책임의 과거, 현재, 미래

김성진

서울여자대학교 경영학과

들어가며: 기업에게 사회적 책임은 어떤 의미인가?

현대사회에서 기업의 사회적 책임은 사회구성원으로서 기업이 하면 좋고 안 하면 그만인 충분조건이라기보다는 반드시 해야만 하는 필요조건으로 받아들여지고 있다. 그러나 대체로 기업의 사회적 책임을 너무 단순하게 생각하는 경향이 있다. 기업에게 사회적 책임이란 다양한 의미를 가진다. 기업의 기반이 되는 사회구성원들의 더 나은 삶을 위해 기여한다는 의미에서부터 기업의 시장이기도 한 사회의 성장을 도우며 함께 동반성장을 추구한다는 의미, 더 나아가 지속가능한 경영을 통해 미래의 후손들을 위한 여러 활동을 기반으로 기업의 미래시장을 만들어간다는 의미 등 기업의 사회적 책임은 다양한 의미를 가지지만, 그 이면에는 여러 관계자 집단들의 이해관계가 복잡하게 얽혀 있다. 이렇게 복잡한 이해관계들로 인해 하나의 집단을 위한 사회적 책임활동은 다른 집단에게는 오히려 해가 되기도 한다. 다음의 사례들을 살펴보자.

사례 1 **나이키 - 세계적 기업에서 노동착취 기업이 되기까지**

1996년, 미국 잡지 〈라이프〉 6월호에는 12살짜리 소년이 나이키 상표가 찍힌 축구공을 바느질하고 있는 사진과 함께 파키스탄 시알콧 지역에서의 아동노동을 비판하는 기사가 실렸다. 각종 매체들이 앞다투어 이 사진을 다루면서 나이키 제품이 아동노동으로 만들어졌다고 보도했다.

미국 소비자단체들은 아동노동으로 생산된 제품을 사지 않겠다는 발표를 잇달아 내놓았다. 노동조합들과 시민단체들은 시알콧 지역에서 생산된 축구공 불매운동을 시작했다. 나이키는 상상력, 창의력, 젊음, 꿈, 세계화 같이 새롭고 좋은 단어는 모두 독차지하고 있는 기업이었다. 그런데 〈라이프〉의 보도는 소비자들에게 이 모든 이미지가 거짓이었다는 배신감을 안겨다 준 것이다. 재앙은 여기서 그치지 않았다. 조금 지난 1997년 11월에는 베트남 공장 내 유해물질 사건이 터졌다. 나이키의 하청업체 가운데 하나인 한국 태광실업의 베트남 공장에서 기준치의 최고 177배나 되는 유독물질 톨루엔이 검출된 것이다. 이로써 나이키는 노동착취기업일 뿐만 아니라 거짓말을 일삼는 기업이라는 비난까지 받게 된다. 급기야 1990년대 초반 인도네시아의 최저임금 위반 문제도 다시금 불거져 한국 하청기업의 인도네시아 공장에서 최저임금 규정을 위반했다는 사례가 보도됐다.

이에 나이키 경영진은 초반에는 "우리 회사가 아니라 하청업체에서 잘못한 일"이라며 발뺌하는 태도를 보였다. 그러나 소비자와 투자자들은 이를 받아들이지 않았다. 부정적인 보도는 늘어갔고, 아웃소싱에 힘입은 눈부신 실적 뒤에 가려진 제3세계 공장들의 노동착취 실태가 모두 드러났다. 현재뿐 아니라 과거까지 속속들이 파헤쳐져 묵과할 수 없는 상황이 되었다. 참다못한 나이키는 시민단체와 언론을 상대로 반박해 보기도 하고 산발적인 로비 공세를 벌이기도 했지만, 전혀 효과가 없었다. 결국 1998년 나이키의 순이익은 1년 전보다 50% 감소했고 주가도 37%나 떨어지고 말았다.

출처: 한겨레경제사회연구원(2014), [착한경제]나이키 - 세계화 황태자, 노동 착취 기업, 그리고 사회책임기업까지.

사례 2 **네슬레의 실수**

아기분유 제조업 부문의 강자였던 네슬레는 아프리카 여러 국가들에서 분유를 팔아 이윤을 증대시킬 계획을 세웠다. 당시 아프리카의 여성들은 대부분 모유를 먹이고 있었는데 네슬레는 분유소비를 증진시키기 위해 모유보다 분유가 낫다는 광고를 퍼부었다. 네슬레의 마케팅 전략은 주효했다. 아프리카의 많은 엄마들이 무료로 받은 분유를 먹이거나 분유를 사 먹이기 시작했고, 모유를 먹이지 않으니 자연히 더 이상 모유가 분비되지 않아 어쩔 수 없이 분유를 계속 구입했다. 그런데 분유에는 모유에 들어있는 항체가 들어있지 않았고, 분유값이 비싸서 충분히 먹이지 못하는 엄마들이 많았던 데다가, 분유를 타 먹이는 방법을 숙지하지 못한 일부 엄마들은 강에서 퍼온 물에 분유를 타서 먹이기도 했다. 결과는 뻔하고도 비참했다. 수천 명의 아기들이 죽어갔고, 많은 이들이 네슬레에 항의했지만 네슬레는 전혀 잘못을 인정하지 않았다. 초반에는 오염된 물이 문제였을 뿐 자사의 제품 품질과는 아무런 관련이 없다고 강조하며 책임을 회피했다. 그러나 1980년 온갖 비난과 비판들을 적극 수용하고 이를 끌어안아야 한다는 전략을 세우면서, 제품 판매 시 사용방법과 위험성을 함께 알리는 방식 등으로 판매전략을 바꿨다. 또한 공공재단을 설립해 전 세계 영양문제를 연구하는 등 소비자 운동단체와 협력해서 결국 지루하게 끌어오던 문제를 합리적으로 해결할 수 있었다.

출처: 이영면·정란아(2013). 고장난 거대기업, 양철북.

나이키 사례에 대해 생각해 보자. 나이키가 잘못한 것은 무엇인가? 나이키는 법적으로 문제가 될 만한 활동을 하지는 않았다. 아동노동착취 문제를 일으킨 것은 나이키가 아니라 나이키가 하청을 준 별개의 현지업체였다. 하청기업의 운영실태에 대한 감시와 감독을 소홀히 했다고 나이키를 비난하지만, 나이키가 과도하게 감시하고 감독했다면 현지기업에 지나치게 간섭한다고 비난받았을지 모른다. 또한 나이키가 현지기업의 아동고용 문제를 이유로 하청을 중단할 경우, 해당 기업은 파산하게 될 것이고 이로 인해 하청업체에서 그나마 받던 월급도 받지 못하게 된 아동들은 결국 굶주림과 같은 더 큰 문제에 직면할 수도 있다. 아동들이 현실적으로 적절한 보호를 받지 못하는 국가들의 경우, 아동고용을 무조건 비난하고 막는 것만이 방책일까? 아이들이 벌어오던 수입에 의존해 생활하던 가족들에게는 아동고용의 비윤리성보다는 아이들의 실직에 따른 눈앞의 경제적 어려움이 더 큰 문제가 아닐까? 결국 경제적인 어려움을 겪고 있는 국가에서 아무런 대안 없이 아동고용을 비난하는 것은 오히려 아동들을 더 큰 나락으로 밀어내는 것이 아닐까?

네슬레의 사례를 생각해 보자. 오염된 물로 분유를 타 먹인 것이 네슬레의 잘못인가? 아니면 제대로 된 상수도설비를 제공하지 못한 해당 국가의 잘못인가? 왜 사람들은 제대로 된 상수도설비를 제공하지 못하는 아프리카 국가들보다 분유를 판매한 네슬레를 비난하는 것일까? 이러한 비난 때문에 네슬레의 사업이 위축되어 투자자들이나 직원, 혹은 네슬레 분유생산공장의 생산량 축소로 지역사회가 입게 되는 손해는 당연히 감수해야 하는 것일까?

이처럼 기업의 사회적 책임은 야누스와 같은 두 개의 얼굴을 지니고 있다. 지나친 사회적 책임을 기업에게 요구할 경우 기업의 활동은 위축될 수 있으며, 이로 인해 해당 기업에서 일하는 직원들은 충분한 대가를 받지 못하게 되고 이는 다시 소비위축으로 이어져 기업의 생존을 위태롭게 할 수 있다. 반면, 기업이 사회적 책임을 다하지 않아도 사회가 이를 외면하고 용인할 경우 기업은 자신의 이익만을 추구하여 사회의 부를 독점할 것이고, 이로 인한 부익부 빈익빈의 심화 등으로 사회문제는 더욱 심각해져 결국 더욱 살기 힘든 사회가 될 것이다. 이는 또 다른 소비위축과 기업에 대한 반감을 낳아 결과적으로 기업과 사회의 생존까지 위협하는 결과를 낳을 수 있다. 그렇다면 기업은 사회적 책임 관련 활동을 적극적으로 해야 하는가? 아니면 하지 않아도 되는가? 해야 한다면 얼마나 해야 하는가?

최근 기업을 둘러싼 여러 환경변화는 기업의 사회적 책임을 강제하는 형태로 나아가고 있다. 국제표준기구인 ISO는 미국 엔론사의 회계부정 사건과 나이키의 아동학대 등을 계기로 2005년부터 사회적 책임에 대한 논의를 시작하여 ISO 26000을 제정하였다. 이는 환경, 노동, 인권, 지역사회기부 등의 활동을 수치화한 것으로 WTO, OECD 등이 참여하는 사회적 책임 라운드(social responsibility round)로 확대되어 금융기관들의 투자나 기업 간 거래의 중요지표 및 NGO의 기업감시수단으로 활용되고 있다. 이러한 움직임에 따라 세계 각국의 기업과 정부들은 이미 사회적 책임 라운드에 대비하여 다양한 활동들을 벌이고 있다. 실제 브라질의 국영 석유회사는 입찰조건 중 하나로 기업의 사회적 공헌 실적을 제시하고 있으며, 세계적인 신용평가기관인 스탠더드 앤드 푸어스나 무디스는 기업의 신용평가척도 중 하나로 기업의 사회적 책임(Corporate Social Responsibility, 이하 CSR)을 사용하고 있다. 이처럼 기업의 사회적 책임에 대한 요구는 갈수록 높아지고 있으며, 기업이 그에 적절히 대응하지 못한다면 기업의 생존과 성장을 위협받을 수밖에 없는 상황에 이르렀다.

이러한 상황에 적절히 대응하기 위해 우선적으로 필요한 것이 사회적 책임에 대한 보다 정확한 이해이다. 많은 사람들은 CSR을 단순히 기업의 비영리적인 자선활동 혹은 기부활동 정도로만 생각하지만, 이는 CSR에 대한 일부 견해일 뿐 CSR에 대해 정확하게 이해하고 있다고 보기는 힘들다. CSR에 대한 보다 나은 이해를 위해 과거에서부터 현재까지 CSR은 어떻게 변해 왔으며, 미래 기업에게 CSR은 어떠한 의미인지 살펴보고자 한다.

기업의 사회적 책임의 등장

1) 현대적 기업의 등장

기업의 사회적 책임의 등장을 논하기 위해서는 현대적 기업의 등장에 대한 이해가 필요하다. 현대적 기업 등장의 시발점은 산업혁명의 출발점인 18세기 중엽 제임스 와트가 발명한 증기기관이었다.

그러나 실제 증기기관이 실용화되고 기업이 공장에서 널리 사용하기까지 30~40년의 기간이 걸려 19세기에 들어서야 본격적인 대량생산체제가 갖춰지기 시작하였고, 19세기 말이 되면서 증기기관을 비롯한 새로운 동력원들이 본격적으로 생산현장에 적용되기 시작하였다. 기계의 힘은 19세기 이전 자원과 인력의 확보라는 기업의 성공요인을 생산효율성이라는 형태로 변화시키는 계기가 되었다. 기계의 힘을 이용한 대량생산체제를 바탕으로 기업들은 대형화되기 시작하였다.

하지만 생산과정에서 기계의 힘을 활용하는 부분은 일부에 지나지 않았고, 여전히 사람의 노동력이 생산의 상당부분을 차지하고 있었다. 기계는 생산의 일부만을 담당하고 있었지만 생산속도가 너무 빨라 가족이나 친인척 중심으로 이루어져 있던 기존의 노동력만으로는 기계의 생산속도와 사람의 생산속도를 맞출 수 없었고, 이를 해결하기 위해 더 많은 노동력이 필요했다. 포드사의 생산혁신시스템으로 알려진 컨베이어 벨트를 생각해 보자. 컨베이어 벨트를 사용하기 전에는 모든 과정이 사람의 손으로 이루어졌다. 차의 본체는 세워둔 채 사람들이 차를 중심으로 돌아가며 부품을 조립하였다. 하지만 1913년 말 컨베이어 벨트를 설치하면서 사람은 서 있고 차가 생산공정을 따라 움직이기 시작하면서 생산속도는 이전과는 비교할 수 없이 빨라질 수 있었다. 하지만 포드사의 노동자들은 컨베이어 벨트 이전 시기의 작업방식과 속도로는 설치 이후의 속도를 따라갈 수 없었고 생산량 역시 크게 증가하지 않았다. 이러한 기계의 생산속도와 노동자의 작업속도 사이의 불균형 문제에 대한 답을 제시한 사람이 바로 현대 경영학의 아버지라고 일컬어지는 프레드릭 테일러(Frederick W. Taylor)였다. 테일러는 애덤 스미스(Adam Smith)가 국부론을 통해서 주장한 분업의 개념에서 더 나아가, 대략적으로 각 노동자의 역할을 나누는 것이 아니라 각 분업프로세스에서 정확한 측정과 계산으로 개인의 역할을 정리하여 과업의 기준으로 삼아야 한다고 주장하였다. 이러한 생산과정에서 각기 개인이 맡은 과업을 정확히 제대로 수행할 수 있다면 노동생산성은 저절로 향상된다고 믿었다. 이는 기술진보를 통해 1인당 생산성을 높이는 토대가 되었으며, 노동자는 특정 기술에 대한 숙련도가 높아져 생산에 소요되는 시간이 줄어들었고 공정 간의 이동시간 역시 단축되어 생산성이 늘어났다. 노동량 자체를 늘리는 것에서 노동숙련을 통한 생산력 증대방법으로 인식을 전환한 것이다. 이러한 노동효율성 향상을 위한 노력은 1차 산업에서 2차 산업으로 사회경제적 중심이 전환되는 데 큰 역할을 하였다.

20세기 초에 들어서면서 기업들, 특히 미국의 거대기업들은 조용한 변화를 맞이하고 있었다. 단순히 노동생산성을 높이는 것에서 기계생산을 포함한 기업 전체의 생산성 향상으로 관심사가 옮겨지면서 기업 소유주들은 더 이상 거대한 기업의 복잡한 업무를 모두 챙길 수 없음을 깨달았다. 거대해진 기업의 경영에 한계를 느낀 기업의 설립자들이 전문경영인을 고용하기 시작하면서 소유와 경영이 분리되기 시작한 것이다. 대표적인 전문경영인 중 한 사람이 바로 GM의 알프레드 슬론(Alfred P. Sloan Jr.)이었다. 1902년 세계적인 불경기로 인해 엄청난 위기를 겪은 GM은 1923년에 기술자이자 부품과 액세서리 파트를 맡고 있던 슬론을 사장으로 임명하였다. 슬론은 거대한 GM의 업무가 본질적으로 다른 특성을 지닌 여러 개의 부문으로 이루어져 있어 하나의 통제시스템으로 관리하기 어렵다고 판단하여 전 사업부를 네 개의 독립부서로 나누었다. 이것이 현대의 거대기업들이 대부분 사용하고 있는 사업부제 조직의 시초이다. 이후 사업부제를 바탕으로 조직을 체계적이고 효율적으로 운영하기 시작한 GM은 승승장구했지만 거대한 기업을 혼자서 관리하고자 했던 포드는 나락으로 떨어지기 시작했다. 실제 1929년 포드의 시장점유율은 31%대로 떨어진 반면 GM은 32.3%까지 치솟았다.

2) 기업가의 사회적 책임

기업의 소유와 경영이 분리되기 전에는 경영자 개인의 의지로 얼마든지 자신이 원하는 활동을 할 수 있었다. 그렇기 때문에 기업이 획득한 이윤을 어떻게 사용할지에 대한 의사결정에 아무런 제약도 받지 않았다. 실제로 1900년대 초까지만 해도 소유주이자 경영자인 자본가의 의지나 윤리관에 따라 사회적 요구에 대한 기업의 대응방식은 달랐다. 대표적인 미국의 기업가 윌리엄 밴더빌트(William H. Vanderbilt)는 〈뉴욕 타임스〉와의 인터뷰에서 "나는 누구를 위해 일한다는 이 웃기는 이야기에 관심이 없소. 우리는 우리를 위해서 일할 뿐이오. 철도는 낭만으로 운행되는 것이 아니라 사업을 위해서, 돈을 벌기 위해서 운행되는 것이오"라며 기업은 오로지 이윤만을 추구하면 된다는 관점을 피력하였다(Vogel, 2006).

실제 당시 기업들이 추구한 전략은 경쟁자를 누르고 독점체제를 만들어 소비자에게 더 높은 가격을 부과하고 원하는 대로 사업을 운영하는 것이었다.

아이러니하게도 기업가의 사회적 책임에 대해 최초로 논한 사람 역시 기업가로, 미국의 강철왕으로 유명한 앤드류 카네기(Andrew Carnegie)가 그의 저서 《부의 복음(*The Gospel of Wealth*)》에서 처음 언급하였다. 그는 기업가들이 쌓은 부를 자신이나 가족을 위해서 사용해서는 안 되며, 가난한 사람이나 단체에 환원해야 한다고 주장하였다. 이처럼 몇몇 기업가들이 사회적 책임에 대해 언급했지만, 실제로 이들은 기업의 사회적 책임이 아니라 '기업가의 사회적 책임(social responsibility of businessman)'을 주장하였고, 기업의 사회적 책임에 관한 논의는 기업이 아니라 기업가를 중심으로 이루어지기 시작했다.

그렇다면 밴더빌트와 카네기 사이에 입장의 차이가 존재할까? 그렇다고 보기는 어렵다. 1800년대 후반에서 1960년대에 이르기까지 대부분의 사업가들은 CSR에 대해 부정적인 입장을 취하고 있었다. 그렇기 때문에 기업차원에서 이루어지는 사회적 책임활동에 대해서는 부정적인 시각을 보였다. 일례로, 1917년 헨리 포드(Henry Ford)는 미시간 법정에서 모델 T를 통해 벌어들인 돈을 공장증설에 재투자하기로 한 것이 올바른 결정임을 주장하면서, 그가 생각하는 사업은 단지 돈을 벌어들이는 금광이 아니라 사회에 대한 서비스라고 얘기하였다. 하지만 주주들은 헨리 포드의 이러한 생각을 비웃었고, 그를 법원에 고소하였다. 하지만 기업가의 사회적 책임(social responsibility of businessman)은 달랐다. 개인적 자선활동에 대해서는 그 누구도 이의를 제기하지 않았고, 오히려 자선활동에 열의를 보인 카네기나 록펠러(J. D. Rockefeller) 같은 기업가는 자신의 재산을 사용하였기 때문에 오히려 주변 사람들로부터 칭찬과 존경을 받았다. 기업의 사회적 책임을 비웃었던 밴더빌트였지만 그의 아버지인 철도왕 코넬리어스 밴더빌트(Cornelius Vanderbilt)는 자신의 재산 가운데 상당부분을 교육에 투자하며 밴더빌트 대학을 기증하는 등 사회를 위한 투자에 적극적인 모습을 보였다. 이처럼 사회적 책임은 기업 중심이 아니라 기업가 중심으로 진행되었다.

이러한 모습은 기업의 사회적 책임에 대한 학문적인 영역에서도 찾아볼 수 있다. 1960년대까지의 CSR과 관련된 정의들을 살펴보면 기업이 아닌 기업가의 입장에서 사회적 책임을 정의하고 있다. CSR을 가장 먼저 학문적으로 정의내린 인물로 평가받는 보웬(Bowen, 1953)은 그의 저서 《기독교 윤리와 경제적 삶(*Christian Ethics and Economic Life*)》에서 "기업가의 책무는 우리 사회의 목적과 가치 측면에서 바람직한 정책을 수립하고, 의사결정을 하고, 실행하는 것"이라고 정의하고 있다. 프레드릭(Frederick, 1960) 역시 "사회적 책임이란 기업가들이 공중의 기대를 충족시키는 경제적 시스템의 운영을 감독하는 것"이라고 정의하고 있다. 데이비스와 블롬스트롬(Davis and Blomstrom, 1966) 또한 그들의 저서 《기업과 환경(*Business and its Environment*)》에서 사회적 책임을 "기업가의 의사결정과 행동이 전체 사회시스템에 대해 미치는 영향력에 대한 고려"라고 정의하고 있다. 이러한 기업가 중심의 사회적 책임은 1960년대 중반까지 지속적으로 사용되었다.

3) 기업의 사회적 책임의 등장

기업이 주식회사의 형태로 변모하면서 소유와 경영이 분리되었고, 소유주인 주주로부터 기업 전반에 대한 의사결정권한을 위임받은 경영자들은 기업이 획득한 이윤을 분배하는 과정에서 갈등을 겪었다. 기업에 대한 소유권을 주장하는 주주들은 기업이 획득한 이윤은 자신들의 것이라고 주장한 반면, 사회구성원들은 자신들을 통해 기업이 이윤을 획득했기 때문에 기업이 획득한 이윤을 사회 전체 발전을 위해 적절히 사용해야 한다고 주장하였다. 또한 기업이 성장하는 과정 속에서 노동문제나 환경문제와 같은 다양한 사회적 문제들이 발생하였고, 이로 인해 기업에 대한 비판이 끊이지 않아 결국 반(反)기업운동까지 일어나게 되었다.

기업활동에 대해 제기되고 있는 가장 큰 문제이자 제일 먼저 제기된 문제는 노동 관련 문제였다. 산업혁명 직후, 기업의 규모가 하루가 다르게 성장해 가면서 기업을 소유한 자본가 계층은 직원을 한낱 생산요소의 일부로만 여기고 있었다. 그래서 노동강도에 비해 현저히 낮은 수준의 임금을 지불하고 있었을 뿐만 아니라 작업환경 또한 매우 열악하였다. 찰리 채플린의 유명한 무성영화 《모던 타임스(*Modern Times*)》를 보면 당시 노동환경이 얼마나 열악했는지 쉽게 알 수 있다. 이로 인해 러다이트운동(Luddites Movement)이나 차티스트운동(Chartist Movement)과 같은 노동운동이 활발하게 일어났고, 이후 자본주의체제의 근본적인 문제점을 지적하는 사회주의운동으로 발전하여 공산주의국가의 탄생배경이 되기도 했다. 또한 사회 전체의 경제수준과 의식수준이 높아지면서 기업활동으로 인해 발생하는 다양한 문제에 대해 사회구성원들이 관심을 가지기 시작했다. 이들은 환경오염, 자원고갈, 에너지낭비 등과 같은 자연환경과 관련된 문제에서부터 노동착취나 부의 편중, 불평등소비와 같은 사회문제, 그리고 이러한 문제들로 인해 발생하는 2차적인 문제에 이르기까지 기업으로 인해 발생하는 다양한 문제들을 끊임없이 제기해 왔고, 이러한 문제를 해결하기 위한 기업의 책임 있는 활동을 요구하고 있다.

4) 기업의 사회적 책임은 무엇인가?

1953년 보웬이 그의 저서에서 CSR을 '사회의 목적과 가치 측면에서 바람직한 정책 추구, 의사결정, 혹은 행동규범 준수에 대한 기업인의 책무'라고 정의 내린 이후 CSR의 개념을 명확하게 정의하기 위한 많은 연구들이 진행되어 왔다. 그럼에도 불구하고 여전히 CSR 정의에 대해서 의견이 엇갈리고 있다. 이는 CSR을 바라보는 관점의 차이에서 비롯된다. 고전경제학적 관점을 기반으로 프리드먼(Friedman, 1962)은 기업의 사회적 책임이란 '주주를 위해 돈을 버는 것'이라고 정의하면서 기업은 오직 주주에 대한 책임만 지면 된다는 협소한 관점을 가지고 있다. 이에 반해, 신고전경제학적 관점을 지지하는 데이비스(Davics, 1973)는 CSR을 '기업의 의사결정과정에서 그들의 의사결정이 전통적으로 추구해온 경제적 이익과 더불어 사회적 이익을 함께 추구할 수 있는 방법으로 외부 사회시스템에 영향을 미치는지 평가하는 것'이라고 정의하고 있다. 데이비스(1973)의 정의는 기업의 책임범위를 사회시스템으로 확장하면서 프리드먼의 관점보다는 넓어졌지만, 여전히 기업의 이익이 최우선이라는 생각을 전제하고 있다.

다양한 관점별로 CSR의 정의에 차이를 보이고 있긴 하지만, 여러 정의 중에서 CSR의 개념을 설명하기 위해 가장 많이 사용되는 것은 사회경제학적 관점을 기반으로 이해관계자 관리의 개념을 받아들이고 있는 캐롤(Caroll, 1979, 1991)의 정의와 그 정의에 기반한 CSR피라미드이다. 다른 정의들과는 달리, 캐롤의 정의에는 CSR영역이 제시되어 있다. 캐롤은 '기업의 사회적 책임은 적시에 주어진 자리에서 사회가 조직에 대해 가지는 경제적 · 법적 · 윤리적 · 자선적 기대를 달성하는 것'이라고 정의한 후, CSR영역을 경제적 · 법적 · 윤리적 · 자선적 책임이라는 4가지 형태로 분류하였다. 경제적 책임은 기업이 사회가 기대하는 제품이나 서비스를 생산하면서 높은 수익성을 추구하는 것을 의미한다. 법적 책임은 법의 체계 내에서 기업에게 주어진 의무에 대해 사회의 기대수준을 충족시키는 것이다. 윤리적 책임은 기업이 도덕적으로 올바른 일들을 실행하는 것을 의미하며, 자선적 책임은 기업이 더 나은 사회를 만들기 위해 사회가 기업에게 기대하고 있는 일들을 실행하여 사회적 기대를 만족시키는 것을 말한다. 그리고 이러한 4가지 책임영역은 피라미드 형태를 이루고 있다고 주장하였다.

하지만 캐롤이 제시한 개념에도 몇 가지 문제점이 있다. 첫 번째는 윤리적 책임과 자선적 책임을 명확하게 구분하기 어렵다는 점이다. 슈워츠와 캐롤(Schwartz and Carroll, 2003)은 윤리적 책임과 자선적 책임이라는 두 영역이 상당부분 겹치며, 그렇기 때문에 CSR의 구성요소로서 역할이 모호하다고 주장하면서 자선적 책임과 윤리적 책임을 합쳐야 한다고 이야기하였다. 두 번째 문제점은 CSR을 수동적이고 방어적인 관점에서 바라보고 있다는 것이다. 캐롤은 그의 정의에서 CSR을 사회적 기대에 부응하는 것이라고 표현하고 있는데, 이 말은 사회가 기대하지 않는 것이라면 하지 않아도 된다는 의미를 내포하고 있다. 하지만 기업이 사회적 책임활동을 통해 진정으로 사회 전체의 발전을 원한다면 사회가 기대하지 않더라도 필요한 일들을 미리 실행할 필요가 있다. 즉, 이미 발생한 사회문제를 해결하는 것도 중요하지만, 아직 발생하지 않은 사회문제를 예방하는 일도 중요하다는 것이다. 세 번째는 캐롤이 제시한 정의 속에 포함된 주요한 4가지 책임영역만으로 기업의 사회적 책임활동을 평가하기 어렵다는 것이다. 마이그난과 페럴(Maignan and Ferrell, 2002, 2003)을 비롯한 몇몇 연구자들은 캐롤이 제시한 CSR에 대한 정의와 개념을 바탕으로 4가지 영역별 CSR척도를 만들었다. 하지만 이들이 개발한 척도는 CSR 활동이나 결과를 평가할 뿐 실제 기업이 왜 CSR을 하는지 동기에 대한 평가를 하지 않고 있다. 또한 경제적 책임이나 자선적 책임은 구체적인 활동영역과 관련된 개념이지만 법적 책임이나 윤리적 책임은 기업의 활동방식과 관련된 개념이다. 이렇게 각각의 개념들이 상호배타적이지 않을 뿐 아니라 관련 개념을 모두 포괄하지 못하고 있다는 한계점도 가지고 있다.

기존 CSR의 정의들이 가지고 있는 한계점을 극복하기 위해서는 기존의 여러 정의들을 바탕으로 한 통합적이면서 새로운 CSR 정의가 필요하다. 이를 위해 기존 정의들의 주요한 공통점을 육하원칙(5W1H)을 기준으로 다시 정리해 보면 다음과 같다. 우선 CSR의 주체(Who)는 당연히 기업이다. 두 번째, 기업의 사회적 책임이 실행되는 곳(Where)은 주로 기업이 사업을 하고 있는 사회 혹은 지역이다. 그리고 CSR이 이루어지는 시점(When)은 현재이다. 사회문제의 경우 과거, 현재, 미래 중 어느 시점인지에 따라 주요하게 대두되는 문제들이 다르기 때문에 적절한 사회적 책임의 유형이나 방식도 달라질 수밖에 없다. 그러므로 기업들은 현재시점에 가장 적절한 사회적 책임 관련 이슈를 찾아 실천하는 것이 중요하다. 네 번째, CSR의 목적, 즉 이유(Why)는 기업을 포함한 사회 전체의 복지 혹은 부를 증대시키기 위해서이다. 혹자들은 기업이 자신을 위해 이윤을 추구하는 것은 CSR에 포함되지 않는다고 주장하지만, 기업 역시 사회구성원의 일원이므로 기업의 부를 증대시키는 것도 CSR의 일환이라고 볼 수 있다. 다섯 번째로 CSR의 영역, 즉 무엇을 해야 하는가(What)에 대한 답은 경제적 · 비경제적 필요와 욕구를 충족시키는 것이라고 볼 수 있다. 캐롤은 사회의 기대를 충족시키는 것이라고 얘기하고 있지만, 이보다는 기업이 능동적으로 앞장서서 사회가 필요성을 느끼지 못하는 영역에까지 적극적인 활동이 요구되므로 사회의 필요와 욕구를 충족시키는 것이라고 정의하는 것이 더 적절하다. 기존의 CSR영역에 대한 다양한 정의들이 있지만 이들을 종합해 보면, 결국 기업의 근본적인 활동영역은 경제적 영역과 비경제적 영역으로 나눌 수 있으며, 사회가 기업에게 바라는 것 역시 경제적 활동과 비경제적 활동 모두를 원하므로 CSR은 사회의 경제적 · 비경제적 필요와 욕구 모두를 충족시킬 수 있어야 한다. 마지막으로 CSR을 실행하는 방법(How)은 법과 사회규범이 정한 테두리 안에서 이루어져야 한다. 아무리 훌륭한 활동이라도 법을 어기거나 사회적 규범을 벗어나는 형태로 이루어질 경우 사회적 지탄을 면할 수 없기 때문이다. 향후 기업의 사회적 책임에 대한 정의에는 이상의 개념들이 적절하게 녹아들어 있어야 할 것이다.

기업의 사회적 책임의 변화

1) 기업의 주인은 주주다!(Shareholder management)

1950년대와 1960년대 들어 기업의 행동을 규제하고 소비자와 근로자를 보호하기 위한 많은 법률들이 제정되었고, 기업에 대한 소비자들의 불만이 지속적으로 증가하면서 기업에 직접적으로 도전하는 소비자권리운동들이 활발하게 일어나기 시작했다. 하지만 CSR은 단지 대기업 PR전략의 일환으로 활용될 뿐, 비용의 관점에서 기업의 수익에 악영향을 미치는 요인으로 여겨지고 있었다. 고전경제학자들은 CSR을 비판하면서 기업에게 주주에 대한 책임만을 강조하는 이론적 기틀을 제공하였다. 이들은 대리인 이론(agency theory), 효율지향적 실용주의(efficiency-oriented utilitarianism), 투자자의 재산권(investor property rights), 공공정책의 최소화(minimalist public policy) 등과 같은 이론을 바탕으로 연구를 진행하였다. 이 중에서도 대리인 이론이 고전경제학적 접근법의 주요한 이론적 기반으로 사용되었는데, 이들은 CSR에 대해 비용의 관점에서 접근하였다. 이들의 주장에 의하면, 경영자들은 주주로부터 기업 전반에 대한 운영과 의사결정의 권한을 위임받기 때문에, 경영자들은 오로지 주주를 위해서만 일을 하면 된다. 그러므로 기업이 가지는 유일한 책임은 기업을 효율적으로 운영하여 최대의 이윤을 창출함으로써 주주들의 이익을 극대화하는 것이라고 주장한다. 그렇기 때문에 불필요한 비용을 발생시켜 기업의 경쟁력을 떨어뜨리는 CSR활동을 해서는 안 되며, 단지 이윤을 추구하는데 도움이 되는 범위 내에서 사회적 활동 혹은 비윤리적 활동을 해야 한다고 주장하였다.

대표적인 고전경제학자인 밀턴 프리드먼(Milton Friedman, 1970)은 '기업이 사회에 대해 가지는 유일한 책임은 국가의 법적 체계와 윤리적 관습 내에서 주주의 이익을 극대화하는 것'이라고 정의하면서, 시장경쟁의 원칙에 따라 각자의 이익을 극대화하는 것이 곧 기업의 사회적 책임을 다하는 것이라고 주장하였다. 기업의 이익과 연결되지 않는 사회적 활동이나 이에 대한 간섭은 자원을 효율적으로 사용하지 못하게 하므로 불필요한 비용만 증가시키고 기업의 이익을 저하시키기 때문에 타당하지 않으며, 기업의 이윤활동에 필요한 경우에만 사회적 활동을 하는 것이 가능하다고 얘기하고 있다. 예를 들어, 지역사회의 고용주인 기업들이 환경개선을 위해 투자할 경우, 원하는 직원을 쉽게 구할 수 있기 때문에 인건비 절감, 생산비용절감 등의 효과를 얻게 되므로 이러한 경우에만 사회적 책임활동이 정당하다는 것이다. 젠슨과 메클링(Jensen and Meckling, 1976), 그리고 로스(Ross, 1973) 역시 대리인 이론을 바탕으로 기업의 의사결정을 위한 최우선 고려사항으로 주주가치의 극대화를 제시하였다. 즉, 경영자가 지는 유일한 책임은 신탁의 책임(fiduciary responsibility)으로, 경영자에게 모든 권한을 위임한 주주의 가치를 극대화하는 것이 경영자의 유일한 책임이며 이를 위해 이윤을 극대화하고 주주에게 배분하는 것이 기업의 사회적 책임이라고 주장하였다.

하지만 고전경제학자들이 주장하는 주주이익의 극대화에 근거한 주장은 몇 가지 한계점을 가지고 있다. 첫 번째는 이들이 주장하는 이론은 기본적으로 기업의 사회적 책임에 대한 투자는 비용이기 때문에 기업의 재무적 성과를 악화시킨다는 가정을 전제로 한다. 즉, 기업의 사회적 책임과 재무적 성과가 양립할 수 없다는 것이다. 그러나 여러 연구결과들에 의하면 기업의 사회적 책임은 기업의 재무적 성과를 향상시키는 것으로 나타났다. 다시 말해, 기업의 사회적 책임과 재무적 성과는 양립할 수 있다는 것이다.

두 번째는 고전경제학자들의 주장이 기업의 관점만을 반영하고 있다는 것이다. 다시 말해 주주의 가치극대화, 즉 자사의 주식가치를 극대화시킴으로써 주주들의 이익을 극대화시킬 수 있다고 주장한다. 그러나 이는 과거 소수의 주주들이 하나의 기업에만 투자했던 시기에 적용되던 논리이다. 현대 투자자들은 하나의 기업에 모든 자산을 투자하지는 않는다. 대부분의 투자자들은 여러 기업에 동시에 투자하고 있다. 그렇기 때문에 우리 기업의 이윤만을 극대화할 경우 다른 기업에도 투자하고 있는 우리 회사의 주주들에게 오히려 손해를 입힐 수도 있다. 예를 들어, A라는 기업에 100만 원, B라는 기업에 200만 원을 투자하고 있는 투자자가 있다고 하자. 만일 더 강한 힘을 가진 A기업에 유리한 조건으로 계약이 이루어졌을 경우, A기업의 주가는 오르지만 B기업의 주가는 하락할 수 있다. 이 경우 두 기업 모두에게 투자하고 있던 투자자는 B기업에 대한 투자금액이 더 크기 때문에 A기업의 이윤극대화전략으로 인해 오히려 손해를 입을 수도 있다.

마지막으로 CSR과 기업의 재무적 성과 간의 관계를 기반으로 한 고전경제학자들의 주장에는 더욱 근본적인 한계점이 존재한다. 과연 이들의 주장처럼 기업이 존재하는 목적은 이윤극대화인가? 과거에는 기업의 근본적인 목적이 이윤극대화, 즉 주주가치의 극대화라는 고전경제학자들의 의견에 그 누구도 이견을 달지 않았다. 하지만 기업이 성장하면서 사회에서 차지하는 비중이 커짐에 따라 이윤만을 추구하는 기업은 사회와 이를 구성하는 여러 이해관계자들로부터 더 이상 환영받지 못한다. 사회에서 환영받지 못하는 기업은 사회로부터 외면받아 생존의 문제에 직면하게 된다. 결국 비용관점에 근거한 주주가치의 극대화라는 논리만으로는 기업의 다양한 이해관계자들을 만족시키기 어려울 뿐만 아니라 장기적으로 주주가치를 극대화하기도 불가능하다. 예를 들어, 기업이 벌어들인 이윤을 분배하는 과정에서 자본을 투자한 주주와 노동을 투자한 근로자 사이에 갈등이 발생할 수 있다. 이 경우 고전경제학자들의 주장대로 주주의 가치만 극대화할 경우 근로자와의 관계에 문제가 발생하고 이로 인한 노사갈등은 기업에 더 큰 손해를 가져와 기업의 이윤은 줄어들 것이다.

이와 같이 고전경제학자들의 논리는 기업을 둘러싼 환경이나 기업의 힘이 변화한 현시점에서 받아들이기에는 많은 문제점을 가지고 있으며, 주주의 이익만을 극대화하는 것이 기업의 유일한 책임이라는 주장은 더 이상 적절하지 않다.

2) 기업은 주식소유자에 대한 책임을 져야 한다!(Stockholder management)

1970년대 들어서면서 기존 고전경제학파들이 주장하던 주주가치의 극대화이론에 대한 반론이 제기되기 시작하였다. 월리치와 맥고완(Wallich and McGowan, 1970)은 주식소유자(stockholder)의 이익을 훼손하지 않으면서 CSR을 지지할 수 있는 새로운 이론들을 제공하고자 노력하였다. 이들은 주식소유자의 이익을 극대화하기 위해 비용만 발생시키는 CSR을 해서는 안 된다는 프리드먼의 기본적인 주장에는 동의하였다. 하지만 1970년대에 이르러 투자자들의 주식소유패턴에 변화가 일어나기 시작했다. 과거와 달리 한 기업의 주식만을 소유하는 것이 아니라 위험분산을 위해 여러 기업의 주식을 소유하는 투자자들이 증가하기 시작한 것이다. 한 기업의 이윤을 극대화하기 위해 다른 기업의 이윤을 손상시키는 것은 더 이상 주식소유자들의 효용을 극대화시키는 방법이 될 수 없었다. 투자자들이 원하는 것은 자신들이 투자한 여러 기업으로부터 얻는 이윤의 합이 극대화되는 것이다.

이후 CSR의 정의는 월리치와 맥고완이 제시한 새로운 개념을 바탕으로 이루어지기 시작했다. 데이비스는 "기업의 의사결정과정에서 그들의 의사결정이 전통적으로 추구해 온 경제적 이익과 더불어 사회적 이익을 함께 추구할 수 있는 방법으로 외부 사회시스템에 영향을 미치는지 평가하는 것"이라고 정의하고 있다. 이 정의는 기업이 속한 사회상황이 나빠진다면 기업은 결국 고객과 사회구성원들에게 외면받을 것이라는 가정을 전제하고 있다. 그러므로 장기적으로 기업의 이익을 증가시키기 위해서는 주위환경의 복지나 풍요를 위해 지원해야 한다고 주장하고 있다.

이러한 개념들을 정리한 것이 1970년대 CSR 관련 연구들의 기반이 된 '개발된 자기이익(enlightened self-interest)'이다. 개발된 자기이익의 핵심 내용은 기업과 사회의 풍요(well-being)는 서로 의존하고 있기 때문에 기업과 사회의 협력은 장기적으로 양자 모두에게 이롭다는 것이다. 비록 기업의 사회적 책임활동으로 인해 비용이 발생하여 단기적인 수익이 줄어들더라도 장기적인 관점에서는 기업의 수익성을 향상시킬 수 있기 때문에 기업과 사회가 협력해야만 한다는 개념이다. 기업의 사회적 책임활동과 재무적 성과를 바라볼 때 기존 고전경제학을 바탕으로 한 연구자들은 단기적인 기업이윤 중심의 상호배타적인 관계로 보았다. 그러나 이들의 관점은 좀 더 장기적인 관점으로 기업이윤을 바라보면서 기업의 이윤과 사회의 발전이라는 두 가지 목표가 완전히 일치할 수는 없어도 어느 정도는 공존가능한 개념으로 보고 있다는 점에서 차이를 보인다.

개발된 자기이익이라는 새로운 개념이 제시된 1970년대 이후 CSR 관련 연구의 흐름은 급격히 변화하기 시작하였다. 기업이 CSR을 해야 하는지에 대한 연구가 아니라 기업의 기본적인 이익을 해치지 않으면서 CSR을 실행할 수 있는 방안에 대한 연구들이 주를 이루었다. 이처럼 신고전파경제학자들이 주장한 개발된 자기이익이라는 개념은 CSR연구의 흐름을 변화시키기는 했지만, 그 주장을 증명할 실증연구들이 부족하여 하나의 이론이라기보다는 단순히 제시된 개념수준에 그쳤다. 그뿐만 아니라 이들은 여전히 기업을 이윤창출의 도구로 바라보고 있으며, 기업은 주주 혹은 주식소유자에 대한 책임만 진다는 가정에 동의하고 있어 기존 고전 경제학자들의 주장이 가지고 있는 한계점을 완전히 극복하지는 못했다고 할 수 있다.

3) 기업은 이해관계자들의 요구를 관리해야만 한다!(Stakeholder management)

CSR을 바라보는 또 다른 관점 중 하나는 사회경제학적 관점이다. 사회경제학자들은 기존의 고전경제학자나 신고전경제학자들이 주주 혹은 주식소유자만을 책임의 대상으로 한정했던 것과는 달리, 사회계약이론을 바탕으로 기업과 사회의 관계를 설명하면서 사회구성원이자 기업과 지속적인 관계를 주고받는 이해관계자들 모두를 기업의 책임대상으로 확대시키고 있다.

기업이 사회에서 가지는 힘과 그 힘의 사회적 영향력에 대해 처음으로 언급한 사람은 데이비스(Davis, 1960)이다. 그는 기업의 사회적 책임에 대해 논하면서 기업의 힘이라는 개념을 소개하였다. 그는 기업은 이미 시장의 균형에 영향을 미칠 힘을 가지고 있기 때문에 기업 간 완전자유경쟁 자체가 근본적으로 불가능하다고 주장하면서, 사회적 책임활동으로 인한 불필요한 비용이 기업의 경쟁력을 저해시켜 기업 간 완전자유경쟁을 방해한다는 고전경제학의 가정을 비판했다. 이러한 주장을 정리하여, 데이비스는 기업이 사회적 힘을 어떻게 관리해야 하는지에 대해 사회적 힘의 방정식(the social power equation)과 책임의 철칙(the iron law of responsibility)이라는 두 가지 원칙을 제시하였다. 사회적 힘의 방정식은 기업의 사회적 책임수준은 그들이 가진 사회적 힘의 양에 의해 결정된다는 것이며, 책임의 강철법칙은 주어진 힘을 적절하게 사용하지 않으면 사회에 부정적인 영향을 미치게 된다는 것이다. 다시 말해, 기업가들이 가지고 있는 사회적 힘을 적절하게 사용하지 않으면 그 힘을 잃어버리게 되고, 기업이 잃어버린 힘을 다른 조직이 사용할 것이기 때문에 결국 사회에서 기업이 지니던 위치까지도 잃어버리게 된다. 또한 기업이 사회를 거스르면, 정부규제와 같은 부정적인 결과를 낳기 때문에 기업의 전반적인 성과는 악화될 것이라고 주장하였다.

도날드슨(Donaldson, 1982) 역시 기업과 사회의 관계를 로크(J. Locke)가 주창한 사회계약이론(social contract theory)을 바탕으로 설명하였다. 그는 기업과 사회 간에 내재적 사회계약이 존재한다고 가정하면서, 이 계약을 바탕으로 기업은 사회에 대해 책임을 가지고 있다고 주장하였다.

사회계약이론에 근거한 기업과 사회의 관계설정은 복지국가의 위기와 글로벌화 현상을 겪으면서 기업시민 개념으로 발전하였다. 탈규제화와 기술발전으로 인한 비용절감 등의 요인으로 인해 몇몇 거대 다국적기업들이 일부 정부보다 더 큰 경제적 · 사회적 힘을 가지게 되었고, 기업시민의 개념은 이렇게 변화된 현실을 반영하고자 노력하였다. 기업시민이라는 용어는 1980년대 실무자들을 통해 기업과 사회의 관계 속에서 소개되어 1990년대 중반과 2000년대 초반 이와 관련된 학문적 연구들도 증가하였다. 이에 대한 연구는 지속적으로 이루어지고 있으며 기업시민 개념은 기업이 공동체에 속해 있다는 기존의 사회계약이론을 바탕으로 한 기업과 사회의 관계를 항상 내포하고 있다.

이처럼 기업이 사회와 계약을 맺고 있고 사회 혹은 사회구성원과의 관계를 잘 관리하는 것이 중요하다는 전제를 바탕으로 이해관계자관리 개념이 등장하였다. 이해관계자관리 개념은 사회계약이론을 바탕으로 하나의 인격체인 기업은 다른 사회구성원인 이해관계자들에 대한 책임을 져야 한다는 것이다. 특히 이해관계자의 범위에는 고전경제학자나 신고전파경제학자들이 책임의 대상으로 간주했던 주주 혹은 투자자를 비롯하여 소비자, 직원, 기업고객, 그리고 정부나 사회까지 포함된다. 그렇기 때문에 이해관계자 이론은 기존의 여러 관점을 모두 포함하는 통합적 관점이라고 볼 수도 있다.

비록 실무적인 측면에서 이해관계자관리는 지속적으로 이루어져 왔지만, 이해관계자와 관련된 학문적인 발전은 1970년대 후반에서야 시작되었다. 엠쇼프와 프리먼(Emshoff and Freeman, 1978)은 이해관계자관리를 위한 두 가지 원칙을 제시하고 있다. 첫 번째, 핵심목표는 이해관계자그룹이 이루고 있는 전체 사회와 기업목표 사이의 조화를 극대화하는 것이다. 두 번째, 이해관계자와의 관계를 가장 효율적으로 관리하는 방법은 다양한 이해관계자들과 관련된 이슈를 동시에 다루도록 노력하는 것이다. 즉, 이해관계자들로 구성된 사회와 기업의 목표를 조화시키면서, 여러 이해관계자들의 요구를 동시에 다루는 것이 이해관계자를 가장 효율적으로 관리하는 방법이라는 것이다.

이해관계자에 대한 초기연구들은 기업의 재무적 성과에 초점을 맞추고 있었다. 하지만 1984년 프리먼의 저서 《전략경영: 이해관계자 접근법(*Strategic Management: a Stakeholder Approach*)》이 나온 이후 이해관계자관리에 윤리적 개념이 적용되기 시작했다. 이 책에서 프리먼은 기업에 대한 전통적인 관점에서 볼 때, 경영자들은 주주들에게 권한을 위임받았으므로 주주에 대한 책임을 다하면 된다는 주주와의 신탁관계 대신 이해관계자들과 신탁관계에 있다고 주장한다. 즉, 기업은 주주에 대한 책임뿐만 아니라 다양한 이해관계자들에 대한 책임도 존재한다는 것이다. 도날드슨과 프레스톤(Donaldson and Preston, 1975)에 의하면, 이해관계자 이론은 다음 두 가지 중요한 내용을 담고 있다.

① 이해관계자는 기업활동의 절차상 혹은 실질적인 측면에서 정당한 이해관계를 가지고 있는 사람이나 그룹이다.
② 모든 이해관계자들과의 관계는 중요하다.

이들에 의하면, 사회적으로 책임 있는 기업들은 모든 이해관계자들의 정당한 요구에 주의를 기울여야 하며, 회사주주뿐만 아니라 다양한 이해관계 속에서 균형을 잡아야 한다.

이러한 이해관계자 이론을 CSR연구에 접목시키기 위해 많은 연구들이 계속 진행되어 왔다. 존슨(Johnes, 1980)은 CSR을 정의하면서 대상을 주주에서 사회구성원들로 확장하고 있으며, 데이비슨(Davidson, 1994) 역시 사회 전체와 사회를 구성하는 각종 구성원으로 CSR의 대상을 정의하고 있다. 메이그넌과 페럴(Maignan and Ferrell, 2000)은 CSR을 "다양한 이해관계자가 기업에게 요구하는 경제적 · 윤리적 · 법적 · 자유재량적 책임을 다하는 것"이라고 정의하여 CSR의 대상을 이해관계자로 명시하고 있다. 블롬과 군들레치(Blomm and Gundlach, 2001) 역시 기업의 사회적 책임을 정의하면서 "기업이 이해관계자에게 지는 책임은 법적인 것을 넘어선 의무"라고 정의하고 있다.

사회경제학자들의 주장에 근거한 CSR접근법은 기업을 둘러싼 환경이 변화에 따른 기업의 위상변화를 반영하여 기업의 책임범위를 이해관계자로 확장함으로써 기존의 고전경제학자와 신고전경제학자들이 주주만을 기업의 책임대상으로 생각하는 문제점을 어느 정도 해결하고 있다. 이렇게 기업의 사회적 책임범위가 넓어짐에 따라 관련 연구들이 활발하게 진행되었다.

캐롤(Carroll, 1991)은 CSR피라미드를 제시하면서 이해관계자 유형(주주, 직원, 고객, 지역공동체)에 따라 다른 형태의 도덕성이 요구된다고 주장하였다. 클락슨(Clarkson, 1995)은 10년간의 기업자료를 바탕으로 이해관계자 프레임워크를 활용하여 기업의 사회적 책임을 분석하고 평가한 결과, 기업들은 사회 전반에 대해서보다는 이해관계자그룹과의 관계를 관리하며 사회적 이슈와 이해관계자 이슈를 구별하는 것이 중요함을 발견하였다. 데이븐포트(Davenport, 2000)는 기업은 이해관계자들에게 책임을 가져야 한다는 명제를 바탕으로, 기업이 사회적으로 책임 있게 이해관계자들을 대하는지 평가하는 기준을 확인하여 평가방법과 지표를 개발하였다. 힐먼과 케임(Hillman and Keim, 2001)은 이해관계자관리는 주주의 가치를 향상시키는 효과가 있음을 증명하였으며, 젠슨(Jensen, 2002)은 기업이 다양한 이해관계자들 사이에서 최적의 의사결정을 하기 위해서는 장기적 가치극대화를 목표로 삼아야 한다고 주장하고 있다. 센, 바타차리야, 그리고 콜천(Sen, Bhattacharya, and Korschun) 연구에 의하면, 기업의 CSR을 긍정적으로 인식하고 있는 이해관계자들은 해당기업에 대해 소비영역으로서뿐만 아니라 고용이나 투자영역에서도 긍정적으로 반응하는 것으로 나타났다.

이처럼 CSR과 이해관계자 이론의 결합은 다양한 연구로 이어졌지만 현시점에서 그대로 받아들이기에는 몇 가지 한계점을 지니고 있다. 가장 중요한 한계점은 여전히 CSR을 기업의 성과, 좀 더 정확하게 표현하면 재무적 성과와 연결시키고자 한다는 점이다. 캐롤이나 메이그넌과 페럴 등과 같은 연구자들은 그들의 정의에서 CSR의 대상을 이해관계자로 확장시키며 더 이상 기업이 주주의 이익만을 추구해서는 안 된다고 역설하지만, 많은 실증연구들은 CSR의 결과변수로 고전경제학자와 신고전경제학자들이 중요하게 생각한 재무적 성과를 우선시하고 있다. 물론 이들이 연구하던 당시에는 기업의 목적이 이윤극대화였기 때문에 재무적 성과와 CSR의 관계를 밝히는 것이 매우 중요한 연구대상이었을 것이다. 하지만 더 이상 "기업의 존재목적은 이윤극대화뿐"이라고 단정 짓기 어려운 현시점에서 CSR의 결과로 재무적 성과만을 보는 것은 적절하지 않으며, 이를 보완할 수 있는 평가방법을 찾아야 할 필요가 있을 것이다.

4) 기업은 미래 이해관계자들에 대한 책임도 있다!(Sustainable management)

2000년대로 들어서면서 기존 이해관계자라고 불리는 CSR의 대상을 미래 세대로까지 더욱 확장하려는 노력들이 엿보인다. 이들은 CSR의 환경적 측면을 강조하는 생태경제학적 접근법들을 바탕으로 기업과 사회의 관계를 연결하는 윤리적 요구사항에 초점을 맞추고 있다. 즉, 올바른 일을 하는 것, 혹은 좋은 사회를 만들기 위해 필요한 것으로 표현되는 원칙에 기반을 두고 있다. 이러한 접근법의 기본철학은 인간이면 누구나 보편적으로 가지는 권리인 인권(human right)이다. 기업의 책임에 대한 인권기반접근법을 처음 제시한 것은 정치인들이었다. 대표적으로 코피 아난(Kofi Atta Annan) 전 UN 사무총장은 1999년 세계경제포럼에서 UN세계협약(UN the Global Compact)을 제시하였는데, 이 협약에는 인권, 노동, 환경에 대한 9가지 원칙이 포함되어 있다. 또 다른 하나는 글로벌 설리번원칙

(Global Sullivan Principle)이라는 것으로, 각 기업이 사업하는 곳에서 경제적 · 사회적 · 정치적 정의를 지원하게 만들고자 하는 목적으로 제안되었다. 이처럼 여러 정치인들이 제시한 협약의 내용들은 1948년 UN총회에서 채택된 인권에 대한 보편적인 선언과 인권, 노동권, 환경보호에 대한 다른 국제적 선언을 토대로 하며, 일부 윤리철학이론들이 이를 지지하고 있다.

이처럼 인권을 기반으로 한 기업의 책임에 대한 주장이 제기되면서 기업의 책임범위는 다시 한 번 확장된다. 기업이 책임을 다해야 하는 대상은 현재 사회뿐 아니라 아직 태어나지 않은 미래의 인류까지 포함시켜야 한다는 것이다. 이 주장을 근거로 등장한 개념이 지속가능개발(sustainable development)이다. 이 용어는 1987년 UN이 주최한 환경과 개발에 관한 세계위원회(World Commission on Environment and Development)에서 발간한 〈*Bruntland Report*〉에서 사용되었다. 이 보고서는 비록 환경요인에 대해서만 포함하고 있지만, 지속가능개발의 개념은 기업의 이윤추구 및 경제발전을 위해 이루어지고 있는 개발과 떼놓을 수 없는 사회적 차원에 대한 고려를 포함하고 있다. 세계지속가능발전기업협회(World Business Council for Sustainable Development, 2000)에 의하면, 지속가능개발은 장기적으로 균형 있는 발전을 위해 사회적 · 환경적 · 경제적 고려사항에 대한 통합적 판단을 요구하고 있다. 지속가능개발에 대한 다양한 정의들이 있지만, 글래드윈과 켄넬리(Gladwin and Kennelly)는 이 정의들을 토대로 '지속가능개발이란 포괄적이고, 연속적이고, 신중하며, 안전한 방법으로 인간이 개발하는 프로세스'라고 정의하고 있다. 휠러 등(Wheeler et al., 2003)은 지속가능성이란 '기업과 사회가 지속적으로 얻고자 하는 이상향이며, 우리가 얻고자 하는 방법은 사회환경과 경제적 차원에서 지속가능성에 대한 이상향과 일치하도록 가치를 창출하고 결과물을 창출하는 것'이라고 얘기하고 있다.

이들은 과거 사회경제학자들이 기업의 사회적 책임범위로 언급한 이해관계자의 영역을 미래후손으로까지 확장시키고 있다는 특징이 있다. 하지만 이들의 관점은 기업차원에서의 접근법이라기보다는 국가의 경계를 넘어 지구촌이라는 전체 인류의 생존과 성장에 초점을 맞추고 있다. 그렇기 때문에 실제 기업이 무엇을 어떻게 해야 하는지에 대한 답을 주기보다는 기업이 인류를 위해 공헌해야 한다는 당위적인 차원의 제안을 한다. 또한 이들이 주장하고 있는 지속가능개발 혹은 지속가능경영이라는 개념 역시 여전히 논의 중인 하나의 개념일 뿐 체계적으로 완성된 이론이라고 보기는 어렵다.

CSR의 미래

1) 기업의 사회적 책임은 미래경쟁력이다?

지금까지 살펴본 바와 같이 기업의 사회적 책임이라는 개념은 시대가 변해감에 따라 그 영역이 점차 확대되어 왔다. 이러한 개념상의 확대는 기업의 사회적 책임 관련 활동영역과 방식의 확대로 이어져 단순한 기부에서부터 다양한 사회공헌프로그램의 직접운영 등과 같은 기업의 다양한 활동을 요구하고 있다. 그렇다면 이러한 기업의 사회적 책임활동은 단순히 기업이 사회를 위해 일방적으로 제공하는 것일까?

피터 드러커나 짐 콜린스, 로버트 라이시 등과 같이 유명한 기업 관련 저술가들은 환경의 변화에 따른 기업의 중요한 미래경쟁력 중 하나로 기업의 사회적 책임을 꼽고 있다. 이들의 저서를 살펴보면 미래의 변화된 환경에서는 기업들이 사회와의 관계를 어떻게 구축하고 유지하느냐에 따라 경쟁우위가 결정될 만큼 기업의 사회적 책임이 중요한 요소가 될 것이라고 언급하고 있다. 왜 유명한 저술가들은 기업의 사회적 책임 혹은 사회지향성을 미래의 중요한 경쟁요소로 꼽는 것일까?

(1) 사람의 변화는 기업의 사회적 책임을 요구한다.

모든 문제의 시작과 끝은 사람이다. 사람으로 인해 문제가 생기고, 문제로 인해 피해를 보는 것도 사람이며, 그 문제를 해결하는 것 또한 사람이다. 사람이 변하면 사회가 변화하고 사회가 변화하면 시장이 변한다. 이러한 변화의 시작점인 사람의 특성 중 인구구조는 최근 들어 매우 빠르게 변하고 있다. 노령인구의 증가와 출산율 저하는 대부분의 선진국에서 나타나는 현상이며, 우리나라는 다른 나라들과 비교하여 특히 심각한 상황이다. 노령인구 증가와 출산율 저하라는 두 가지 현상은 사회의 인구구조를 역삼각형 형태로 바꿔놓고 있다. 실제 우리나라의 인구구조 변화를 살펴보면, 통계청에서 제시하고 있는 인구추계에 의하면 1970년대에는 15세 미만 인구가 전체 인구의 43%에 달했지만, 2007년에는 18%였으며, 향후 2040년에는 10%에 그칠 것으로 예상하고 있다. 반면, 65세 이상 인구의 비율은 3%에서 32%까지 높아질 것으로 예상하고 있다. 이는 현재 진행되고 있는 인구노령화와 저출산율을 극단적으로 보여주는 통계자료로 인구구조의 급격한 변화를 의미한다. 그림 1 에서도 볼 수 있듯이

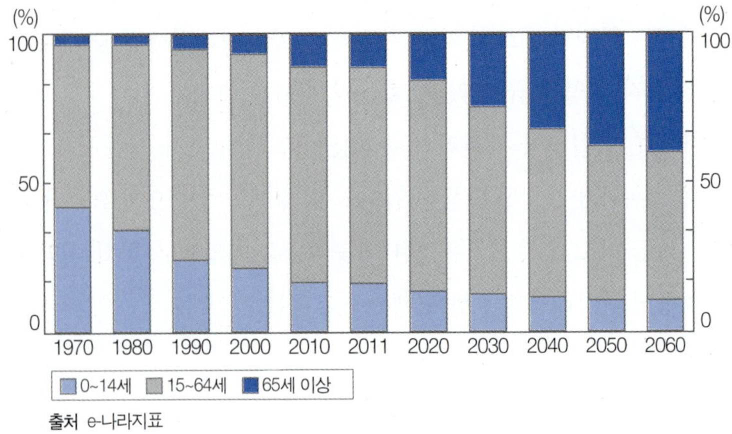

그림 1 연령계층별 인구구성비 추계

시간이 흐를수록 노령인구는 증가하는 반면, 저연령층의 비중은 줄어들고 있다. 이러한 인구연령구조의 변화는 다양한 사회변화를 초래한다.

역삼각형 인구구조에서는 노령층의 경제활동을 대신할 젊은 경제활동인구가 줄어들어, 노령인구를 부양해야 하는 국가의 부담이 높아질 수밖에 없다. 이러한 부담은 기업에게도 똑같이 영향을 미친다.

그렇다면 인구의 노령화는 기업에 어떠한 영향을 미칠까? 베이비붐 세대들의 은퇴가 시작되면서 현재 은퇴한 노인인구들은 경제활동을 중단하거나 경제활동을 하더라도 단순업무에 그치고 있다. 이로 인해 노후대책을 준비해 두지 못한 대다수의 노령인구들은 일용직으로 하루벌이를 연명하고 있으며, 이러한 노령인구의 수는 급속히 증가하고 있다. 최근 부동산가격의 급락은 이러한 추세를 가속화시키고 있다. 과거 부동산이 최고의 재테크수단이던 시절, 대출을 안고 부동산을 구입한 사람들은 최근 부동산가격의 급락과 수요의 급감으로 인해 하우스푸어로 전락하고 있다. 이들은 생계를 위해 집을 처분하려고 해도 주택수요가 없어 처분하지도 못하고 있으며 대출이 남아 있는 사람들은 주택가격의 급락으로 현재 소유하고 있는 주택을 팔아도 대출금을 제대로 갚기 힘든 심각한 상황에 처해 있다.

이처럼 기본적인 의식주를 해결하는 데 급급한 노령인구들은 더 나은 삶을 위한 소비에는 전혀 신경을 쓰지 못하게 되고, 이는 결국 소비능력을 가진 인구의 감소로 이어져 기업의 시장감소로 연결되며 기업에게는 위기로 다가올 것이다. 이러한 시장의 감소는 기업 간 경쟁의 심화로 이어지게 되고, 결국 시장에서 살아남는 기업의 수는 갈수록 줄어들 것이다. 살아남은 기업이라 하더라도 그 수명은 더욱 짧아질 수밖에 없다. 이로 인해 실업률은 증가하고 투자실패로 인한 개인의 손실은 증가하면서 다시 시장상황을 더욱 악화시키는 악순환을 낳는다. 이러한 악순환의 고리를 끊지 못한다면 기업의 생존도 보장받을 수 없다.

인구의 노령화와 저출산율은 노동인구의 감소로 이어져 기업에 필요한 인재의 부족을 초래한다. 이는 기업의 인적자원문제로 연결되어 원하는 인재를 얻기 힘들어지게 되며, 결국 인적자원에 막대한 비용증가로 이어져 기업 입장에서는 또 다른 비용증가로 인한 경쟁력약화의 문제를 낳을 수 있다.

결국 인구의 노령화나 저출산율과 같은 다양한 사회문제들을 해결하지 못하면 국가나 사회의 문제로 그치는 것이 아니라 기업의 생존과 성장의 문제와 직결된다. 그러므로 기업들은 다양한 사회문제에 적극적으로 개입해야 하며, 이에 대한 국가나 사회, 시민들의 요구는 갈수록 커지고 있다. 이러한 변화는 우리나라뿐만 아니라 전 세계적으로 높은 수준의 경제발전을 이룬 대다수의 국가에서 동시에 일어나고 있는 현상이므로 주의 깊게 살펴보아야 한다. 즉, 세계경제를 주도하고 있는 대부분의 국가들이 인구구조의 변화로 인해 자칫 경기침체에 빠질 수 있으며, 주요 선진국들의 경기침체는 전 세계적으로 연쇄반응을 일으켜 또 다른 대공황을 초래할 수 있기 때문이다. 실제로 그리스나 스페인을 비롯한 일부 유럽국가들의 국가경제에 발생한 문제는 해당 국가의 문제로 그치지 않고 유럽 전체를 비롯한 전 세계 경제에 악영향을 미치고 있다.

(2) 기업의 사회적 책임은 기업의 경쟁력을 강화시킨다.

기업의 사회적 책임이 중요한 또 다른 이유는 그 자체가 기업의 경쟁력을 강화시켜 주는 중요한 경쟁우위요소 중 하나이기 때문이다. 기존의 많은 연구들은 기업의 사회적 책임활동이 기업의 경쟁우위확보에 도움이 된다는 사실을 증명하고 있다. 포터와 크레이머(Porter and Krammer, 2002)는 기업이 지역사회에 자선적 투자를 함으로써 공동체 내에서 시장상황을 호전시켜 강력한 경쟁우위를 점할 수 있다고 주장하면서, 시스코의 사례를 들고 있다. 세계적 네트워크장비 회사인 시스코는 사회공헌프로그램으로 시스코가 위치하고 있는 지역에 시스코 네트워크아카데미(Cisco Network Academy)를 설립하고 청소년들에게 무상교육을 실시하였다. 그 결과 지역사회의 전반적인 교육수준이 향상되었고, 향상된 교육수준은 지역의 소득수준을 향상시켜 더 나은 시장으로 발전함에 따라 시스코의 수익도 증가하였다. 그뿐만 아니라 더 나은 인재를 쉽게 확보할 수 있었기 때문에 비용절감효과까지 나타났다. 이처럼 사회적 부를 증대시키는 것은 기업의 부를 증대시키고 기업의 경쟁력을 강화시킨다.

포터와 크레이머가 사회지향성을 통한 시장의 개선효과를 설명하고 있다면, 프라할라드(Prahalad, 2002)는 사회지향성을 기반으로 한 새로운 시장개척의 가능성을 주장하였다. 전통적으로 세계적인 기업들의 전략을 살펴보면, 소득수준이 최소한 중상위 이상인 계층을 표적시장으로 선정하여 집중해 왔다. 하지만 이들 중상위계층은 전 세계 인구 중 소수에 불과하며, 경제피라미드상에서 하위계층에 속하는 인구는 약 40억 명에 이른다. 바로 이 하위계층이 기업의 주요한 시장이 될 수 있다는 것이다. 프라할라드는 인도시장의 경험을 바탕으로 경제적 하위계층을 대상으로 한 새로운 시장창출이 가능하다고 언급하면서, 이를 위해 경제적 하위계층을 문제의 대상이 아니라 혁신의 기회로 바라보아야 한다고 주장하였다. 크리스찬슨 등(Chrisensen et al., 2001)은 주시장의 소비자들을 위한 제품과 서비스와는 별개로 저가제품과 하위계층소비자들을 위한 제품 및 서비스의 필요성을 주장하면서, 이를 파괴적 혁신(disruptive innovation)이라고 명명했다. 대표적인 제품이 바로 OLPC(The One Laptop per Child association)운동의 일환으로서 전 세계 하위계층 어린이들을 위해 만들어진 100달러 이하의 노트북 'XO'이다. 인도의 다국적기업 중 하나인 타타그

그림 2 타타그룹의 초저가자동차 나노

그림 3 타타그룹의 초저가아파트 나노

룹 역시 하위계층을 위한 제품을 만들어 이슈가 되었다. 타타그룹은 2009년 10만 루피, 즉 우리나라 돈으로 230만 원 정도의 업계 최저가 자동차인 '나노'를 선보였고, 출시 후 2년간 10만 대 정도의 판매량을 기록하였다. 타타그룹은 여기에 그치지 않고 도시빈민층들을 위해 1,000만 원 정도에 입주할 수 있는 '나노아파트'를 내놓는 등 하위계층을 위한 다양한 제품들을 출시하고 있다.

이러한 파괴적 혁신은 경제 피라미드의 아랫부분을 구성하고 있는 사람들에게 사회적 · 경제적 환경을 향상시켜 줄 뿐만 아니라 기업에게는 신규시장 창출을 통한 경쟁우위를 만들어 준다고 주장하고 있다. 실제 타타그룹이 타깃으로 잡은 집단은 1년 급여가 6~13만 루피(한화 약 157~340만 원)를 받는 도시가정 2,300만 가구로, 이들 대부분은 구매력이 낮아 기존기업들로부터 외면받던 시장이었다. 이외에도 기업의 사회적 책임은 소비자의 기업/제품이미지, 브랜드가치평가 등에 긍정적인 영향을 미치며, 내부고객인 직원의 조직몰입, 직무만족도 등을 향상시킬 뿐 아니라 투자자의 기업에 대한 투자정보의 불확실성을 감소시키고, 투자의도를 증가시켜 기업의 경쟁력을 강화시킨다는 것을 다양한 연구결과들이 증명하고 있다.

(3) 기업의 사회적 책임은 기업규제를 완화시켜 준다.

데이비드 보겔((David Vogel, 2005))은 그의 저서 《*The Market for Virtue*》에서 기업의 사회적 책임의 중요성을 기업규제 측면에서 설명하고 있다. 기업의 사회적 책임 관련 규제들은 대부분 자율성을 띠고 있으며 강제성을 지니지 못한다. 이러한 자율적 규제는 주로 시민단체와 같은 민간단체들에 의해 만들어졌으며, 이렇게 만들어진 유연한 규제들은 기업활동의 새로운 사회적 기준을 제시하였다. 실제로 미성년 노동력 고용 절감, 작업안전 및 여건 개선, 공정무역, 온실가스 배출량 감소 등 중요한 변화들을 이끌어 냈으나 강제성이 없어 기업 입장에서는 사회적 책임 활동이 여러 전략적 선택대안 중 하나일 뿐이었다. 그런데 이러한 시민사회의 자율적인 규제가 최근 들어 법적 구속력을 지니기 시작했다. 시민사회의 자율적 규제가 법적 규제로 옮겨간 대표적인 사례가 바로 국제 기후변화 관련 이슈이다. 초기 시민사회의 자발적 정책으로 시작된 기후 관련 이슈는 2004년 유럽연합이 교토의정서를 승인함으로써 법적 구속력을 갖게 되었다.

이처럼 시민사회의 자율적 규제는 정부의 법적 규제를 이끌어 내고 있으며 이러한 사례는 국내에서도 쉽게 찾아볼 수 있다. 자율적 규제를 무시하고 사회적 책임을 다하지 못한 기업은 시장으로부터 외면받을 뿐만 아니라 이후 다가올 정부의 법적 규제에도 적절히 대응하기 어렵다. 실제로 국내 대형할인점들은 골목상권을 공략하기 위해 기업형 슈퍼마켓

(Super Supermarket: SSM)을 출점했다가 지역주민들의 반발로 결국 SSM출점 제한이나 대형할인점들의 강제휴일 등과 같은 다양한 법적 규제를 초래하게 되었다. 이처럼 사회적 책임을 무시하고 기업의 이윤만을 추구하는 기업은 시장과 정부, 사회로부터 외면받아 생존이 위태로워질 수밖에 없다.

(4) 기업의 사회적 책임은 기업 활동의 정당성을 부여해 준다.

기업의 사회적 책임이 얼마나 중요한지 유추해 볼 수 있는 또 다른 측면은 기업활동의 정당성이다. 지금까지 기업은 사회 혹은 국가의 경제발전에 이바지하는 등 그 활동의 정당성을 사회와 소비자로부터 인정받아 왔다. 이러한 기업활동의 정당성은 기업의 이윤추구라는 목표를 정당화시켜 소비자와 사회구성원들은 기업의 이윤추구 관련 활동을 자연스럽게 받아들이게 되었다. 이러한 정당성은 대한민국이라는 사회 속에서 특혜라는 형태로까지 이어졌다. 1970년대 이후 경제개발이라는 목적하에 기업의 다양한 불법적이고 탈법적인 행위들이 묵인되거나 용서받았으며 심지어 기업총수들의 비리나 불법적인 행동까지도 묵과하였다. 이러한 분위기는 최근까지 이어져 기업총수들은 아무리 법을 여러 차례 어겨도

사례 3 **월가를 점령하라(Occupy Wall Street)**

온라인 잡지 〈애드버스터스〉는 2011년 7월 13일 트위터 등 SNS를 통해 '월가를 점령하라(Occupy Wall Street)'를 구호로 한 시위를 제안하였다. 그해 9월 17일부터 시작된 이 시위의 첫날에는 발원지인 뉴욕 맨해튼 주코티 공원에 천여 명이 모이는 데 그쳤으나, 이후 경찰의 강제진압 사실이 알려지면서 시위대에 대한 공감이 확산되어 점차 그 인원이 늘어났다. 이후 시위는 보스턴, 시애틀, 로스앤젤레스, 수도인 워싱턴 DC 등 미국의 주요 도시로 번져 나가며 점차 그 규모가 커졌다.

특히 시위대는 10월 15일을 '국제행동의 날'로 지정하여 시위를 전 세계로 파급시켰다. 이날 우리나라를 비롯한 유럽과 아시아 등 82개국 900여 개 도시에서 유사한 형태의 시위가 동시다발적으로 발생해 '1% 대 99%'라는 빈부격차 심화에 대한 공감과 분노가 전 세계적 현상임을 보여주었다. 이 월가시위의 핵심은 '최고부자 1%에 저항하는 99% 미국인의 입장을 대변한다'는 구호에 있다. 시위대들의 직접적인 불만은 빈부격차로, 1 대 99라는 자극적인 구도가 등장한 것은 2008년 글로벌 금융위기 이후 누적된 상대적 박탈감에 근거한다.

미국 정부는 2008년 발생한 리먼 브라더스 사태 이후 금융회사 등을 살리기 위해 국민혈세로 모은 천문학적 규모의 구제금융을 월가에 투입했으나, 월가 금융회사들은 보너스만으로 200억 달러를 나눠 갖는 등 돈잔치를 벌였다. 반면 2011년 8월 말 미국에서 압류주택통보를 받은 주택은 이전 달보다 7% 늘어나면서 9개월 연속 증가하는 등 2008년 이래 국민의 삶은 갈수록 피폐해졌다. 이처럼 사상 최대에 다다른 빈부격차가 이러한 갈등을 촉발시키기에 이른 것이다.

한편 미국 로스앤젤레스와 필라델피아에 남아 있던 시위대가 2011년 11월 30일 경찰에 의해 해산되면서 반(反)월가시위는 사실상 73일 만에 막을 내렸다. 자본주의체제에 대한 근원적 물음을 바탕으로 시작된 시위는 뚜렷한 시위목표와 요구사항을 제시하지 못했다는 한계를 남겼지만, 월가시위는 금융회사의 사회적 책무에 대해 경종을 울렸고 소득양극화에 대한 근본적인 성찰을 확산시켰다는 점에서 그 의미를 찾을 수 있다.

출처 시사상식사전(2012). pmg 지식엔진연구소.

경제발전에 이바지한 공을 인정받아 실형을 살지 않는 것이 관행처럼 이어져 왔다. 이러한 현상으로 일부 시민들은 국내 대기업총수들을 초법적인 존재로 인식하기도 하였다.

하지만 최근 "경제민주화"가 주요한 사회적 이슈로 떠오르면서 기업활동의 정당성 또한 중요한 문제로 제기되고 있다. 더 이상 기업 자신의 이윤만을 추구하는 행위는 사회적으로 인정받지 못하며 사회는 기업이 얻은 이윤을 사회구성원과 공유할 것을 지속적으로 요구하고 있다. 기업 또한 이러한 주장을 받아들여 기업의 사회적 책임 활동 관련 비용을 지속적으로 증가시키고 있다. 하지만 여전히 사회구성원들이 대기업을 바라보는 시선은 곱지 않다. 이는 곧 기업활동의 정당성에 의문을 제시하는 것이다. 이러한 정당성을 확보하기 위해서 기업들은 사회가 요구하는 수준의 사회적 책임활동을 수동적으로 받아들이는 차원을 넘어 자발적이면서도 가시적인 성과를 보여줄 수 있는 사회적 책임활동을 수행해야 한다. 그렇게 할 때 기업은 사회구성원으로부터 기업 영위의 정당성을 인정받을 수 있으며 사회나 소비자로부터 배척당하는 불상사를 면할 수 있을 것이다.

(5) 기업의 목표는 오직 이윤추구다?

수차례 닥친 세계적인 금융위기는 이윤추구를 최우선 목표로 삼는 기업의 탐욕이 전 세계 경제를 어떻게 위협하는지 분명하게 보여주었다. 경제발전의 논리 속에 자본주의는 끊임없는 성장을 추구해 왔다. 하지만 성장 위주의 정책이 가져올 수 있는 위기를 경험한 시민사회는 전 인류의 공존을 위해 기업에게 다양한 요구를 하고 있으며, 이러한 요구에 법적 구속력을 더하기 위해 정치인들을 압박하고 있다. 이러한 시민사회운동은 경제민주화라는 새로운 화두를 던지고 있다. 소비자들은 사회적 책임을 다하지 못하는 기업을 외면하기 시작했으며 정부들 또한 기업들로 하여금 지속적으로 사회적 부를 창출하는 데 기여할 것을 요구하고 있다. 기업은 생존과 성장이라는 기본적인 목표를 달성하기 위해서는 시민사회와 정부, 소비자의 요구를 수용하여 사회적 책임활동을 더욱 강화할 필요가 있으며, 이를 위해 이해관계자들과의 끊임없는 의사소통을 통해 사회 속에서 기업의 역할을 확인하고 충실히 수행해 나가야 한다.

현시점에서 아직 기업의 사회지향성은 기업의 생존과 성장을 위한 충분조건이 아니라 필수조건이다. 다시 말해, 기업의 사회적 책임이 성공을 보장해 주지는 않지만, 기업의 사회적 책임을 다하지 못하는 기업은 사회로부터 외면받게 되어 생존과 성장을 이룰 수 없다. 하지만 앞서 예측가능한 미래의 변화된 환경은 기업의 사회적 책임이 기업생존과 성장의 필수조건에 그치는 것이 아니라 충분조건으로 중요성이 증가할 가능성을 보여준다. 이러한 변화는 기업의 기본적인 목표의 변화를 요구한다. 사회구성원들은 더 이상 기업이라는 조직이 이윤만을 추구하는 집단으로 남기를 바라지 않으며, 사회라는 공동체가 함께 발전해 나갈 수 있도록 기업 스스로 사회구성원으로서 기여하기를 원한다. 이러한 사회적 요구를 충족시키기 위해서 기업은 기업만의 생존과 성장을 위한 이윤추구가 아니라 사회와 함께 공동생존, 공동성장을 위한 경제적 활동으로 그 목표가 바뀌어야 할 것이다. 이러한 측면에서 최근 기업들이 내걸고 있는 '상생경영'이라는 구호는 시의적절하지만, 이것이 구호에 그치지 않고 실제 경영에 얼마나 적극적으로 반영되고 있는지 행동으로 보여줄 필요가 있다.

2) 기업의 사회적 책임은 기부다?

많은 기업들은 사회적 책임을 다하고 있다는 것을 보여주기 위해 매년 얼마나 많은 돈을 기부하는지 보여준다. 사회가 기업에게 요구하는 책임이 기부나 보여주기 식의 이벤트성 프로그램인가? 좋은 사회적 책임활동은 기부금액이나 이벤트프로그램의 규모에 따라 결정되는 것이 아니다. 많은 기업들이 사회적 책임활동을 사회공헌이라 부르며 마치 선심 쓰듯 행동하는 등 잘못된 이해 때문에 일회성 기부나 단발성 이벤트프로그램에만 주목하고 있다. 선거철만 되면 사회단체에 방문하여 사진을 찍고 생색내기 바쁜 일부 정치인들의 잘못된 행동을 기업이 하고 있는 것이다.

물론 기부가 잘못이라는 것은 아니다. 아예 아무것도 하지 않는 것보다는 일회성이라도 기부하는 것이 낫다. 하지만 기부만으로 모든 책임을 다했다고 생각하는 잘못된 인식은 기업에게 도움이 되기는커녕 역효과를 낳을 가능성이 높다. 일회성 기부나 이벤트성 프로그램들 때문에 사회구성원들은 기업의 진정성을 의심하게 되고, 사회적 책임활동으로 인한 긍정적 효과가 아니라 사회구성원들의 무관심이나 비난을 초래하는 등 부정적 효과를 유발하기도 한다. 생색내기 바쁜 정치인을 욕하는 시민들은 생색내기식 사업을 행하는 기업에 대해서도 동일한 반응을 보인다. 사회는 이들을 차갑고 냉소적인 시각으로 바라볼 것이다. 사회구성원들은 바보도 눈뜬장님도 아니다. 사회가 기업에게 원하는 것은 기업의 진정성 혹은 진심이 담긴 사회적 책임활동이다. 보여주기식 사업이 아니라 진심으로 사회구성원들을 걱정하고 염려하면서 함께 도우며 살아가고자 하는 기업의 마음이다. 이를 위해서는 마케팅관리 마인드가 필요하다. 진심으로 고객을 이해하고 그들의 필요와 욕구를 충족시켜 주고자 하는 마케터의 마음처럼 기업도 사회를 이해하고 그들의 기대를 충족시켜 줄 필요가 있다.

만일 사회적 책임활동에 대한 평가가 기부금액이나 관련 프로그램의 규모로 결정된다면 상대적으로 규모가 작은 중소기업들은 영원히 사회적 책임 측면에서 훌륭한 기업이 될 수 없을 것이다. 그러나 현명한 사회구성원들은 기업의 진정성, 사회를 걱정하는 기업의 진심이 담긴 활동을 원하며 이러한 활동은 기부금이나 사회적 책임활동의 규모와는 관련이 없다. 다음 **표 1** 은 2011년과 2012년 국내 최대 규모의 모금단체인 사회복지공동모금회에 기부한 대기업 순위를 보여준다. 여러분들이 존경하고 훌륭하다고 생각하는 기업의 순위와 기부액 순위가 일치하는가?

표 1 **100대 기업 사회복지공동모금회 기부액 순위**

순위	2011년	2012년
1	삼성전자	KT
2	대한석유협회	한국가스공사
3	현대자동차(주)	SBS
4	포스코	우리은행서울시청지점
5	SK텔레콤(주)	현대자동차 울산공장
6	삼성코닝정밀소재(주)	한화생명(옛 대한생명)
7	엘지화학	대한항공
8	코리아오토글라스(주)	두산중공업
9	현대중공업주식회사	에리트베이직
10	국민은행	삼성엔지니어링

끝맺으며: 기업의 사회적 책임은 미래 생존을 위한 필요조건이다!

지금까지 살펴본 바와 같이 기업을 둘러싼 환경은 지속적이면서도 빠르게 변하고 있다. 이러한 환경적인 변화는 기업의 사회적 책임이라는 개념의 변화와 더불어 기업의 관련 활동에도 많은 변화를 요구하고 있다. 변화된 환경을 예측하고 미리 대비하지 못한 기업은 생존의 문제에 부딪힐 수밖에 없다. 사회적 요구는 기업이 기반을 두고 있는 사회가 어떤 환경인지에 따라 다르다. 아직 경제적 어려움을 겪는 사회는 기업이 경제발전주체로서의 역할을 해주기를 바라는 반면, 경제적 어려움이 어느 정도 해결된 사회는 경제발전주체로서의 역할보다는 사회 전체의 복지향상에 기여하기를 원하기도 한다. 하지만 더 이상 기업은 경제발전이나 성장을 바탕으로 한 이윤추구활동만 책임지고자 해서는 안 된다. 현대사회의 핵심이슈는 성장이 아닌 공존이다. 이러한 추세는 우리나라도 마찬가지이다. 동반성장, 상생, 공존 등 여러 용어들이 사용되고 있지만 기업이 자신만의 이익을 추구하고 이를 위해 다른 구성원들의 희생을 강요하는 것은 더 이상 용납되지 않는다. 공존이 아닌 이기적인 성장만을 추구하는 기업은 더 이상 사회에서 살아남을 수 없다.

기업이 진정으로 사회를 위하고 사회와 함께 공존하고 싶다면 기업은 사회가 기업에게 요구하는 것이 무엇인지 정확하게 파악해야 한다. 사회가 요구하는 것이 무엇인지 정확히 이해하고 그를 토대로 적절한 계획을 수립하여 실행해야 한다. 이러한 전략적 마인드는 기업이 가장 잘하는 것 중 하나이다. 기업들이 자사의 이윤추구를 위해 치밀한 전략을 수립하고 실행했던 것처럼 사회적 책임을 위해서도 전략적 관점으로 잘 계획하고 실행해야 한다. 현대사회에서 기업은 강력한 힘을 지닌 강자로서가 아니라 기업 자신과 인류의 공존을 위해 사회적 책임을 다해야 한다. 이러한 공존의 개념이 포함된 기업의 공유가치(corporate shared value)라는 것도 기업의 사회적 책임과 같은 개념으로 볼 수 있다. 하지만 기업들은 여전히 묻는다. 사회적 책임을 다하기 위해 기업은 무엇을 어떻게 해야 할까? 이에 대한 정답은 없다. 기업이 처한 환경, 기업이 소유한 자원이나 능력에 따라 사회구성원들이 기업에게 기대하는 것은 모두 다르기 때문이다. 그러므로 이에 대한 답을 얻고 싶다면 사회구성원들에게 기업이 직접 물어보기 바란다. 기업이 사회를 위해 무엇을 해야 하는지 말이다.

마케팅 개념의 확장: 도시마케팅 사례

김 훈 | 세명대학교 경영학과

마케팅 개념의 확장: 도시마케팅 사례[1]

김훈
세명대학교 경영학과

서론

정부는 지역경제 활성화와 지방의 자립화를 위하여 차별화된 특화 사업의 발굴 · 발전을 제도적으로 지원하는 지역발전 특구 사업을 추진하고 있다. 2004년 지역발전 특구로 지정되어 추진되던 제천시 에코테라피(eco therapy: 한방 중심 휴양 리조트단지) 건강특구사업이 경기 침체 장기화로 투자자가 나서지 않아 최근 백지화되었다. 100만 평 규모의 단지에 수천억 원의 민간 자본을 들여 스키장과 골프장, 특급 관광호텔 등 복합 리조트단지 겸 시니어 타운, 산모 요양원 등 건강을 주제로 하는 종합 건강단지를 조성할 계획이었다. 또 다른 핵심사업인 제천지역종합개발 사업 역시 개발주체인 한국토지주택공사(LH)의 막대한 부채 등에 따른 경영 어려움을 이유로 공식 백지화되었다.

제천시 고위 공무원은 시가 명운을 걸고 추진했던 사업의 연이은 좌초에 다음과 같은 소회를 남기고 있다.

1 본 경영 사례는 경영교육 목적의 분석과 토의를 위해 개발되었으며 등장 인물은 가명을 사용하였다.

"사업이 정상적으로 추진됐다면 지역이 급속하게 발전했을 것이며 사업 무산에 따른 지역 경제 타격과 주민의 실망이 대단하다. 여론이 매우 좋지 않다."

사활을 걸고 추진했던 핵심 사업들이 연이어 무산되는 가운데 15만 명 인구마저 깨졌다는 보고를 받으며 이대희 시장은 침울해졌다. 본인이 내건 시장 선거 핵심 공약이 지역경제 활성화와 인구 증대였다. 불과 수년 사이 1만 명 정도의 인구가 빠져 나갔으며 이러한 인구 감소가 지속적인 현상이라는데 더 큰 문제가 있다는 생각이다.

충북과 경북 북부, 강원 남부의 중심 도시로 한때 주민 수 20만 명을 넘던 제천시에게 15만 명 인구 수는 마지노선이었다. 관내 대학 재학생들에게 주소 이전 장학금을 지급하는 등 인구 늘리기에 안간힘을 써보았지만 반짝 효과에 그쳤다. 인구 수는 교부금 등 중앙 정부가 지원하는 각종 재정 지원책과 선거구 구획의 핵심기준이 되고 있어 민감한 사항이다. 상위 광역 지자체인 충청북도의 지원과 관심도 멀어지는 것 같아 불안하기만 하다.

이 시장은 대학생 주소지 이전과 같은 아이디어성 대책으로는 한계가 있음을 절실하게 느끼고 지역경제 활성화가 근본적인 대책이라 생각하고 있다. 좋은 일자리가 많아져야 이주하는 사람들이 늘어나며 지역경제가 좋아지는 것은 자명한 이치라 생각했다.

충북과 경부 북부, 강원 남부를 연결하는 교통 중심지이며 약초 등 특화농산물의 재배 적지 및 천혜의 관광 자원 등 지역 특성과 우위요소를 살려 지역경제 활성화를 모색하라는 전문 연구기관의 '제천 경제활성화 방안' 용역 보고서의 결론이 새삼 떠올랐다.

지역경제 활성화는 결국 특화 산업의 발전인데 제천은 시멘트 생산을 빼고는 내세울 만한 제조업도 없고 지역 입지와 특성상 유통·서비스업이 중심이며 유망한 산업은 결국 한방산업뿐이라고 생각했다. 그래서 수개월 전 지역경제팀 조홍식 팀장에게 세밀한 시장조사를 수행해 한방산업 특화 타당성과 특화추진 시 필요한 정책 및 경쟁전략을 제안해 보라고 지시했던 적이 있었다. 때마친 그에 대한 보고서가 책상에 놓여 있어 펼쳐보았다.

지역경제팀은 제천시의 특화 산업으로 한방산업이 적절하며 전력투구해야 한다고 결론내리고 있다. 약초 등 풍부한 한방 자원, 우수한 교통 여건, 전국 약초 유통의 70% 이상을 점유하는 약초 시장, 한의과 대학 및 연구소 등 훌륭한 한방 인프라, 나아가 지역발전 특구사업인 약초웰빙특구 지정 등 중앙 및 광역 지방정부의 한방산업 육성을 위한 강력한 지원 의지를 근거로 들고 있다.

한방 시장의 치열한 경쟁과 강력한 선발 도시와의 격차, 지방 소도시의 제한된 역량 등의 이유로 한방산업 특화와 성공에 회의적인 의견도 있다. 이들은 한방산업 집중에 반대하며 입지의 우위성과 산업 성장성 등을 감안하여 물류·유통 산업 등 다른 대안을 신중하게 모색해야 한다고 주장한다.

보고서는 한방산업의 현황과 제천 한방의 강약점을 정리하고 경쟁자인 주요 한방지향 도시 간 경쟁구조를 소비자 관점에서 분석해 포지셔닝맵 도출과 군집분석을 수행하고 의미를 해석하고 있다. 한방 소비자의 구매패턴을 조사하고 라이프스타일과 매체이용 패턴 중심의 시장세분화를 시도했으며 한방지향 도시별 주 약초 시장의 고객만족 수준을 비교하여 속성별로 분석하였다. 결론적으로 지역경제 활성화에 고민하는 많은 경쟁도시들이 성장 동력으로 한방산업의 특화와 육성에 전력을 기울이고 있으므로 성공하기 위해서는 제대로 접근해야 한다고 되어 있었다.

다음은 조홍식 팀장이 작성한 '제천 한방특화사업' 보고서 내용의 일부이다.

한방산업 현황과 제천시 산업구조

1) 한방산업 현황

한방산업은 한약이 포함되는 물적 재화와 한방의료 등을 통한 서비스 활동으로 재배 산업과 제조 산업, 도소매업, 연구개발업, 교육 및 보건업 등을 망라한다. 2012년 말 기준 국내 한방산업 시장규모는 약 10조 원(2004년 기준 3조 6천억 원)으로 추정되며 지속적으로 성장하고 있다.

한방산업은 산업 분류에 따라 분류할 수 있다. 자연으로부터 생산 또는 수확 · 채집하는 한약재 생산이 1차 산업에 속한다. 2차 산업은 1차 산업에서 생산된 약초 등의 물질을 가공하여 제품을 만드는 것으로 기능성 식품이나 화장품 생산 등이 대표적이다. 3차 산업은 원재료나 가공된 제품을 활용하는 의료 등 서비스 산업이 대표적이다. 한방산업의 여러 세부 사업을 일정 수준 이상의 생산액과 규모를 기준으로 분류하면 다음과 같다.

- 1차 산업: 한약재배 산업
- 2차 산업: 한방 음식 · 식료품 제조업, 한방 원료의약품 · 한약재제 제조업, 한방 의료기기 · 건강 보조기기 제조업
- 3차 산업: 한약 도소매업, 한의약 연구 및 개발업, 한의약 교육 서비

스업, 한방 보건업 등

한방산업의 특성상 질병 치료와 관리 중심의 의료 산업과 삶의 질 향상 및 건강 향상을 위한 분야로 구분할 수 있다. 질병 치료와 관리 중심의 의료 산업은 한방병원, 한의원 등이 핵심이다. 의료 산업은 한방산업의 핵심이며 기초가 되는 산업이다. 이들 업종이 발달하여 한약재 가공 등 제약 산업에도 영향을 미치고 있다. 질병 치료와 건강 관리 기준으로 한방산업을 분류하면 표 1과 같다.

표 1 한방산업 분류

구분		내용
질병치료	의료	한방의료산업: 한의원, 한약방, 침술원 한방가정요법산업: 수지침, 뜸, 민간 요법 한방요양원
건강유지	식품	한방보양식품산업: 건강원, 건강 음식점 한방건강보조식품산업: 알로에전문점, 죽염전문점, 달팽이전문점 등 한방건강음료산업: 한방인스턴트 음료식품, 전통 다실 한방건강식생활관리산업: 단식원, 생식원, 선식원
	운동	한방건강무예산업: 18기, 택견, 수벽치기, 검도, 불교 무술, 태극권 등 한방건강정신운동관리산업: 단학선원, 국선도, 연정원, 요가 불교선방 등
	여가생활	한방건강레저산업: 휴양림, 약수터, 해수찜질장, 온천장 한방건강서비스산업: 찜질방, 한방 사우나, 한증막 한방건강취미산업
	건강보조	한방건강생활시설산업: 주택 건설, 황토방 주택, 온돌 · 황토 · 맥반석침대 한방건강생활용품산업: 한방화장품, 한방치약, 한방비누, 한방패드 한방건강생활기구산업
	종합관리	한방건강교육원, 한방건강수련원 한방건강레저원, 한방건강생활원

출처 박상표(2002). '한방바이오산업의 정책 동향' 일부 수정. 대구한의대학교.

한방산업은 전통 산업과 연계되어 큰 투자 없이 고부가가치를 얻을 수 있지만 본격적으로 활성화되기 위해서는 한방 인프라가 갖추어져야 한다. 한방 인프라는 약초 시장이나 약초 재배지, 한방 관련 연구 및 개발기관 등이 대표적이며 전통 산업과 연계하여 고부가가치를 얻을 수 있다.

국내 한방 시장은 한방 의료보험 제도의 도입으로 전통 의약품의 수요가 급속히 증가하고 한방 소재 관광 시장 확대 등으로 지속적인 신장세를 보이고 있다. 한방산업 시장 규모는 2012년 기준 약 10조 원대로 추정되며 한방의료산업이 가장 규모가 크고 부가가치 또한 높은 것으로 알려져 있다. 세부 산업별 시장 규모는 표 2 와 같다.

표 2 국내 한방산업 분야별 시장 규모 추정

산업 분야	시장 규모		산업 분류
	2004년	2012년	
약초 재배	1,350억 원	24,226억 원	1차 산업
인삼 재배	4,000		
양록(사슴,녹용)	213		
한약재 및 한약재제	4,000	36,261	2차 산업
한방 화장품	4,500		
한방 식품	2,000		
한방 의료기기	200		
한약 유통(도소매)	4,500	39,532	3차 산업
한의약 연구개발	200		
한의약 교육 서비스	100		
한방 의료 서비스	15,600		
총계	36,663억 원	100,019억 원	

출처 한국한의학연구원(2004). 국내 한방산업 육성방안과 경제성 분석연구.
한국보건산업진흥원(2013). 한방산업 육성을 위한 실태조사 연구.

2) 제천시 산업구조

2015년 기준 제천시 인구는 약 14만 명이며 산악지형으로 전체 면적의 약 50%가 해발 300m 이상의 고랭지 분지 형태를 이루고 있다. 경관이 빼어난 명산과 폭포 및 계곡이 발달되어 있고 고산 지대에서 채취한 청정 임산물 생산이 많다. 기후는 사계절이 뚜렷하고 일교차가 심하며 석회암과 사질양토의 토양으로 약초 재배에 최적지일 뿐만 아니라 교통 조건도 유리하다.

제천시의 산업구조는 대규모 제조업으로는 시멘트 업종이 유일하며 도소매업을 포함한 유통 · 서비스 분야가 중심이다. 경기 변동에 민감한 시멘트 업종의 업황이 좋지 않고 이마트, 롯데마트 등 대형 할인점의 잇따른 출점으로 지역 상권이 크게 위축되어 있으며 인구가 지속적으로 감소하고 있다. 지역경제 발전을 위해서는 산업구조 재편이 시급하며 지역 특화 산업이자 잠재 성장동력인 한방산업의 역할과 비중은 막대하다.

제천은 한방산업 관련 전문기관 및 고급 인력 구비 등 풍부한 한방인프라가 갖추어져 있어 산학연 클러스터 형성이 용이하며, 중부 및 수도권과 인접하여 물류 수송이 용이하고 오랜 역사를 지닌 약초 시장이 형성되어 있다. 한방산업 육성을 위한 지방자치단체의 강한 의지와 정부정책이 맞물려 약초 시장 상인을 비롯한 지역 주민들의 호응도 높다.

제천 약초 시장은 강원 · 경북지역 고산 지대에서 채취한 무공해 자연산 청정 약초의 집산지 역할을 해왔으며 조선시대부터 명맥을 이어오고 있다. 단양, 영월, 평창, 정선, 진부 등 전국의 약재가 수집되어 1차 가공을 거친 후 전국 각지로 판매되는 약초의 집산지 및 도매 기능을 담당하고 있다. 연간 거래량이 약 30,000톤(500억 원)에 달하며 황기 등 60여 품목, 200여 종의 한약재가 전국 약초 시장에 공급되고 있다.

국내 약초 생산의 약 30%, 약초 유통의 약 70%를 점유하고 있어 지역 특화산업으로 유리한 조건을 구비하고 부가가치가 높은 2 · 3차 산업과의 연계기반을 확보하고 있다. 지역소재 한의과대학, 한방 병원 등과 공동으로 한약재제, 한방신약, 기능성 식품을 개발하고 한약재의 규격화와 표준화 실적도 양호한 편이다.

한방산업 발전에 불리한 여건도 갖고 있다. 황기 등 일부 품목에서는 강세이나 타 지역에 비해 약초 재배 면적 및 생산량이 미약하다. 약초 유통업체별 규모가 상대적으로 영세하고 취급 품목이 부족하며, 한약 제조업소가 소수에 불과하고 한약 품질관리 주관 기관과의 공간적 거리가 있다. 또한 국제화에 필수적인 임상 시험 및 제약 관련 기반 미약, 약초 관련 연구결과의 통합 및 활용과 약초 연구를 위한 재원 부족, 약초 생산자의 노령화 문제가 지적되고 있다.

2004년 준공된 제천 바이오밸리에는 제약 및 식품 업체가 다수 유치되었으며 바이오밸리 내 국내 유일의 한방 의약품 사업화 전문기관인 전통의약산업센터가 위치하고 산업 단지가 인접해 있어 제약업체와의 연계가 용이하다. 제천 한방산업 인프라 현황을 정리하면 표 3과 같다.

높은 성장성과 전후방 연관산업 효과 등을 감안하여 지역특화 및 성장동력으로 한방산업을 집중 육성하고자 하는 지방자치단체는 제천시를 포함하여 대구, 영천, 전주, 산청, 금산, 제주 등이 대표적이다. 이 지역들은 저마다의 강점과 유리한 환경을 발판으로 한방산업 중심지가 되기 위해 제천시 못지않은 치열한 노력을 펼치고 있다.

한방산업 특화를 목표로 하는 지방자치단체 및 한방기업 간 경쟁은 치열해지고 한방 소비자들의 기대 또한 높아지고 있다. 한방산업으로 특화

표 3 **제천 한방산업 인프라 현황**

사업주체	구분	세부 내용
한의약 단체	7개 단체	한의사회, 한약업사회, 한약도매업회, 한약재업회 등
약초 시장	업체 수	75개 업체 (연매출액 약 500억 원)
	주요 거래 품목	황기, 당귀, 황정, 더덕, 천궁, 홍화, 만삼, 장뇌삼, 상황버섯 등
한약재 생산농가	재배농가 면적	1,642농가 660ha(17개 읍면동)
	재배 작목	당귀, 홍화, 두충, 황기 등(황기, 전국 유통 1위)
한약전문 연구소	약초전문 연구소	세명대학교 한의학연구소
		대원대학교 식품과학연구소
한약 관련 인력배출기관	한방 관련학과	세명대학교 한의과대학, 자연약재학과 한방 식품영양학과, 창업보육센터
한방 병원	-	세명대학교 부속 한방병원
한약제조업체	업체	제천제약 등
	내용	2차 가공
전통의약산업 센터	위치	바이오밸리 내
	목표	한약제재 및 한방신약 연구개발 기능성 식품개발 한약재 규격화 · 표준화 창업지원 및 업체지원
바이오밸리	규모	37만 평
	업체	33개 업체
	목표	성공적인 기업 유치, 지역경제 활성화

출처 제천시 홈페이지 등

하려는 지방자치단체에도 경쟁논리가 중심이 되는 비즈니스, 마케팅 개념의 도입이 필수적이며 유효한 경쟁전략 수립 및 마케팅 역량은 지역특화 산업의 성공 여부를 결정짓는 핵심 요인이 되고 있다.

치열한 경쟁이 예상되는 한방 시장의 확고한 리더가 되기 위해서는 물적 · 행정적 지원 못지않게 한방 시장 내 경쟁구조를 올바르게 이해하고 시장의 관점에서 한방산업 내 위상을 객관적으로 분석하는 것이 우선되어야 한다.

한방 시장 분석

1) 한방 소비자 구매 행태와 시장세분화

한방 소비자의 구매 행태를 요약하면 다음과 같다. 한방 제품 구매 시 효능과 품질을 가장 중요하게 생각하고 명성과 신뢰를 중시하며 남과 다른 소비 및 건강 유지 목적으로도 한방 제품을 구매하는 것으로 나타났다.

여성이 남성에 비해 한방 제품 구매 시 판매자의 명성과 신뢰를 더 중시하고 있다. 연령별로는 50대 이상이 가격 및 명성과 신뢰를 상대적으로 중요하게 고려하고 있으며 30대는 품질 · 효능 · 쇼핑 용이성을, 10대는 서비스를 상대적으로 중요하게 생각하고 있다.

한방 제품과 서비스를 주로 구매하는 계층은 연령상 40대 이상의 비율이 높다. 새로운 소비자의 확보도 중요하지만 충성도 높은 소비자층의 이탈을 방지하기 위한 노력이 필요하다고 보며 이들의 생활 방식과 매체 이용 패턴, 인구통계 특성을 충분히 고려한 차별화된 마케팅이 절실하다고 본다.

최근 1년간 한방 제품별 연평균 구매 횟수와 구매 시 평균 구매금액을 보면 한방 의료 서비스, 한방 화장품, 한약재, 건강식품에의 지출이 상대적으로 큰 것으로 나타났다.

표 4 **한방 제품 구매**

(단위: 회/만 원)

	연평균 구매횟수	평균 구매금액	구매 총액
한방 화장품	0.54	21.40	11.58
한방 의료 서비스	1.55	19.63	30.45
한방 건강식품	0.42	23.50	9.82
한방 생활용품	0.60	4.45	2.66
한방 건강기구	0.10	15.35	1.54
한방 관광상품	0.03	18.30	0.60
한약재	0.42	30.90	12.91

한방 제품별 구매 의향을 보면 한방 의료 서비스가 가장 높게 나타났으며 한방 식품, 한방 화장품, 한방 생활용품 순으로 나타났다. 시장 규모, 구매 경험, 구매 의향을 종합적으로 고려하면 한방 의료서비스 시장이 가장 크며 한방 식품, 화장품, 약초 등 한약재 시장의 비중도 큰 것으로 나타났다.

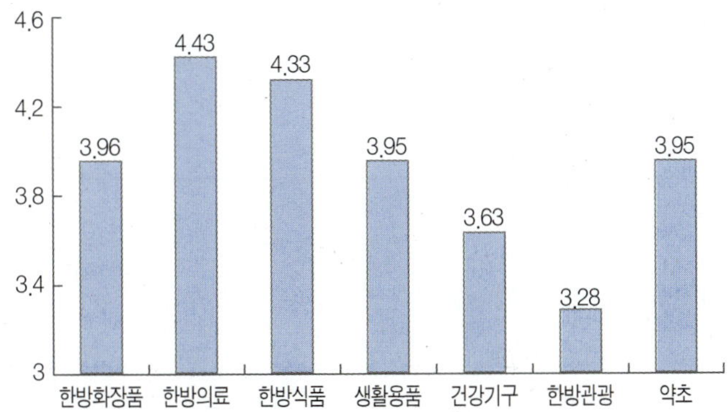

그림 1 한방 제품 구매 의향

한방 시장에 대한 정확한 분석을 위해 한방 소비자의 라이프스타일과 매체이용 패턴을 중심으로 한방 시장을 세분화하였으며 세분시장별 특징을 요약하면 표 5 와 같다.

표 5 한방 시장 세분시장별 프로파일

세분 시장	시장 특성	매체이용 패턴	인구통계 특성	시장 비율(%)
I	• 디자인과 유행에 무관심 • 메이커나 브랜드 중시하지 않음 • 문화 · 취미활동은 즐기지 않는 편	• 신문과 인터넷에 무관심 • 뉴스나 시사프로그램 선호 • 여성잡지 선호 • 한방정보는 뉴스, 지인 의존	• 고졸 이하 비중 큼 • 지방중소도시 거주	21
II	• 치료 시 한의원 선호 • 휴양과 힐링여행 관심 큼 • 가격보다 브랜드 의존성향 큼	• 인터넷과 신문 선호 • TV · 드라마 · 영화 선호 • 한방정보는 인터넷 광고 의존	• 주부 비중 높음 • 대도시 거주자	20
III	• 새로운 유행과 패션 빨리 소화 • 가격 중시 • 음악, 영화, 연극 등 문화활동 선호	• 인터넷 이용시간 많음 • 연예·스포츠프로그램 선호 • 한방정보는 인터넷 광고 의존	• 미혼비율 높음 • 대학생	21
IV	• 한방식품 선호 • 남녀 평등의식 강함	• 상대적으로 신문 선호 • 정치 · 경제 뉴스 관심 • 한방정보는 지인과 신문 의존	• 40대 기혼여성 • 대도시 거주 • 자영업자	38

2) 한방지향 도시별 포지셔닝

소비자는 제품구매 시 모든 제품을 고려하지 않는다. 즉 제품 선택 시 고려대상이 되는 제품 집합이 생겨 특정한 기준 또는 개념에 따라 고려대상을 묶게 된다. 따라서 소비자 관점에서 경쟁이 되는 제품들을 토대로 전략을 마련할 필요가 있다. 소비자들이 공통적으로 인식하고 있는 제품의 범주가 시장경쟁구조이다(Grover and Dillon, 1985).

특정 시장에 대한 구조적인 이해는 신제품의 포지셔닝 및 경쟁전략을 수립하는 데 유용하게 사용될 수 있으며 마케팅 전략 수립을 위해서도 필요하다. 소비자 관점에서 마케팅 전략이 수립되어야 한다는 점을 감안하면 상표 간 경쟁구조를 소비자 관점에서 분석하는 것은 기본이다.

한방 도시를 지향하는 도시는 제천, 문경, 금산, 영천, 산청, 전주, 제주 및 대구 등이다. 이들 도시들은 한방 도시로 자리매김하기 위해 적극적인 활동을 벌이고 있으며 중앙정부의 지원을 두고 강력한 경쟁관계를 이루고 있다. 비교대상으로 한방산업에서 제천시와 치열한 경쟁관계를 이루고 있는 이들 도시들을 선택하였다.

한방 소비자를 대상으로 조사한 주요 한방 도시들의 포지셔닝 맵은 그림 2 ~ 그림 5 이며 포지셔닝 맵에 대한 개괄적인 해석은 다음과 같다.

포지셔닝 맵상 위치가 가까울수록 소비자들이 비슷하게 인식하고 있어 상대적으로 경쟁 강도가 높음을 의미하며 멀리 떨어져 있을수록 다르게 인식하고 있어 경쟁관계가 약하다고 볼 수 있다. 포지셔닝 맵의 점 표시는 각 도시에 대한 소비자의 평가를 집약한 것이다. 변수 간 연관성 자료를 활용하는 요인분석과 유사성 자료를 활용한 다차원척도법으로 포지셔닝 맵을 각각 도출하였다.

속성들의 가치에 근거한 인식 구조를 밝혀 포지셔닝 맵을 작성하는 방법이 요인분석[2]이다. 요인분석의 핵심은 평가 대상에 대한 소비자의 인

2 요인분석은 공통요인에 의해서 종합적으로 도출된 차원이 무엇인지를 명확하게 알아볼 수 있으며, 다양한 속성을 통해 평가함으로써 소비자의 인식을 알아낼 수 있다. 이러한

식 구조가 어떤 것인가에 있으므로 속성 간 상관관계가 계산되며 포지셔닝 맵상 위치는 요인점수(factor score)에 의해 측정된다.

도시를 평가하는 요인을 추출하여 요인분석을 수행한 결과 평가 요인들은 보수성, 자연환경, 경제성(경제적 활력)의 3개 차원으로 축약되었다. 제천, 문경, 금산, 영천, 산청은 보수적이고 자연환경이 좋은 도시로 비슷하게 인식하고 있는 것으로 나타나고 있다. 서울과 대구는 자연환경에 대해 부정적인 인식이 강하며 보수성이 낮은 도시로, 제주는 자연환경이 좋은 도시로 인식되고 있다.

자연환경, 보수성, 경제성의 3가지 요인축에 의해 도출된 포지셔닝 맵 분석결과를 종합하면 서울 · 대구, 제천 · 문경 · 금산 · 영천 · 산청이 각각 비슷한 이미지를 가지고 있는 것으로 보인다. 제주는 다른 도시들과 차이를 보이며 다른 이미지로 인식되고 있다. 전주는 서울 · 대구와 제천 · 문경 · 금산 · 영천 · 산청 사이에 위치하고 있는 것을 볼 수 있다.

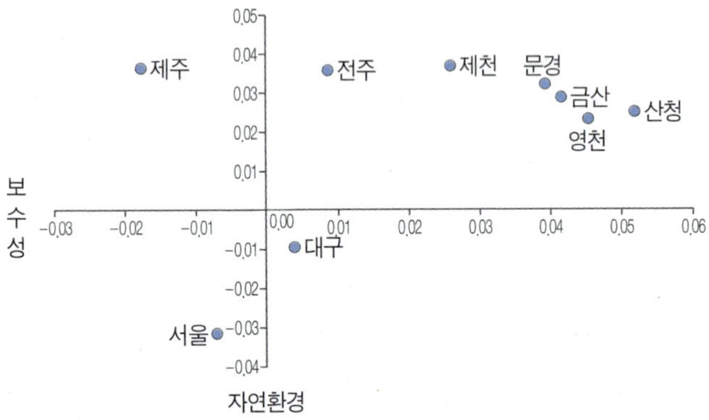

그림 2 포지셔닝 맵(보수성과 자연환경)

장점으로 도시 간 소비자 인식 비교에 활용하기 좋다.

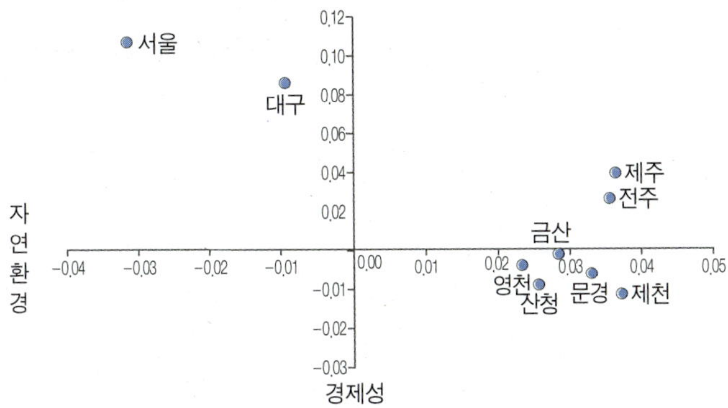

그림 3 포지셔닝 맵(자연환경과 경제성)

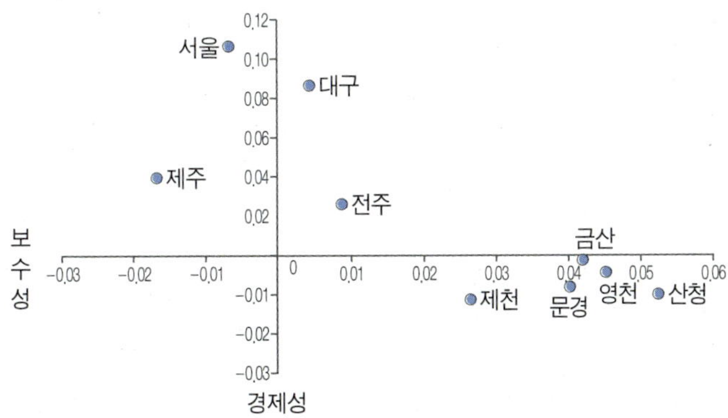

그림 4 포지셔닝 맵(경제성과 보수성)

심리적 거리상의 인식 차이가 중요하게 적용되는 다차원척도법을 이용하여 포지셔닝 맵(그림 5)을 도출하였다. 산청 · 영천 · 대구, 문경 · 제주 그리고 제천 · 금산이 비슷하게 위치하고 있으며 서울은 이러한 도시들과 크게 다르게 인식되고 있음을 알 수 있다. 속성별 평가치를 입력 정보로 활용하는 요인분석에서 도출된 포지셔닝 맵과 비교하여 비교대상 간 물리적 거리가 주로 평가되는 심리적 유사성 기준 프로그램의 특징이 반영된 것으로 분석된다.

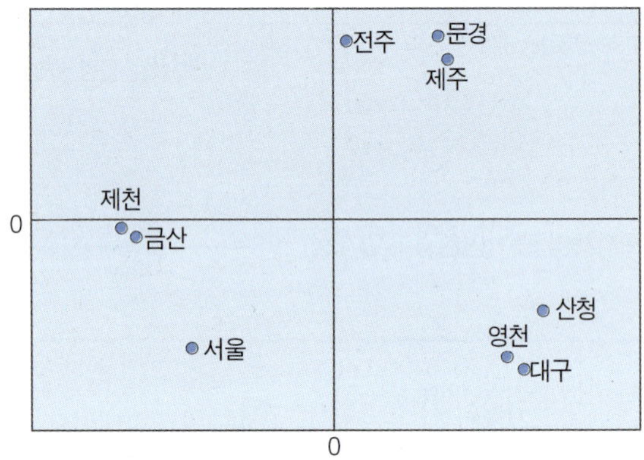

그림 5 포지셔닝 맵(심리적 유사성 기준)

3) 한방지향 도시 간 경쟁구조

한방지향 도시들이 소비자들의 평가에 따라 어떻게 집단화되는가를 규명하기 위하여 군집분석을 시도하였다. 이때 도시평가 속성인 주거 편의, 발전 가능성, 자연환경, 보수성, 경제수준 등을 기준으로 평가하였다. 그림 6 은 한방지향 도시 간 경쟁구조를 보여주는 군집분석의 결과이다.

수평축은 한방지향 도시별 소비자들이 인식하는 차이이며 수직축은 한방지향 도시들이다. 군집 과정을 살펴보면 제천과 금산, 산청, 영천이 가까운 거리에서 군집화되고 이 군집이 전주와 2차 경쟁구조를 갖는 것

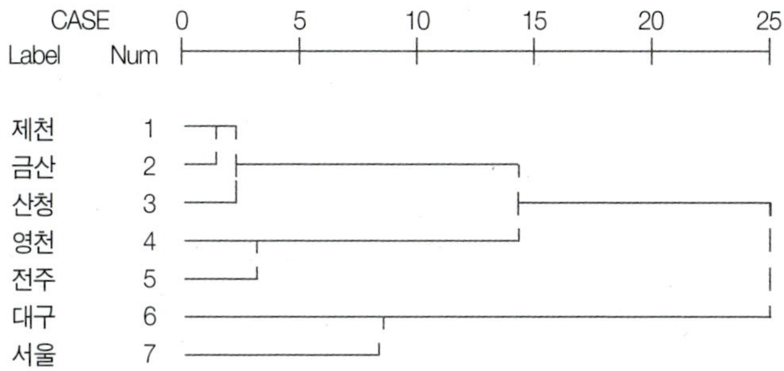

그림 6 한방 도시 간 경쟁구조

으로 나타났다. 서울과 대구는 하나의 군집을 이루고 있는 것으로 나타났다. 제천과 금산, 산청, 영천을 유사하게 인식하고 있어 이러한 한방지향 도시 간 직접적인 경쟁관계가 이루어짐을 알 수 있다. 군집분석 결과를 보면 제천, 금산, 영천, 산청 간 1차 경쟁이 일어나 서울과 대구와는 상당한 거리에서 경쟁구도를 형성하고 있는 것으로 나타났다.

4) 약초 시장 고객만족 수준 비교

한방 소비자 대상 약초(령) 시장 고객 만족도 조사결과 만족도는 품질, 배송 서비스 · 업무 처리, 직원 친절 및 전문 지식, 가격 순으로 중요도는 품질, 가격, 배송 서비스 · 업무 처리, 직원 친절 및 전문 지식 순으로 나타났다. 품질을 가장 중시하고 있으며 만족도는 가격이 가장 낮게 평가되었다.

개별 한방지향 도시를 대표하는 약초 시장에 대한 평가를 보면 서울 약령시가 전반적으로 가장 높은 평가를 받고 있으며 대구, 금산, 영천, 제천 순으로 나타나고 있다. 서울 약령시가 배송 서비스와 직원 지식 및 친절

도에서 가장 높이 평가되고 있으며, 대구 약령 시장은 품질과 업무처리 만족도가 높게 나타났다.

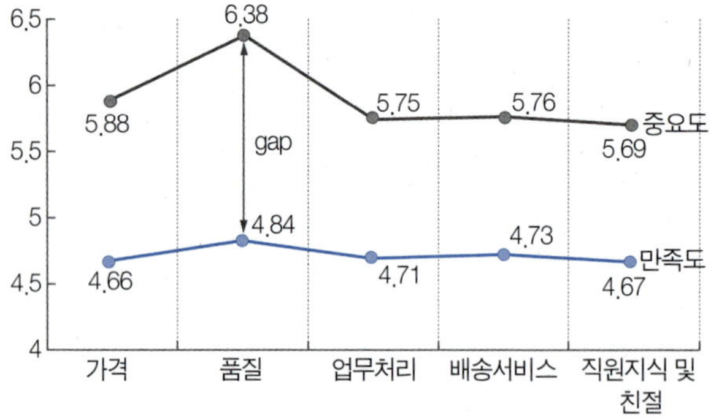

그림 7 속성별 만족도와 중요도

대구, 금산, 서울, 영천은 가격과 품질 모두 상대적으로 높은 만족도를 얻고 있으며 전주, 산청, 청양은 낮은 만족도를 보이고 있다. 제천은 전반

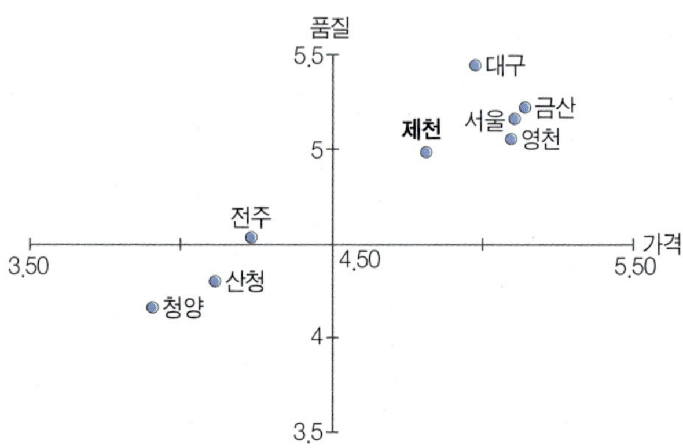

그림 8 약초 시장 만족도(품질, 가격)

적으로 긍정적으로 평가되고 있으나 가격과 품질 면에서 상대적으로 낮은 만족도를 보이고 있다.

서비스 역시 서울, 대구, 영천, 금산이 상대적으로 높은 만족도를 보이고 있다. 제천은 전주, 산청, 청양과는 차이를 보이고 있으나 다른 시장과 비교할 때 개선해야 할 부분이 있는 것으로 보인다.

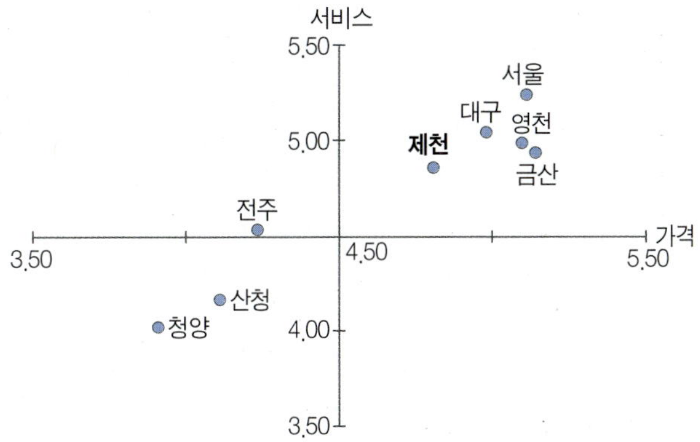

그림 9 약초 시장 만족도(서비스, 가격)

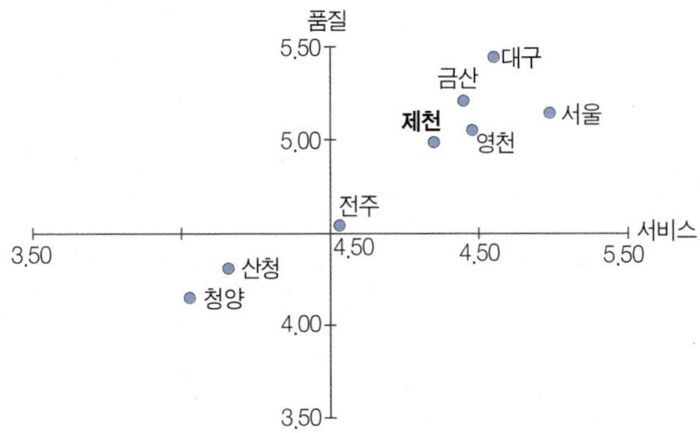

그림 10 약초 시장 만족도(서비스, 품질)

브랜드 개발

시장을 선도하려면 브랜드 개발과 강력한 브랜드 이미지 구축이 필요하다. 약초 상품들은 비닐에 스티커만 붙이거나 끈으로 묶어 판매되는 등 한정된 디자인과 제품으로 고급화 이미지에 미치지 못하는 실정이다. 약초도 허브나 녹차처럼 여러 가지 응용 상품이 나와 웰빙 문화상품으로서의 가치가 재평가되어야 하며 한방 시장을 선도하려면 브랜드 개발이 필요하다고 본다.

지방자치단체 차원에서 활용하고 있는 브랜드 사례분석 결과 지역명을 활용한 공동 브랜드와 비지역명 개별 브랜드 두 유형의 장단점이 분석되었다. 지역명 공동 브랜드는 지역 특산물의 신뢰를 강화하고 지역의 인지도나 이미지를 동반 고취시킬 수 있으나 한정된 제품에 국한되어 브랜드 확장이 어려운 점이 지적된다. 비지역명 개별 브랜드는 브랜드 확장성이 우수하고 차별화된 브랜드 개성 및 이미지 표현에 유리한 반면 브랜드 인지도 제고 및 커뮤니케이션에 많은 비용이 요구된다.

공동 브랜드 전략과 개별 브랜드 전략 선택의 이론적 배경을 장단점으로 요약하여 정리하면 표 6과 같다.

한방 브랜드는 제천의 전통적 신뢰성을 기반으로 지역의 특화된 이미지 구축 및 브랜드 확장 용이성을 고려하고 '대한민국 대표 한방도시 = 제천'이라는 한방산업을 선도하는 신뢰성, 전문성, 품질의 우수성을 전달하는 브랜드가 되어야 한다. 약초 · 한방을 중심으로 제천의 지역적 특성을 반영하고 '웰빙'이라는 감성적 가치를 담을 수 있는 대표 브랜드 개발이 필요하다고 보며 브랜드 개발을 위한 키워드를 제천 · 약초 · 한

표 6 브랜드 전략 비교

	공동 브랜드 전략	개별 브랜드 전략
장점	• 마케팅비용 절감 효과가 높다. • 소비자들은 같은 브랜드를 여러 제품군에 사용하는 기업의 품질은 믿을 만하다고 생각한다. • 한 가지 제품의 성공이 같은 브랜드를 사용하는 다른 제품에 대해서도 긍정적인 영향을 미칠 수 있다.	• 브랜드별로 별도의 마케팅 전략을 수립할 수 있으며 브랜드에 의한 시장세분화가 가능하다. • 브랜드별로 별도의 이미지를 구축하고 다른 세분시장을 공략할 수 있기 때문에 상대적으로 공동상표 전략보다 자기잠식 효과가 적은 편이다. • 한 가지 제품이 실패하더라도 다른 제품에 대한 부정적인 영향이 줄어든다.
단점	• 한 가지 제품의 실패가 다른 제품에까지 나쁜 영향을 미칠 수 있다. • 초기 제품이 강한 이미지를 형성하면 다른 제품에 공동 상표 전략을 유지하기가 어려워진다. • 신제품이 이와 유사한 자사 제품의 매출을 잠식할 가능성이 높다.	• 마케팅비용이 상당히 많이 소요된다. • 한 가지 브랜드가 성공하더라도 다른 브랜드에 미칠 파급 효과를 기대하기 어렵다. • 소비자들에게 수많은 브랜드로 혼동을 줄 우려가 있으며 관리 비용의 증가 및 경영의 비능률화를 초래할 가능성이 높다.

출처 안광호 · 이진용(1997). 브랜드파워. 한언. p. 200.

방 · 웰빙으로 정하고 키워드별 지향점과 브랜드 개발 콘셉트를 다음과 같이 제안한다.

- 제천: 제천의 역사성과 전통성을 반영
- 약초: 제품 카테고리 속성 표현
- 한방: 한방의 기능적 효능 중심
- 웰빙: 한방을 통해 달성할 가치

표 7 브랜드 개발 콘셉트

주제	내용
Meaning	• 전국 3대 약령시의 역사적 전통, 한방 관련 전문성(제품 및 서비스 우수성, 신뢰성) 반영
Image	• 한방 산업 중심지로서의 대표성, 신뢰성, 전문성 반영 • 역사적 전통성의 고급스럽고 세련된 이미지
Verbal	• 한방 관련 전문가뿐만 아니라 일반인들도 쉽게 읽고 발음 가능한 이름
Strategy	• 연구, 생산, 가공, 유통 등 한방산업 전반을 아우르는 확장성 고려 • 원료, 2차 공산품, 식품서비스 등 상이한 비즈니스 카테고리 적용 • 브랜드 커뮤니케이션 효율성과 브랜드 관리 용이성 고려

결론

산업 내 성공을 위해서는 전략적 목표를 잘 설정하여야 한다. 전략적 목표가 있어야 역량이 효과적으로 결집되어 발휘될 수 있기 때문이다. 따라서 제천시의 경쟁력, 내부 여건 등을 고려한 전략적 목표가 설정되어야 한다. 전략적 목표가 확고하게 설정될 때 올바른 전략적 선택을 할 수 있고 효과를 발휘할 수 있다.

제천시의 전략적 목표는 한방 시장 내 최대 지방자치단체가 아닌 최고의 지방자치단체가 되어야 한다. 경쟁력, 내부 능력, 시장 상황, 도시 이미지 등을 고려하면 단기간에 최대 리더가 되기는 쉽지 않다고 보며 우수한 한방 인프라를 기반으로 최고(Best Quality)를 지향해야 한다.

'제천 하면 한방, 한방 하면 제천'이라는 확실한 이미지 확보를 위한 집중 대책이 필요하다. 약초 재배, 한방제품 유통과 제조업 종사자들이 갖는 다양한 욕구 및 한방 관련 정부정책에의 선도적 대응도 적극 요구된다.

한방 시장 내 위상을 정확히 파악하고 경쟁 도시와의 차별적 속성을 찾아 이를 제천시 포지셔닝에 유효하게 반영하여야 한다. 약초의 재배, 유통, 생산, 마케팅, 서비스를 총괄하는 기능이 필요하며 한방 시장을 세분화해 적절한 목표시장과 취약한 소비자층을 대상으로 제천시 이미지, 특히 한방 관련 이미지를 공고하게 포지셔닝해야 한다.

한방 제품, 한방 의료, 한방 관광 등 한방에 대한 소비자 인식을 긍정적으로 변화시켜 시장 전체의 파이를 늘려 나가는 시장 선도자로서의 역할 역시 중요하다. 이러한 노력은 제천산 한방 제품과 각종 서비스, 관광 산업 등의 성과에 직접적인 영향을 미칠 것으로 본다. 한방 도시로서의 강력한 포지션 확보와 도시 이미지 개선은 제천시 브랜드 가치 제고에 훌륭한 동력이 될 것으로 예상한다.

수십 쪽에 달하는 보고서를 정독하며 이대희 시장은 깊은 상념에 빠진다. 오랫동안 막연하게 생각해 오던 지역경제 활성화와 한방산업 육성의 방향이 명확하게 잡히는 것 같다. 보고서 내용을 토대로 체계적인 실행 프로그램이 필요하리라 생각하며 남은 임기 내 전력을 기울여 가시적 성과를 내리라 굳게 다짐한다.

사례 요약

경기 악화 등의 이유로 야심차게 준비해 온 지역개발 사업이 연이어 무산되고 인구의 지속적인 감소 등 위기에 처한 제천시 상황은 소규모 지방도시가 처한 어려움을 대변하고 있다. 특별한 산업 기반이 없는 제천시는 지역경제 발전을 위한 산업구조 개편이 시급한 상황이다. 특화 산업의 집중적인 육성과 성공만이 지역경제 활성화로 연결되어 지역 문제 해결의 본질이라 판단한 제천시는 약초 생산 및 유통 등 우수한 한방 인프라를 활용한 한방산업 특화에 전력을 기울이게 된다.

유망한 성장 분야인 한방산업에는 강력한 경쟁도시들이 다수 존재한다. 특화산업 성공이 목표인 지방자치단체 간에도 경쟁 논리가 적용되며 비즈니스 · 마케팅 개념의 도입이 필수적이다. 본 사례는 지방자치단체 간 치열한 경쟁이 벌어지는 한방산업에서 다양한 시장조사 자료를 기초로 마케팅 및 경쟁전략을 수립하고 토론하는 '교육용 사례'로 개발되었다. 본 사례는 도시마케팅의 전형적인 예시로 지방자치단체와 같은 비영리 · 공익기관에 비즈니스의 원리가 적용되고 활용될 수 있음을 이해하는 소중한 계기가 된다.

사례 목적

1. 지방 소재 지방자치단체가 처한 현실과 지역경제 발전의 중요성을 인지하고 도시마케팅 전개에 있어 특화 지향도시 간 경쟁구조 분석

의 필요성을 이해한다.

2. 산업구조 분석과 SWOT 분석, 경쟁전략 분석 틀을 적용하여 산업 내 경쟁전략을 제안하고 토론하는 기회를 갖는다.
3. 한방 소비자 구매행동, 포지셔닝 맵과 경쟁구조 분석 및 고객만족 비교 등 시장조사 자료를 기초로 특정 산업 내 마케팅 전략을 수립하고 평가하는 기회를 갖는다.

토의 주제

1. SWOT 및 산업구조 분석을 기초로 제천시의 한방산업 특화 타당성 논의
2. 한방지향 도시 간 시장경쟁구조 분석 결과의 함의 분석
3. 한방 특화를 위한 제천시 마케팅 전략(목표시장, 포지셔닝 등)
4. 브랜드 개발 방향과 콘셉트 논의

사례 분석

1) 산업구조 분석과 한방산업 특화 타당성

사례 내 주어진 자료와 정보를 기초로 한방산업 특화를 시도하는 제천시에 주어진 외부환경 및 내부 여건을 표로 정리하면 다음 〈제천한방산업 SWOT〉와 같다.

산업조직론에서는 전통적으로 산업의 구조가 산업 내 플레이어들의 행동을 결정하고 행동이 산업의 수익성을 결정한다고 보고 있다. 이를 구조-행동-성과 패러다임으로 부른다.

〈제천한방산업 SWOT〉

강점(Strength)	약점(Weakness)
• 한방산업 인프라 구비 • 한약재 유통 시장 형성과 지리적 물류 요지 • 청정 자연 기반의 우수 한약재 • 지자체의 강한 의지와 시민의 높은 호응	• 한약재 재배 · 생산 능력 미약 • 유통업체 규모 및 유통시설 미약 • 우수 한약재 생산 및 임상 시험 기반 부족
기회(Opportunities)	**위협(Threat)**
• 한방산업 관련 기술 발전 • 건강 웰빙의 대두로 한방산업 관심	• 중국 저가 약재 • 치열한 경쟁 (경쟁도시, 제약, 화장품, 식품업체 시장 진입)

마이클 포터(Michael Porter)가 제안한 산업구조 분석 틀은 산업의 구조를 분석하는 방법으로 널리 알려져 있다. 포터의 분석 틀에 따르면 개별 산업의 구조를 평가하려면 다음과 같은 다섯 가지 요인들을 고려하여야 한다.

① 현재 시장 내의 경쟁
② 잠재적 진입자의 위협
③ 구매자의 교섭력
④ 공급자의 교섭력
⑤ 대체재의 위협

한방 시장 내 경쟁은 지방자치제의 정착과 지역경제 활성화를 위한 지역특화 산업을 위해 다수의 지방자치단체들이 한방 시장에 진입해 있는 상태이며 한방 관련 자원이나 유통 등 한방 인프라가 갖춰진 지방자치단체와 화장품 · 식품 · 제약업체들이 지역 연고 산업의 활성화와 시장 매력성을 명분으로 한방 시장에 적극 진출하고 있다.

웰빙 · 건강에 관심이 높아지고 자연 치료 요법에 대한 관심 역시 커지면서 한약재 구매와 한방 치료, 한방 화장품, 한방 식품 수요가 증가하고 있다. 이에 한약재 원산지와 성분을 꼼꼼히 따지는 등 소비자의 구매 패턴은 갈수록 까다로워지고 있다.

GAP(Good Agricultural Practices: 우수 농산물 품질관리 제도)나 GMP(Good Manufacturing Practices: 우수 한약재 제조관리 기준) 등 엄격한 한약재 관리 기준이 적용되고 있고 한방 제품과 약재에 대한 수요가 증가하고 있다. 그러나 가격의 불안정성에 따른 한약재 재배 기피 현상과 생산 농민의 노령화로 한약재의 상당 부분을 중국에 의존하고 있는 상태이다. 또한 한방 의료 서비스, 한방 화장품과 한방 식품, 한방 유통산업의 가시적 성장에 자극받은 서양의학 기반 의료기관들과 제약 · 화장품 · 식품기업들이 공격적 신제품 개발 등으로 시장 사수에 전력을 다하고 있는 상황이다.

한방 시장의 치열한 경쟁과 강력한 선발도시 대비 경쟁 열위, 제한된 자원 등을 이유로 한방산업 특화보다는 지리적 우위와 성장성 등을 고려하여 물류산업 등 다른 대안을 모색하자는 의견도 있다. 그러나 시장 선택을 위한 매력도기준인 시장규모, 성장성 등 외형적 요인과 시장 구조적 요인을 고려하고 한방 시장에 있어 경쟁우위 요소와 경쟁 관계, 산업 적합성을 전반적으로 평가하면 특화산업으로 제천시가 한방산업을 선택하는 것은 타당하다고 판단된다.

2) 한방지향 도시 간 경쟁구조 분석 결과의 함의

한방 시장 내 강력한 시장지위 확보를 위해서는 소비자 입장에서 전체 한방 시장을 이해하고 제천시에 대한 인식이 어떤지, 제천시가 소비자의 한방 제품과 서비스 선택기준을 얼마나 만족시키고 있는지에 초점을 두고 한방 시장 경쟁구조를 제대로 인식하는 것부터 출발해야 한다고 본다.

한방지향 도시 간 경쟁구조 분석 결과를 보면 제천시의 1차 경쟁자는 금산, 산청, 영천 등으로 나타났다. 한방 소비자들은 제천과 금산, 영천, 문경, 산청을 속성기준에서 유사하게 인식하고 있는 것으로 나타났다.

제천은 경쟁 도시들과 경쟁구조상 차별화가 이루어지고 있지 않다. 소규모 도시인 금산, 산청, 영천과 심각한 경쟁관계이며 이들 도시들과 차별화할 수 있는 프로그램 개발이 필요한 상황이다. 자연환경에서 유리한 평가를 받고 있지만 금산, 영천, 산청 등 경쟁도시와 비교 시 경쟁우위에 있다고 볼 수는 없다. 보수성과 경제적 활력 등 다른 요소에서는 대구, 제주, 전주 등 경쟁 도시들보다 불리한 평가를 받고 있는 것으로 나타났다.

경쟁자를 올바르게 파악하고 경쟁자에 대해 상대적으로 우월한 위치를 추구하는 것이 경쟁전략의 요체이다. 성공적인 경쟁전략을 도출하기 위해서는 경쟁자와 경쟁 상황을 정확히 인식해야 한다. 경쟁상의 위치를 유리한 방향으로 이끌기 위해서는 다음의 문제를 명확히 하여야 한다.

- 누가 경쟁자인가?
- 경쟁자와의 주된 경쟁 요인은 무엇이며 경쟁우위 요인은 무엇인가?
- 경쟁적 우위를 확보하고 유지하기 위한 방책은 무엇인가?

포지셔닝 맵을 살펴보면 제천은 한방특화 지향 소도시들과의 소비자 인식상 뚜렷한 차별화가 이루어져 있지 않고 유사하게 인식되어 경쟁이 심한 상황이다. 그러므로 제천 한방 제품의 차별적 우위 요소를 올바르게 파악하여 경쟁 도시에 대비한 유효한 경쟁우위 수단으로 적극 활용하여야 한다. 제천시의 차별적 경쟁우위 요소를 정리하면 다음과 같다.

- 우수한 한방 약재와 기술개발능력
- 전국 약초 생산의 약 30%, 약초 유통의 70% 이상을 점유한 강력한 유통망
- 중심 입지와 교통 요충지로서의 물류 거점
- 청정한 자연환경

한방 시장 내 제천시의 위상을 시장 개척자로 보아야 하는지, 후발자의 위치로 보아야 할지 논란이 있을 수 있지만 한방 시장 내 제천시의 경쟁력, 역사, 시장 지위 등을 고려하면 시장 선도자의 위치로 설정하는 것이 타당하다고 본다.

시장 선도자는 새로운 시장에 먼저 진입함으로써 얻게 되는 경쟁 우위가 성장기와 성숙기에 걸쳐 지속되며 높은 시장 점유율과 수익률이 유지된다는 것이 마케팅의 정석이다. 따라서 제천시는 한방 시장 자체 크기를 확대시키는 다양한 방법의 강구와 선도적 실행이 요구된다. 또한 주력 한방 도시나 한방 제약 및 한방 화장품 기업 및 단체들과의 전략적 제휴를 통해 한방에 대한 이미지 개선과 정부의 한방 정책 수립에 영향을 끼치는 역할을 주도해야 한다고 본다.

3) 한방특화를 위한 제천시 마케팅 전략(목표시장, 포지셔닝 등)

사례에서 제시된 라이프스타일과 매체이용 패턴 중심의 한방 시장 세분화 자료를 참고하면 제천시가 중점을 두어 공략할 최우선 목표시장으

로는 세분시장별 시장 규모와 시장 특성을 고려 시 '세분시장 IV'가 보다 적절하다고 본다. 인구 통계적 기준으로는 대도시에 거주하는 40대 이상 여성과 자영업자에 초점을 두어 제천시의 한방 관련 마케팅 역량을 집중시키는 것이 바람직하다고 판단된다.

제품의 포지션은 소비자들이 경쟁 제품과 비교하여 갖는 지각, 인상, 느낌 등의 복합체로서 포지션이 원하는 바와 같다면 이는 포지셔닝이 잘된 것이고 그렇지 않다면 잘못된 것으로 재포지셔닝(repositioning)이 필요하다. 포지셔닝은 경쟁 브랜드에 비하여 차별적으로 받아들일 수 있도록 고객들의 마음속에 위치시키는 노력으로 포지셔닝의 핵심은 차별성에 있다.

소비자가 선택할 수 있는 여러 대안 중 자사의 브랜드가 소비자에게 선택되기 위해서는 경쟁 브랜드와 대비되는 차별적 우위성을 소비자들이 인식하여야 한다. 마케팅의 이러한 기본 원칙하에서 한방 시장에서의 제천시 포지셔닝을 평가하고 대안을 제시한다.

우선 한방 시장 내 제천시의 차별적 우위성에 대한 개념을 명확하게 설정하고 효과적인 커뮤니케이션 활동을 통해 이를 소비자에게 제대로 인식시켜야 한다. 요인분석과 다차원분석, 군집분석 결과를 종합적으로 고려하여 제천시의 현재 포지셔닝을 정확히 분석하고 경쟁 우위를 점할 수 있는 체계적인 포지셔닝 전략의 수립이 필요하다고 본다.

제천시는 한방산업의 핵심 인프라를 많이 갖고 있으므로 인프라의 속성과 차별적 특징을 고객편익과 연결시켜 관련된 정보를 소비자들에게 설득력 있게 제공해야 한다고 본다. 청정 자연에서 생산된 한방 약재와 이를 가공한 한방 화장품 및 식품은 물론, 경쟁 소도시에 비해 편리한 입지와 우월한 한방 의료, 레저 관광, 휴양 등 에코테라피(ecotherapy) 서비스의 차별적 우위를 강조하여야 한다. 무엇보다 전국 3대 약령 시장 보유 등 약초 생산과 유통 리더의 강점을 최대한 활용해야 한다고 본다.

순수한 청정 자연에서 생산된 높은 효능과 검증된 고품질의 한방 약재와 이를 원재료로 생산한 한방 화장품, 한방 식품, 한방 건강기능식품을 충분히 자랑하여야 한다. 아울러 경쟁 도시들에 비해 유리한 입지와 청정 자연, 한방 의료와 먹거리, 경관을 활용한 차별적 포지셔닝을 확보하여야 한다. 한방 시장 내 경쟁우위 요소가 차별적 제품, 광고 및 홍보, 물류·유통 역량임을 분명히 인지하고 이를 충분히 활용해야 한다.

이를 위해 '제천'이라는 브랜드의 포지셔닝과 일관된 콘셉트의 광고 홍보전략 수립과 실행이 필수적이며, 경쟁력 있는 한방 제품과 서비스의 제품기획 능력도 갖춰야 한다. 제품과 서비스의 고품질 유지와 철저한 A/S는 기본이다. 속성별 고객만족 조사 결과 상대적으로 낮은 평가를 받고 있는 가격 등 속성별 만족 수준을 높여 제천산 한방 제품의 고객만족 수준을 전반적으로 향상시키는 것 역시 중요한 일이다.

제천은 보수적이며 경제적 활력이 떨어지는 지방 도시로 인식되고 있다. 이는 한방산업을 지역의 대표산업으로 발전시키고 이를 발판으로 지역 발전을 도모하려는 제천시 입장에서는 불리한 평가이다. 지역 이미지는 지역에서 생산된 제품의 평가와 구매 및 방문 의도에 매우 유의하게 영향을 미치고 있음을 고려하면 제천시가 갖는 보수적이며 활력이 떨어지는 이미지의 쇄신이 절실하다. 따라서 한방산업 발전과 한방특화 도시 비전을 달성하기 위해서는 도시 이미지의 리포지셔닝이 필요하다. 제천시의 차별적 우위속성(청정, 입지, 의료, 관광, 휴양의 품질 등)을 도시 포지셔닝의 유력 개념으로 개발하여 도시 이미지 개선을 목표로 지속적이며 일관된 광고 홍보, 커뮤니케이션 전략을 실행하고 효과를 주기적으로 평가하고 보완하여야 한다고 본다.

4) 브랜드 개발 방향 논의

공동 상표 전략과 개별 상표 전략의 선택에는 여러 요인들이 영향을 미친다. 개별 브랜드가 소비자에게 제공할 수 있는 차별화된 가치, 시장의 규모와 성장률이 중요한 결정 요인이 된다. 이외에도 기업의 규모와 사업범위, 제품 범주의 성격, 경쟁 정도, 전문화 정도, 기업의 마케팅 활동에 대한 투자, 새로운 브랜드의 필요성 여부, 실패에 대한 위험부담, 기업의 범위와 산업 규모 등에 의하여 영향을 받는다(안광호 · 이진용, 1997).

제천 한방을 대표할 수 있는 대표 브랜드의 개발은 매우 필요하다고 본다. 한방 분야는 약초 등 1차 생산품과 이를 가공한 식품, 의약품과 화장품 등 2차 제품 그리고 의료 및 휴양 서비스 등이 포함된다. 한방산업 세부 분야별로 개별 브랜드를 운영하면 불리함이 장점보다 많을 것이므로 이를 아우를 공동 브랜드의 필요성이 크다고 본다.

브랜드 관련 이론에서도 신규사업 진출 시 기업명이 공동 상표로 적합하지 않거나 차별화가 필요하다고 판단될 때 공동 상표 개발을 권유하고 있다. 지역명을 활용한 공동 브랜드는 지역 인지도를 활용한다는 면에서는 유리하지만 브랜드 확장 등에 한계를 가진다. 따라서 한방 시장의 특성을 반영한 비지역명 브랜드 개발을 권장하며 이때 한방 시장과 제천의 특성, 경쟁우위 요소를 핵심 콘셉트로 반영한 네이밍, 디자인 개발이 관건이다.

참고문헌(References)

세명대학교 한의학 연구소(2004). 중부권 제천한방산업단지 기본모델 설정.

안광호 · 이진용(1997). 브랜드파워. 한언.

제천시(2005). 한방특화도시 가꾸기 2010프로젝트 단위 사업별 종합계획서.

한국보건산업진흥원(2013). 한방산업 육성을 위한 실태조사 연구.

한국한의학연구원(2004). 국내 한방산업 육성 방안과 경제성 분석연구.

Day, G. S., Shocker,A. D. and Srivastava R. K.(1979). "Customer Oriented Approaches to Identifying Product Markets", *Journal of Marketing, 43*(Fall), 8-19.

Fraser, C. and Bradford, J. W.(1983), "Competitive Market Structure Analysis: Principle Partitioning of Revealed Substitutabilities", *Journal of Consumer Research, 10* (June), 15-30.

Grover, R. and Dillon, W. R.(1985). "A Probabilistic Model for Testing Hypothesized Hierarchial Market Structures", *Marketing Science, 4*(4), 312-335.

Porter, M. E.(1980). *Competitive Strategy: Techniques for Analyzing Industries and Competitors.* The Free Press.

Porter, M. E.(1985). *Competitive Advantage.* The Free Press.

Prahalad, C. K. and Hamel, G.(1990). "The Core Competences of the Corporation", *Harvard Business Review,* May-June, 79-91.

Abstract

Ever since launching a self-governing system in 1995, local governments have constantly focused on regional development. Jechon, one of local small cities in Korea, is in big trouble from a lack of specialized industry and population outflow. It is highly required for Jechon to develop a specialized industry to recuperate the city's bad economic condition. Jechon has planned to choose and promote an oriental medicine as their specialized industry to revive the economy.

Considering high growth potential and investment returns, many cities including Jechon have focused on developing oriental medicine as their main industry. As competitions are expected to be strong within cities which aim to be a leader in this industry, Oriental medicine consumers' need and expectation also have consistently increased.

A local cities seeking to develop economy through specialized industry like Jechon are required to have business and marketing concept that is considered as a basis of competitive theory. Having a sustainable and effective business /marketing strategy will become a key success factor to survive in fierce competition. To position the city firmly as oriental medicine specialized city, managing city image properly is crucial as well as having a differential competitive strategy.

This paper mainly discuss how Jechon's having competitive advantages from customer, market, and marketing standpoints. This paper is also written with the purpose of discussing business case based on various marketing research datas including competitive market structure analysis, city image, consumer satisfaction, and purchasing behavior.

Key Words: City marketing, Marketing case, Oriental medicine industry

한국대학에서의 경영교육의 현재와 미래

김주영 | 서강대학교 경영대학

한국대학에서의 경영교육의 현재와 미래

김주영
서강대학교 경영대학

경영학에 대한 사회의 수요가 예전과는 다른 느낌이다. 역사가 흘러감에 따라서 다양한 학문이 생겨나고 또 자취를 감추었다. 본고에서는 경영학이 지금까지 사회에서 해왔던 역할을 생각해 보고, 미래의 사회에 필요한 경영학과 경영교육의 모습이 무엇인지를 생각해 보고자 한다. 좀 더 구체적으로는 교육의 대상인 학생, 교육내용, 강사, 경영대학의 비즈모델을 중심으로 경영대학이 변해야 할 여러 가지 방향을 모색해 볼 것이다.

경영학은 산업혁명이 시작되면서 기업이라는 조직이 생기고, 기업을 운영하는 효과적인 방법을 찾아내기 위하여 생겨났다고 할 수 있다. 기업의 규모가 점차 커짐에 따라 기업을 운영하기 위해서는 개인의 능력에 의존하기보다는 조직구성원 모두가 체계적인 지식을 갖추어야 했다. 이제 기업은 우리 사회 어디서나 볼 수 있는 매우 보편적인 조직이 되었고, 경영 관련 교육은 정규과정이 아니어도 일하면서도 배울 수 있는 기회가 많아졌다. 다음 절부터 전통적인 경영학 교육과정인 2년 혹은 4년간의 경영학부과정과 그 이후 2년의 석사과정 및 4년 이상의 박사과정을 포함한 다양한 경영교육과정이 사회에 기여하는 점을 성찰해 보고자 한다.

경영학

많은 사람들이 경영학의 시작은 프레드릭 테일러(Frederick W. Taylor)의 과학적 관리(Scientific management)라고 생각하며, 현대 경영학은 피터 드러커(Peter F. Drucker)로부터 시작했다고 말한다. 사상적으로는 유럽에서 시작했다고 할 수도 있지만, 실질적으로는 미국에서 꽃피워 전 세계로 퍼져나갔다. 우리나라에는 일본을 통해 '상학'이라는 이름으로 들어왔으며, 현대 경영학은 미국에서 유학한 학자들이 국내에 들어오면서 본격적으로 발전되어 현재에 이르렀다. 학문의 발전은 해당 학문의 전파, 즉 교육을 통하여 후학들이 많아지면서 더욱 가속도를 내게 된다. 후학들이 많이 생기기 위해서는 학문이 세상에 도움이 되고 필요한 곳이 많아져야 가능해진다. 즉 사람들이 생활하는 데 실질적인 도움이 되어야 하는 것이다.

경영학은 사람들이 만든 기업이라는 조직을 운영하는 데 필요한 지식을 연구하는 학문이다. 만약 기업이 정부와 같이 국가별로 한 개씩만 존재했거나 기업에서 많이 필요로 하지 않았다면, 경영학은 지금처럼 번성하지는 않았을 것이다.

경영학을 번성시키는 또 다른 요인들은 경영학자들과 연구대상이 되는 많은 기업들, 또 그들의 다양한 활동이다. 사실상 경영학자들을 먹여 살리는 연구비와 교수를 비롯한 컨설턴트 등 다양한 경영 관련 직업, 더 나아가 경영교육을 받고자 하는 학생들의 수가 직접적인 요인이라 할 수 있다. 이때 학생들의 수는 교육 후 얻을 수 있는 직업의 수와 질에 따라서 결정될 것이다.

결국 경영학의 발전은 경영학의 대상인 기업 수의 증가와 역할증대에 근거하며, 기업을 잘 모르던 사람들이 기업에 들어가서 활동을 하는 데 경영학이 많은 도움을 주었기에 가능한 일이었다. 경영학의 쇠퇴는 이러한 조건이 충족되지 않기에 발생하고 있다.

첫 번째로 경쟁학문의 등장이다. 경영학도 경제학이나 사회학, 공학, 심리학 등을 뿌리로 하여 기업이라는 대상을 차별화하면서 탄생하였다. 이제는 기업 전체가 아니라 특정 활동을 주된 연구대상의 하나로 삼는 새로운 학문들이 점점 더 많아지고 있다. 산업공학은 기업의 기술적인 부분을, 광고커뮤니케이션학은 기업의 광고활동을, 산업심리학은 기업에 종사하는 사람들의 심리상태를 주로 연구하는 학문들이다. 금융경제학은 금융기업과 그들의 산출물인 금융경제를 연구대상으로 삼으며, MOT 대학원은 기술경영을 배우지만, 주로 기업 내에서의 기술전략을 연구하고 있다. 이외에도 경영학 카테고리에 있던 세분화된 학문별로 유통학과/대학이나 세무학과/대학, 광고학과/대학 등처럼 단일학과나 단과대학을 만드는 경우도 많다. 경영학은 국내외의 다양한 경영교육인증 등을 통하여 경영학의 boundary를 관리하려고 노력 중이지만, 쉽지 않은 실정이다.

두 번째로는 경영학 연구의 보편화이다. 연구의 경우는 학문의 자율성에 따라 누구나 원하는 연구를 할 수 있으며, 연구결과는 학술지를 통해 발표한다. 이때 학술지의 품질은 한국연구재단이 심사하여 인정해 주는데, 이때 경영과 관련된 다른 분야 연구자들이 전통적인 경영학 학술지가 아니더라도 연구재단이 인증한 학술지에 기업 관련 연구를 게재하면, 모든 학문분야에서 기업 관련 연구로 인정받는다. 현실적으로 경영과 관련된 타 학술영역에 뿌리를 둔 많은 기업경영 관련 연구를 게재하는 학술지가 생겨나게 되었으며, 이런 것들이 경영학의 보편화, 다른 표현으로는 기업활동에 도움이 되는 학문의 발달을 가속시키고 있다.

세 번째로 경영학의 연구대상인 기업의 범위 및 활동이 점차 다양하게 확대되어 가고 있다. 전통적인 기업이 아닌 새로운 기업의 형태가 많이 나타나고 있는데, 1인기업은 물론 사회학에서 연구하던 사회봉사단체들은 사회적 기업으로, 행정학의 대상인 정부기관의 일부 사업은 공공기업으로 변환되고 있다. 경영학이 이러한 새로운 기업들에 대한 연구를 소홀히 하는 사이에 새로운 세분경영학이 생기거나 관련 학문영역이 경영학의 내용까지 다루는 실정이다.

기업의 활동도 과거에는 교환/거래, 혹은 계약 등을 통해 자신의 목적을 달성하고자 하는 개인이나 조직의 활동을 원활하게 하는 역할에 불과했지만, 최근에는 사회봉사나 메세나, 공공프로젝트 수행 등 새로운 활동도 많아지고 있다. 경영학도 전통적인 영역에서 벗어나서 새로운 영역으로 확대해 나가고자 하지만 새로운 영역에는 경영학이 아닌 인접한 분야의 학문에서도 진입해 오고 있다.

지금까지는 학문의 관점에서 경영학을 바라보았다면, 이제부터는 경영학지식의 전파 측면이라고 할 수 있는 경영학교육을 다뤄보도록 하겠다. 교육에는 학생, 즉 교육의 대상과 교육의 내용, 교수/강사, 교육을 담당하는 운영주체의 활동이 포함된다.

교육과정과 교육대상

경영교육의 첫 번째 대상은 대학생이다. 학문의 터전인 대학에 경영학 교육을 위하여 경영학과가 생겨났으며, 초창기에는 상경대학 혹은 경상대학에 포함되어 그 안에 경제학과도 같이 있었다. 그 후 경영학과가 경영대학으로 분리독립하게 되었다. 어떤 형태든 간에, 거의 모든 4년제 대학에는 경영대학 혹은 경영학과가 존재한다. 2년제 대학에도 경영학과가 있기는 하지만, 그 이후에 세분화된 경영학과들이 있는 경우가 더 많다. 아직까지 우리나라에서는 고등학교를 졸업하고 대학교 경영학과에 들어온 학생들이 전통적인 경영학과의 주된 교육대상이다.

대학원의 경우에는 다른 학문영역과 마찬가지로 일반대학원의 석사와 박사과정에 경영학전공이 생겨서 지금까지 운영되고 있다. 석사과정은 4년제 대학을 졸업한 학생들이 대학원에 진학하여 졸업할 때 논문을 쓰고 경영학석사(master of science on business administration)를 받는 것이다. 박사과정은 석사학위가 있는 학생들이 진학하여 수업과 자격시험을 거쳐 논문을 쓰고 경영학박사(Doctor of Philosophy)를 받는다. 그림 1 에는 AACSB 인증을 받은 전 세계 경영대학이 운영하는 각종 학위프로그램들의 등록률 비율을 보여주고 있다. 아직도 75%의 경영교육은 학부라고 할 수 있겠다.

이외에 특수대학원이라는 것이 생겼다. 경영대학이 아닌 다른 학문영역의 전공으로 졸업을 하고 직장에 취직하여 직장생활을 하던 직장인들이 경영에 대해 체계적으로 이해하고자 평일 야간에 경영대학원이라는 특수대학원에서 2년에서 2년 반 동안 수업을 듣고 석사학위를 받게 되었다. 듣는 과목들은 대부분 학부와 유사했으며, 실무에 도움이 되도록 현실적인 경영문제를 심도 있게 다루기도 했지만, 학문적으로는 일반대학원보다 깊지 않았다. 하지만 학위는 경영학석사(master of business administration, professional degree)를 받았다.

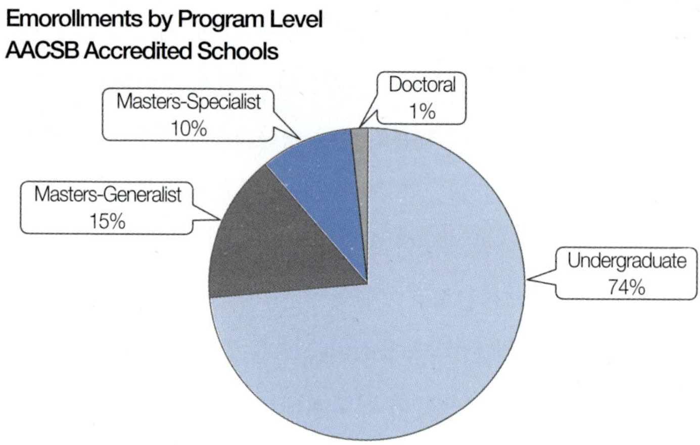

출처 AACSB Collaboration survey 2015-2016.

그림 1 AACSB 인증학교들의 프로그램 등록비율

그러던 중 해외유학 자유화가 되면서 대학졸업생들이 해외에서 MBA를 마치고 귀국하여 외국기업 등 국내외 유명기업에 취직하자, 점차 많은 학생들과 직장인들이 해외로 공부를 하러 가게 되었다. 그즈음 우리나라 대학에서도 우리나라 실정에 맞는 경영교육을 해야 한다는 정책적인 결정이 있었다. 그래서 경영전문대학원이 생기게 되어, 야간이 아닌 주간에 학문적이라기보다는 현실적인 경영문제의 해결방법을 제대로 교육하는 서구식 MBA(Master of Business Administration)과정이 시작되었다. 특수대학원의 야간석사과정과 다른 점은, MBA에서는 수업이 영어로 진행

되고 외국사례를 다루며 졸업학점 수가 많다. 그리고 방학 때 외국대학에 방문하여 잠깐씩 교육을 받거나 dual degree 계약을 맺은 해외대학에 소수의 학생을 보내주었다. 수업을 주간에 했기 때문에 입학생들은 과거 일반대학원에 진학하던 학부졸업생들이 많았으며, 미국처럼 직장을 다니다가 휴직 혹은 직장을 그만두고 전일제로 수업을 받는 직장인들은 많지 않았다. 그래서 주간의 일반대학원 프로그램보다 등록금만 더 비싸게 받으면서 과거 특수대학원의 야간수업프로그램을 영어로 가르치는 과정에 불과하다는 비판도 받고 있다.

대상을 나이별로 구분해 보면, 고등학교 졸업 후 가는 학사학위과정과 학사 후에 전업학생으로 갈 수 있는 일반대학원 경영학과와 경영전문대학원의 주간MBA석사과정(취업 후 전업학생으로 돌아와서 교육받을 수도 있음), 그리고 취업 후 회사를 다니면서 교육을 받는 야간 MBA과정(학교에 따라 특수대학원과 전문대학원 소속이 있음)으로 나뉜다.

이외에 최근 외국의 평생교육프로그램의 영향을 받아 만든 프로그램으로 대학교에서 고등학생들 중 우수학생들에게 대학교육수준의 교육을 해주는 UP(University Program, 미국에서는 AP)나, 경영전문대학원 혹은 일반대학원 혹은 다른 학문영역의 대학원들과 융합과정의 형태이거나 더 나아가서 외국의 대학원들과 협동과정으로 경영학의 특정주제에 대하여 석사과정을 만드는 경우도 있고, 특정기업/단체와 연계하여 학사나 석사과정에 계약학과를 만들기도 하였다. 석사과정의 기간도 2년제가 아니라 방학 없이 1년을 하거나 과정 중 일부학기는 특정기업에 근무하면서 학점을 취득하는 것을 인정해 주기도 한다. 또 주말에만 하는 프로그램들도 최근에 많이 생겨났다. 등록금의 차이도 꽤 큰데, 일반적으로는 대학의 평판과 들어야 하는 학점 수에 따라 결정된다. 장학금과 같은 경우는 학생들이 조교 등의 역할을 한 후에 받는 근로장학금과 입학 시 외국인이나 공무원, 군인 등 특정직군에게 주는 입학장학금, 학생회 간부들에게 주는 봉사장학금, 성적장학금 등 매우 다양한 종류가 있다.

최근에는 국내학생들뿐만 아니라 외국학생들을 유치하기도 한다. 특히 학부의 경우에는 중국을 중심으로 한 동남아 학생들을 정원 외로 유치해서 학교본부가 수익을 내기도 하며, 대학원에도 수익원 확보 혹은 다양성을 얻을 목적이나 해외교류차원에서 외국학생들을 많이 입학시키고 있다. 공대와 자연대는 교수연구프로젝트를 위한 목적으로 외국대학원생을 모집하기도 하기도 한다.

해외대학들과 교류의 시작은 먼저 외국대학들과 교류의 차원에서 외국학생들을 교환학생으로 받아주고, 또 그만큼의 학생을 해당학교에 보내는 것이었다. 학부의 경우 학생들의 영어점수에 대한 제한도 없고, 등록금도 모교에 지불하기에 큰 부담이나 혜택 없이 많이 진행되었다. 하지만 대학원의 경우에는 우리나라 학생들이 외국대학원에 입학하기 어려워지는 상황에 맞추어 해외 유명대학원과의 joint program이나 dual degree program을 통해서 외국학위를 보다 손쉽게 딸 수 있도록 하면서 우리나라 학교 입장에서는 비록 일정수준의 등록금수입을 잃게 되지만 명성을 높일 기회를 갖게 되었다. 또 외국학생들을 추가적으로 받을 수 있는 기회로도 사용하고 있다.

전 세계의 인적교류가 매우 활발해지면서, 미국의 경영대학들은 중국을 비롯한 외국학생들로 많은 수익을 올리고 있으며, 유럽학교들은 기본적으로 매우 다국적인 학생비율을 가지고 있다. 이는 각 학교들이 수익을 위해 노력한 측면도 있지만, 취업을 위하여 해외로 움직여 다니는 학생들 때문에 생긴 현상이라고도 할 수 있다. 최근에는 우리나라도 국내학생들의 모집이 원활하지 않아 해외대학원들과의 joint program이나 dual degree program을 점차 늘려가고 있다. 그림 2 에 외국대학들이 다양한 해외교류프로그램들을 얼마나 채택하고 있는지 보여주고 있다.

Business School Collaborations by Educational Level

Educational Level	Articulation/ Twinning Agreement	Dual Degree (or Multiple Degree)	Franchise Agreement	Joint Degree	Study Abroad/ Student Exchange	Validation Agreement
Undergraduate Only	**54.9%**	26.4%	32.6%	8.7%	**41.9%**	**38.5%**
Masters Only	20.1%	**57.6%**	**43.5%**	**72.0%**	19.5%	25.6%
Doctoral Only	1.0%	2.8%	15.2%	13.8%	0.2%	10.3%
Undergraduate and Masters	22.2%	11.1%	8.7%	3.8%	34.8%	20.5%
Masters and Doctoral	0.7%	1.2%	-	0.3%	1.1%	-
Undergraduate and Doctoral	0.3%	0.2%	-	0.3%	0.1%	-
Undergraduate, Masters, and Doctoral	0.7%	0.7%	-	1.0%	2.4%	5.1%
Total Number of Reported Collaborations	**288**	**568**	**46**	**289**	**7,008**	**39**

출처 AACSB Collaboration survey 2015-2016.

그림 2 AACSB 인증학교의 해외교류프로그램

박사과정은 엄밀하게 말하면, 경영학이라도 사회과학의 여러 가지 학문들과 다를 바 없다. 박사는 기업의 경영을 연구대상으로 삼아 자체적으로 엄격한 연구방법을 통해서 새로운 지식을 만들어 내는 교육을 받으며, 나아가서 후학들을 키울 수 있는 능력도 배양하는 것이다. 많은 학교들이 이러한 학술박사과정을 운영하고 있다.

최근에는 학술박사가 아닌 현업경영학박사(Doctor of Business Administration: DBA)가 요구된다. 이는 기업경영에 대한 경험이 많은 학생들을 선발해서, 경영학에 대한 학술적 연구가 아닌 실무적 노하우를 집대성하는 것을 연구하는 과정이다. 아직 국내에는 없지만, 유럽에는 많은 학교가 DBA를 운영하고 있다.

이외에 학사, 석사나 박사학위를 주지 않는 비학위프로그램들이 있다. 비학위프로그램은 학위프로그램들보다 훨씬 유연한 수업일수와 내용을 다양한 수강생들에게 가르치고 있다. 가장 유명한 것은 최고경영자과정이다. 흔히 AMP(Advanced Management Program)라고 불리는데, 기업의 최고경영층들을 일주일에 두 번씩 저녁시간에 3시간 동안 6개월, 혹은 일주일에 한 번씩 1년 동안 특강 형태로 강의하고 있다. 수강생들은 최근 경영이슈와 경영자들이 알아야 할 높은 수준의 사회현상에 대한 지식을 학습하며, 상호 간의 사회적 네트워크를 넓히는 기회도 갖는다. 학교 입장에서는 든든한 후원자를 얻을 수 있는 기회이기도 하며, 수익 면에서 비중이 큰 프로그램이다. 한국의 많은 경영대학들이 운영하고 있으며, 경영대가 아닌 모든 영역의 단과대학들과 심지어 대학이 아닌 다른 단체들도 나름의 최고경영자과정을 운영하고 있어서 경쟁이 매우 치열하기도 하다. 전통적인 최고경영자과정의 변형으로 조찬특강이나 온라인과정과 결합된 형태의 프로그램들도 나타나고 있다.

또 다른 유명한 비학위프로그램에는 사내 MBA나 특정영역 전문가과정이 있다. 사내 MBA는 주로 특정기업과 계약을 맺어 MBA에서 강의하는 내용을 축약하고 customize해서 주말에만 하거나 6개월 이내로 온라인을 포함해서 매일 강의하는 단기과정을 의미한다. 특정영역 전문가과정은 기본적으로 최고경영자과정과 비슷하지만 특정산업이나 직업군의

임직원들을 공개적으로 혹은 협회와의 계약에 따라 모집해서 강의하는 것이다. 이런 프로그램은 대학이 주도할 수도 있고, 협회 혹은 온라인, 기타 독립교육업체들이나 컨설팅업체들이 운영하기도 하며, 다양한 교육업체 간 협업도 이루어진다. 하지만 학위과정을 포함해서 전반적으로 경영학을 배우고자 하는 사람들의 수는 점차 줄고 있다.

교육내용(curriculum)

대학은 고등교육(Higher education)기관이다. 일반적으로 교육의 내용에는 사회생활을 하는 데 필수적인 사회의 공동규율이나 제도 등과 사회 속에서 의사소통할 수 있는 기초적인 방법까지 포함되어 있다. 기본적인 교육을 마친 후 중등교육에서는 개개인의 관심사나 전문분야의 개발에 도움이 되는 사실을 체계적으로 알려준다. 중등교육에서 기존의 지식체계에 있는 내용들을 학습한다면, 고등교육에서는 기존의 지식체계를 학습한 후 새로운 것을 창조할 수 있게 하는 것이 핵심이다. 새로운 것을 창조하기 위해서는 기존의 지식체계에 있는 일종의 법칙이나 패턴을 깨우치고 이를 변화시킬 수 있는 능력이 있어야 한다. 중학교와 고등학교는 중등교육기관이기는 하지만, 지적인 능력이 성숙되는 시기이기에 창의력도 함께 발달하게 된다.

중등교육의 핵심은 다양한 사실과 실체를 파악하는 것이다. 고등교육에서는 이들을 설명하고 인과관계를 도출하는 법을 가르치며, 지금까지 생각하지 못했던 요인들을 새로 추가하거나 미처 알아내지 못했던 인과관계를 찾아내거나 혹은 다른 방법으로 설명할 수 있는 능력을 키워 주어야 한다.

대학에서 무엇을 가르쳐야 하는가는 사회나 학생들이 어떤 교육을 대학에 요구하느냐에 달려 있다. 현재의 대학교육은 과연 고등교육인가? 박사과정 혹은 논문을 쓰는 석사과정은 고등교육의 전형적인 예이다. 하지만 현실은 그렇지 못한 것도 사실이다. 새로운 것을 만들어 내는 논문이 아니라 해당영역의 기본지식을 피상적으로 옮겨 적어, 해당지식이 없는 사람들에게는 새롭게 보이지만 아는 사람들에게는 전혀 새롭지 않은 내용일 수 있다. 새로운 것을 만들어 내지 못하는 박사와 석사는 고등교육이라고 할 수 없고, 중등교육의 연장이라고 해야 할 것이다. 물론 다른 사람들을 교육시킬 수 있는 능력을 키우는 과정이라는 의미로 박사과정을 생각하기도 한다.

학부는 원래부터 고등교육이 아니라 중등교육의 연장이었다. 석사는 고등교육으로 가는 중간단계이다. 최근에는 논문을 쓰지 않는 석사과정도 많아졌다. 석사논문을 쓴다고 고등교육이 아닌 것처럼, 논문을 쓰지 않는다고 고등교육이 아닌 것은 아니다. 논문의 유무는 단지 과학적 방법론을 활용하여 검증했는지의 여부이다. 경영석사학위인 MBA는 새로운 전략을 세울 수 있는 능력이 있는 사람들을 배출하기 위한 것인데, 그 새로운 전략안을 과학적인 방법으로 검증하기도 어려울 뿐만 아니라 학술석사가 아니기에 과학적인 검증방법을 교육시키지 않고 학술논문을 요구하지 않는다.

경영학의 교육내용은 중등교육의 내용을 교육할지, 고등교육의 내용을 교육할지에 따라서 결정되어야 한다. 중등교육의 방법과 고등교육의 방법은 달라야 한다. 지식을 전달하고자 한다면 온라인을 비롯한 다양한 전달방법을 사용하면 되지만, 새로운 것을 만들어 내는 교육을 위해서는 교육자와 학습자 간의 긴밀한 소통이 필요하다. 지식 자체의 수준이나 난이도로 중등교육과 고등교육을 분리하기는 어렵지만, 교육의 목표는 다르다. 중등교육을 하면서 고등교육을 흉내만 내서는 안 된다.

경영학의 커리큘럼은 매우 천천히 변화하고 있다. 물론 과목의 내용은 계속 조금씩 진화되고 있지만, 기본체계에는 큰 변화가 없다. 이는 강사들이 자신이 배운 전통적인 내용을 토대로 전체 커리큘럼을 같이 운영하고 있는 다른 강사들의 강의내용과 일관성을 유지하려 했기 때문이다. 하지만 새로운 내용을 추가하거나 새로운 영역을 개발하려는 노력이 부족하지는 않았는지 생각해 봐야 한다. 교육방법 및 평가방법은 최근에 다양하게 변화하고 있는 편이다. 최근에는 온라인과 기술의 발달로 새로운 방법들이 많이 개발되고 있으며, 동시에 과거에 행해지던 아주 개인적인 일대일 교습방법들도 다시 사용하고 있다.

최근 대학의 경영교육은 크게 두 가지 측면에서 도전받고 있다. 첫 번째는 실무중심교육이고, 두 번째는 트렌디한 사회의 요구에 맞춰서 제공해야 하는 교육들이다. 예를 들면 IT와 창의력과 같은 분야를 포함해야 하며, 이들을 새로운 커리큘럼을 추가해야 하는지 아니면 새로운 전공구분을 해야 하는지 등도 결정해야 한다.

경영학교육에서 실무중심교육을 바라는 현상은 대학교에서 더 이상 새로운 지식을 만들어 내지 못하거나 사회에 도움이 되지 않기 때문에 나타난다. 이것은 대학교육이 지금까지 해오던 지식생산과 보급능력에 비해서 너무 많은 것을 제공하겠다는 과대공약을 한 결과라고도 볼 수 있다.

지금까지 대학의 학부교육에서는 인간이 이룩해 놓은 지식을 전달했다. 경영대학의 경우, 기업이라는 조직이 운영하는 데 필요한 세부영역별 지식과 전문용어, 사례, 관리절차, 규칙들을 가르쳐 왔다. 세계의 경영대학들은 전 세계적으로 높은 성적을 지닌 고등학생들을 선발해서 기업경영에 대해 가르쳐 사회에 배출하고, 이들은 기업에 취직해서 기업을 성공적으로 이끌었다. 물론 다른 학과를 나온 졸업생들도 기업에 취직하여 성공하기도 했지만, 기업의 입장에서는 회사운영에 대한 기본지식이 있는 경영대학 출신을 뽑는 것이 여러 측면에서 도움이 되었다. 제조업의 경우에는 공대 출신이 필요한 업무도 많았지만, 운영과 관리를 위해서는 경영대학 출신들이 필요했다.

다른 학문영역의 전공자들도 전략, 운영과 관리방법에 다양성을 제공해 주었고, 경영대학 출신의 빈자리를 채워 주었다. 경영학교육을 받지 않아도 신입사원교육을 거쳐 몇 달간 실무적응을 하고 나면, 큰 무리 없이 업무를 수행할 수 있었다. 그러나 점차 기업의 운영이 세분화 · 정교화되고, 단순하지 않은 이해관계를 풀어야 하며, 과거에는 없던 새로운 상황이 발생함에 따라 제대로 된 4년의 대학학부교육이 필요하고, 보다 더 깊이 있는 전문교육이 필요하다고 느끼게 되었다.

경영대학에서는 많은 경영교육의 수요를 다양한 새로운 과정을 만들어 학생 수를 늘리는 방법으로 충족시켜 왔다. 첫 번째로 MBA라는 실무중심석사를 만들어 그 숫자를 늘려갔으며, 두 번째로 경영학과나 학부의 수적 증대를 이루었다. 혹은 광고홍보학과 등 유사한 경영학과를 만들거나 복수전공자를 늘려갔다.

이에 경영학의 학부수준교육을 받은 학생의 수는 급증하기 시작했으나 이러한 교육의 수준은 단순한 지식전달에 그쳤다. 하지만 인구들의 감소와 경영학에 대한 수요의 감소로 점차 그 증가폭은 줄어들고 있다. 특히 우리나라에서는 대학교육적령기의 인구가 감소하면서 앞으로 증가를 기대하기는 어려운 실정이다. 그림 3 을 보면 전 세계적으로는 중동지역의 경영학 학부교육이 매우 증가함을 볼 수 있다.

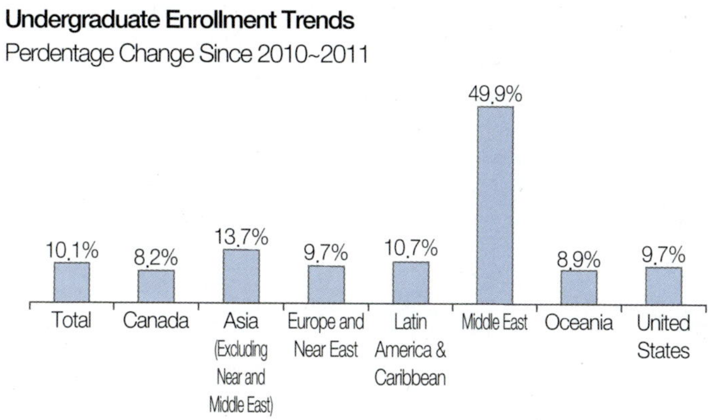

출처 AACSB Collaboration survey 2015-2016.

그림 3 경영학 학부 등록학생 증가율

MBA 등 실무중심석사의 증가는 복잡한 경영에 대한 이해를 돕기 위한 과정이라고 생각할 수도 있지만, 강의실에서 이루어지는 단체교육이라는 특성상 다양한 산업에 대한 맞춤지식이라기보다는 보편적이고 일반적인 교육이었다. 특정산업 혹은 기업별 MBA도 있었지만 역시 산업이 요구하는 특수성을 가르치기에는 너무 일반적이었고 교육준비도 미비했으며, 학교나 교수의 입장에서도 특수산업이나 기업만을 위한 교육과정을 제대로 만들었다면, 투입노력 대비 수익은 적을 수밖에 없었다.

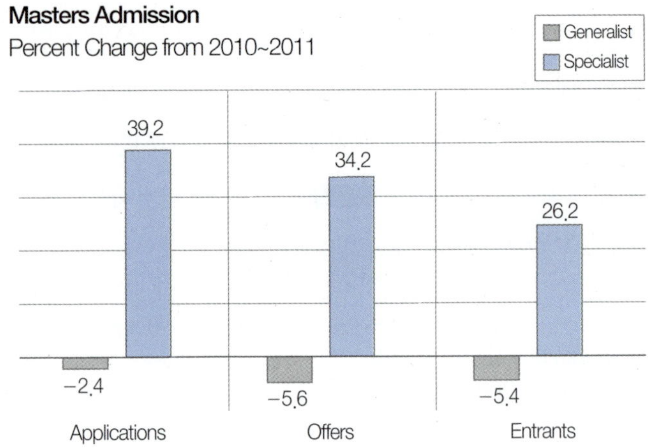

출처 AACSB Collaboration survey 2015-2016.

그림 4 general 석사과정과 special 석사과정의 입학허가율 증가추이

그림 4 에서 보듯이 미국을 중심으로 한 경영교육인증제도인 AACSB에서 인증을 받은 학교들을 비교한 결과, 특수목적의 MBA는 증가하는 것으로 나타났으며, 일반목적의 MBA는 감소하는 것으로 나타나고 있다.

종합해 보면, 능력 있는 경영인재를 공급하기 위해서 경영학부나 MBA의 숫자를 늘려도 여전히 해결되지 않는 부분이 있었으며, 그것은 실무중심의 경영교육의 필요성으로 나타났다고 생각할 수 있다.

기업의 취향에 맞는 실무교육은 경영컨설팅회사들이 일부 진행해 왔다. 기업의 실무중심교육은 컨실팅회사의 값비싼 멘토링 서비스를 저렴한 가격으로 많은 임직원에게 제공하기 위한 희망이었다고 볼 수 있다.

유사한 것으로 최고경영층을 위한 멘토 서비스도 있었다.

한편 대학들이 직접 하겠다고 한 산업별 특화교육이 한계에 부딪혀 만족스럽지 못한 결과를 내자 대학들은 실무계에 직접 대학교육을 맡기게 되었다. 산업체 CEO특강이나 인턴제도나 겸임교수 채용, 현장실습 등의 방법들이 바로 그런 예이다. **그림 5** 에서 볼 수 있듯이 학생들이 누군가와 소통하는 느낌이 적게 나는 온라인교육보다는 직접 경험하게 해주고, 경험을 지도할 수 있는 프로그램이 인기가 있다. 이는 예체능과 같이 대학교육과 현업이 거의 차이가 없거나 자연계, 혹은 공대와 같이 현업과 유사한 환경을 만들지 못하는 경영교육이 갖고 있는 한계로 인한 현상이다. 그러나 지금까지 아주 만족할 만한 성과를 거두지는 못했으며 이것을 대학의 무용론을 촉발시키는 원인으로 생각할 수도 있다.

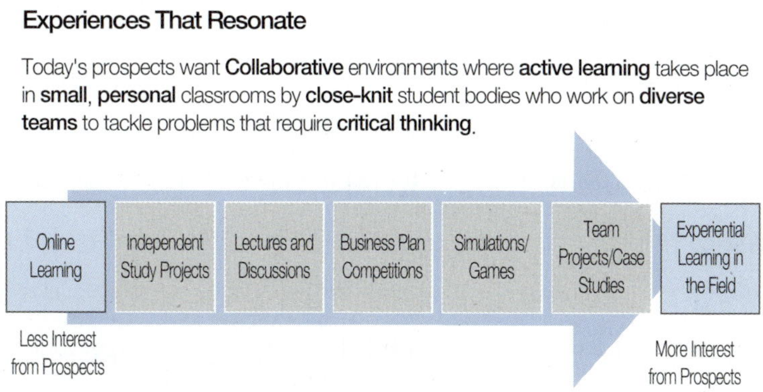

출처 AACSB Collaboration survey 2015-2016.

그림 5 미래 교육방법의 추이

경영학은 기업의 현황이나 문제점에 기초해야 하는 학문이고 경영교육 또한 마찬가지이다. 하지만 현업전문가를 초빙해서 이를 가르치고 기업에 학생을 보내서 이를 배우게 한다면, 대학에서 지금처럼 많은 학생들을 대상으로 4년 동안이나 경영학을 가르칠 필요가 없다. 경영학은 실제 기업에서 지금까지는 없던 새로운 문제를 해결할 수 있게 해야 한다. 실무자들이 기존에 이미 발생한 것을 보여주고 이미 실행했던 해결책을 보여주는 것은 유럽에 많이 있는 실무전문교육기관에서 해야 할 것이다.

즉, 경영학의 고등교육을 위한 프로그램과 중등교육이나 실습교육을 위한 프로그램이 어떠한 형태로든 구분되어야 할 것이다. 지금은 고등교육의 이름으로 대규모의 이론교육을 하고 있고, 실무교육 위주의 프로그램은 아직 소규모인 듯하다. 특히 학부는 실무교육 위주로 이루어져야 하며, 대학원도 실무 위주의 프로그램과 이론 위주 프로그램으로 구분될 필요가 있다.

두 번째는 트렌디한 교육을 어떻게 포함시킬 것인가의 문제이다. 좋은 예가 AI 및 IT교육이다. 우리나라에서는 알파고와 이세돌의 바둑경합 이후로 어디서나 AI에 대한 관심이 높아졌고, IT교육이 필수가 되었다. 그러므로 경영대학에서도 IT교육 또 AI교육을 얼마만큼 해야 하는가에 대한 생각을 정리해 보아야 한다. 하지만 기업에 필요한 것 중 순수과학기술이나 일반자산운영관리 등 경영대학이 교육하지 않는 분야도 무척 많다. 즉, 경영학은 기업에 필요한 많은 지식 중에서 기본적으로 관리자가 해야 하는 역할에 관한 것을 가르치는 학문이라고 할 수도 있다. 좁게 해석하면, 경영대학에서는 IT나 AI로 직접 무엇을 만드는 능력을 가르친다기보다는 관리자로서 활용해야 하는 IT나 AI를 가르치면 되는 것이다. 하지만 창업을 하고자 한다거나 IT와 AI 사용이 관리의 핵심이라면 더 높은 수준의 교육이 필요할 것이다. 그러나 이때 무엇보다 필요한 것은 IT와 AI가 많이 활용되는 시점에서 직무가 변한 임직원들을 관리하는 방법에 대한 준비가 아닐까 한다.

또 다른 좋은 예는 창의력교육이다. 창의력을 교육할 수 있는지, 창의력을 대학에서 가르쳐야 하는지도 생각해 봐야 하는 이슈이다. 먼저 창의성(creativity)의 개념과 평가방법, 교육방법을 확인해 보자. 창의성은 새로운 무엇인가를 만들거나 생각해 내는 것 등을 의미한다. 어떤 사람이 과거에는 없었거나, 과거에도 존재했지만 정작 본인은 몰랐던 것을 만들어 내거나 생각해 냈다면 창의력이 있다고 평가해야 할 것이다. 하지만 과거에 동일한 것이 있었던 것을 아는 사람이 이 사람의 창의성을 평가했다면 창의력이 없다고 했을 것이다. 반대로 어떤 사람이 외국에서 우리나라에 없는 것을 본 뒤 우리나라로 돌아와 그것을 만들면 우리나라 사람들에게는 창의성이 많은 사람으로 평가될 것이다.

창의성은 지식이나 행동, 작품으로 표현된 결과물로 평가받기 때문에 이를 어떻게 설명하느냐에 따라서도 다르게 평가된다. 머릿속에는 수없이 많은 새로운 것이 떠올라도, 행동이나 작품으로 표현하는 방법을 모르거나, 표현은 했지만 다른 사람들이 이해하기 쉽게 설명하지 못한다면, 창의성을 인정받기는 어렵다.

학생들의 무의식 혹은 의식 속에 있는 창의성을 정확히 알고 평가하는 것은 어려우며, 이를 교육하기도 어렵다. 하지만 창의성을 만드는 속성이라고 알려진 열정, 모호함에 대한 참을성, 성취감 등은 교육할 수 있다. 표현하고 설명하는 방법 또한 교육이나 연습이 가능하다. 실제로 많은 교육기관에서 이런 것을 교육하고 있다. 즉, 기존에 나온 많은 것들을 보고 이를 조합 또는 융합하여 새로운 환경에서 사용하고, 연습해 보게 하며, 그러한 과정을 독특한 방법으로 발표하게 하는 교육을 한다.

경영대학에서도 물론 창의성이 중요하다. 석 · 박사과정에서는 기존이론을 배워서 새로운 이론을 만들거나 새로운 곳에 적용시키는 교육을 시키며, 학부에서는 기존의 경영이론과 기업의 사례를 배워서 취직이나 창업 후 새로운 곳에 사용하기를 기대한다. 졸업해서 사회에 나가기 전에도 새로운 곳에 사용하는 것을 독려하고자 창업경진대회나 경영기획안 경연대회를 연다. 이론뿐만 아니라 교수들이 자세히 모를 수 있는 경영기법이나 문제점들을 알려주는 실무전문가들의 강연도 듣게 하고, 실제로 기업현장을 체험하게 해주는 산학연계프로그램이나 인턴활동도 하게 된다. 이러한 교육을 더 늘려서 새로운 아이디어를 경영의 틀 안에서 실현할 수 있도록 창의성 있는 학생을 많이 배출해야 할 것이다.

근본적인 문제는 새롭게 나타나는 트렌디한 교육의 수요를 반영하는 방법에 대한 것이다. 첫 번째 방법은 특정과목을 만들거나 기존 과목에서 교수의 재량에 따라 트렌디한 주제로 강의를 한두 번 하거나, 공개세미나 등을 하는 것이다. 두 번째 방법은 학교 차원에서 트렌디한 내용을 강제하기 위하여 강의평가나 과목평가 항목에 추가하거나 특별한 인센티브를 만드는 것이다. 세 번째 방법은 해당내용을 주로 다루는 전공이나 프로그램을 개발하고, 나아가 새로운 전공으로 인정된다면 학과나 단과대학으로 분리하는 것이라고 할 수 있다.

대학교육은 수강생이 원하는 것을 가르치면서 등록금을 받아서 운영한다. 수강생이 어느 정도의 수준을 원하는지와 그것을 충족시켜 줄 정도로 가르칠 수 있는지를 판단해서 대학이 가지고 있는 능력에 맞도록 교육을 해야 한다. 교육내용을 바꾸는 데에는 위험이 따르며, 다양한 투자를 필요로 한다. 트렌디한 내용을 배우고자 하는 수요가 많다면, 이를 코디하는 전문가를 모셔 매년 바뀌는 주제로 별도의 트렌디특강 시리즈를 만드는 것도 좋은 방법이다. 국내 대학들이 가장 잘못하고 있는 것은 제대로 된 투자 없이 단기적인 등록금 수입효과만을 노리고 교육과정을 개편하는 행태이다. 이런 행동을 더욱 촉진시키는 것은 연구재단이나 공공기관이 제공하는 목적성 재원이다. 특히 이러한 재원은 기초투자보다는 양적인 성과를 내를 것을 조건으로 하기 때문에 근본적으로 교육이 변화화하는 데는 도움이 안 된다. 지금껏 사회에서 요구한 발 빠른 대응은 불가능하다는 사실을 알면서도 해야 한다는 당위성에 근거하여 강의를 하라고 강요만 하면 교육자 입장에서는 만든 시늉만 할 뿐이라는 것을 학교와 사회도 이해해야 할 것이다. 따라서 다양성이나 새로운 시도, 협업이나 연계 등에서 전략적 선택을 통해 실질적으로 변화를 이루어 낼 수 있도록 대학본부도, 각 과정도, 개인교수들도 수준에 맞는 저마다의 방법을 개발해야 할 것이다.

강사

직업으로서 교수의 체계를 보면 전통적으로 시간강사부터 시작해서 전임강사(최근에 거의 사라졌음), 조교수, 부교수, 정교수, 그리고 퇴임 후 명예교수가 된다. 우리나라의 경우 정교수는 정년보장교수를 의미하며, 정년보장을 받기 위한 목적으로 학교에 들어온 교수들을 정년트랙교수, 정년보장을 받을 목적이 없는 교수들을 비정년트랙교수라고 한다. 비정년트랙교수는 시간강사와 대우교수, 겸임교수, 초빙교수 등 학교마다 다양한 이름으로 불린다. 또 다른 구분으로 전임교수와 비전임교수가 있는데, 전임교수는 학교와 2년 이상의 계약을 하고 계약기간이 끝나도 계속 학교에 있는 것을 가정한 교수들이고, 비전임교수는 2년 미만의 계약을 하고 연속성을 가정하고 있지 않은 교수들이다. 그 외에도 산업에 대한 전문지식을 갖춰 산학협력을 위해 특별히 채용한 산학협력교수나 특별한 기금이나 목적으로 채용된 특임교수, 학술업적이 월등한 분을 모시는 석좌교수도 있다. 이처럼 고용조건이나 단계 혹은 동기에 따라서 다양하게 나뉘지만, 전임이면서 정년트랙교수들, 즉 전통적 개념의 교수들의 경우에는 매년 필요한 학술업적을 내야 한다.

학술업적 중 가장 중요한 학술논문은 우리나라의 경우 연구재단이 인정하는 학술지, 외국에는 SSCI, 혹은 SCI급이라는 유명저널 목록에 있는 학술저널에 투고 후 심사를 받고 게재되어야 업적으로 인정된다. 이러한 학술지나 학술저널은 전통적인 학문영역에서 인정하는 학술적인 내용들로 작성되어야 게재를 허락하므로 새로운 분야를 공부하는 교수는 연구논문을 게재하기가 매우 어렵다. 따라서 어떤 교수들은 강의나 산업 관련 활동을 하는 영역과 논문을 쓰기 위해 연구하는 영역이 다른 경우도 발생한다. 널리 알려지지 않은 새로운 분야에 몰두하다 보면, 정년전임교수로 학교에 남기 어려워질 수도 있다.

전통적인 의미의 교수로서 박사과정을 이수할 때 배운 내용은 대부분 전통적인 전공영역이므로 박사 후 새로운 분야의 연구를 하기도 어렵고, 연구한다 해도 연구결과를 논문으로 썼을 때 이를 게재해 줄 학술지가 없다면 교수로 살아남기가 어려운 것이다. 따라서 기존의 학술지에 게재하는 것으로 학술업적을 평가하는 제도가 변하지 않는 한, 새로운 전공영역을 자체적으로 만들어 나가기는 매우 어려운 실정이다.

전공별로 보면 우리나라는 대부분의 학교에서 경영학을 전통적인 5대 전공인 회계, 재무, 마케팅, 인사조직, 생산과 MIS, 전략, 국제경영 등으로 구분하지만, 최근 들어 창업이나 e-biz 등의 전공으로도 교수를 선발하기도 한다. 하지만 외국과 비교해 보면 새로운 전공의 수는 상대적으로 적은 편이다. 이렇듯 경영대학에서 새로운 경향을 수용하지 않기에 오히려 경영학과 유사한 단과대학에 새로운 전공들이 생기고 있다.

그림 6 은 AACSB에서 구분한 4가지 교수직의 종류들, 학술교수(Scholarly Academic), 실무능력학술교수(Practice Academic), 학술능력실무교수(Scholarly Practitioner), 강의가능실무교수(Instructional Practitioner)의 비율을 볼 수 있다. 미국이나 유럽은 SA의 비중이 상대적으로 낮은 편이다.

우리나라에서 사회의 수요가 있을 것이라고 생각하는 전공을 만드는

FT Faculty Qualification Caregories

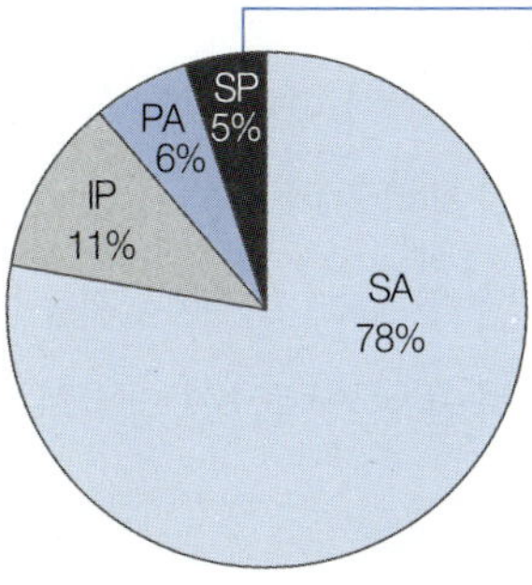

34,130 Full Time Faculty, 2015-16 Salary Survey

SP Distribution by Discipline	
17.2%	Accounting
12.2%	Management
9.9%	Marketing
9.1%	Economics
8.5%	Finance
6.6%	CIS/MIS
4.9%	Bus Communications
3.5%	HR Management
3.4%	Behavioral Science
3.3%	Business Law
3.1%	Operations Management
2.8%	Small Business

범례 Scholarly Academic (SA), Practice Academic (PA), Scholarly Practitioner (SP), Instructional Practitioner (IP)
출처 AACSB Collaboration survey 2015-2016.

그림 6 경영대교수들의 전공비율 및 특성

직접적인 동기를 제공하는 것은 연구재단의 프로젝트이다. 새로운 학과나 융합형 학과 혹은 신설 단과대학 등을 신설하면 자금을 지원하는 것이다. 그러나 앞에서도 잠깐 언급했지만, 새로운 영역을 준비해 온 기존 교수는 극히 드물다. 설사 이미 정년보장이 된 교수들과 관련 영역의 젊은 교수들의 연구관심을 돌릴 수 있다고 하더라도 제대로 된 전공이 생기기 위해서는 새로운 전공을 시작하는 교수들의 남다른 노력과 그들의 성과를 새로운 방법으로 어느 정도 시간적 여유를 갖고 인정하는 제도가 있어야 가능하다. 하지만 단기적인 성과평가를 하는 우리나라의 현재 실정에서는 불가능한 일이다. 그 결과 이름만 새로운 전공이 되거나 업계 잡지에 나온 내용과 본인의 경험을 섞어서 4시간 정도의 특강을 할 수 있지만 학생들이 졸업하기 전 본업을 하러 떠나가는 강사들을 포함하고 있는 전공이 되는 것이다. 외국에서 이미 전공으로 자리 잡은 해당 외국대학에서 박사학위를 받은 우리나라 학자들이 귀국하여 우리나라에서는 새로운 전공을 만들기도 한다. 학문 간의 융합은 단순히 인접한 학문의 교수들을 같은 건물에 배치하고 연구비를 지원한다고 이루어지는 것이 아니며, 그 제자들이 연구를 계속해서 교수가 되어 다시 후학을 가르치는 과정이 생겨야 가능한 것이다. 이러한 정착화가 진행되는 시기에 이르면 그 전공은 이미 새로운 융합과정이라고 할 수 없는 또 다른 전통적인 전공이 된다. 융합을 너무 정책적으로 활용하면 국가예산을 낭비하는 결과를 초래할 것이다.

앞서 언급한 바와 같이 우리나라에 있는 대부분의 경영대학은 학부와 일반대학원 경영학과 이외에 전문경영대학원 혹은 특수경영대학원을 운영하고 있으며, 또 비학위과정으로 최고경영자과정을 비롯해서 국내 기업체들이나 금융권기업들의 재교육과정과 일부 모집과정을 운영하고 있다. 대부분의 대학들이 최고경영자과정은 자체 교수들을 일부 포함해서 사회의 저명인사나 업계와 관련된 전문강사들을 내세워 특강형태로 운영하고 있다. 학교 최고경영자과정에 오는 분들이 기대하는 것은 이론이 아닌 연륜과 경험에서 우러난 지혜, 혹은 학술적이더라도 포괄적인 방향성이나 새로운 트렌드에 대한 설명이다. 그러나 이런 강의를 잘 할 수 있는 대학교수는 그리 많지 않기에 외부인사를 활용하는 것이다. 하지만 외부인사가 자신만의 지혜를 강의형태로 4시간 이상 진행하는 데는 무리가 있으므로 짧은 특강형태로 진행된다.

기업임직원들의 재교육과정은 주로 경영대학원의 야간 및 주말과정의 집중축약과정이라고 볼 수 있다. 일부 업계 관련 전문강사들도 있지만 대부분은 학교교수들이 강의한다. 그렇기 때문에 아무리 기업체에 특화된 맞춤교육이라 해도 학술적인 내용이 많아 유사할 수밖에 없다. 물론 기업전문가들의 개별적인 특강시리즈만으로 운영되는 과정들도 있다.

우리나라 경영교육은 교수가 가르치는 학부와 일반대학원으로 이어지는 학술적인 내용, 업계에 대한 교수의 연구, 경험 혹은 프로젝트 및 자문을 통한 전략적인 내용, 업계출신 인사가 학계 혹은 업계에서 자신의 전문분야나 일반적인 트렌드를 신속하게 파악하여 가르치는 내용 등으로 구성된다고 할 수 있다. 교육과정마다 이런 다양한 형태들이 조금씩 다른 비율로 융합되어 있는 것이다. 중요한 점은 가르치는 사람이 바뀌지 않으면 내용도 크게 바뀌지 않으므로 사회의 다양한 요구를 수용하려면 다양한 배경의 강사가 있어야 한다.

우리나라에는 교수와 교수가 되고자 하는 박사학위를 지닌 강사, 업계에 종사하면서 강의하는 겸임교수, 업계 은퇴 후 교수가 되신 분들이 있다. 하지만 그 비율은 정통교수 및 강사가 훨씬 많은 편이다. 오늘날의 학교들은 투자비용이 많이 드는 교육시설과 교육프로그램을 운영하지만 등록금 수입은 증가하지 않고 있으며, 심지어 일부 학교의 몇몇 과정들은 앞으로 수입이 감소할 것으로 예측된다. 외국도 비슷한 상황이다. 국내에 있는 대부분의 학교는 전통적인 이론교육을 하는 교수의 비율이 해외보다 높다. 박사학위를 받고 학술논문을 쓰는 전통적인 교수의 비율은 실무적인 배경을 가진 교수들의 수가 늘어남에 따라 우리나라를 비롯해서 전 세계적으로도 감소추세이다. 일반적으로 전통적인 교수들은 실무적 배경을 가진 교수들보다 연봉이 높은 편이다. 실무배경의 교수들이 전임교수가 아닌 비전임 혹은 비정년교수가 많기 때문이기도 하고, 봉급 이외의 성과급들이 대부분 강의나 학생지도활동이 아닌 학술연구성과에 비례하기 때문이다.

일단 정년이 보장되면, 연구를 하지 않아도 호봉 수에 따라서 증가하는 봉급을 받으며 정년보장을 받고난 후 교수로 재직하는 기간도 길다. 그림 7 에서 보듯이 전 세계적으로도 정년교수들의 비중이 50%를 넘으며 우리나라는 보통 AACSB의 평균보다 더 높다.

강사들의 보수는 기본적으로 수업활동이 학교수익에 미치는 정도에 따라 결정되어야 하는 것이 원칙이다. 직접적으로는 강의에 대한 수요, 즉 수강생의 수에 비례해야 한다. 물론 수업료를 지불하는 학생들의 지도나 관리에 소요되는 노력도 감안해야 한다. 간접적으로는 학생들이 강사가 속해 있는 학교나 과정을 선택하는 데 영향을 줄 수 있는 시설의 우수성이나 소속 교수들의 학술적 연구와 사회활동 등이 탁월하다면 강사

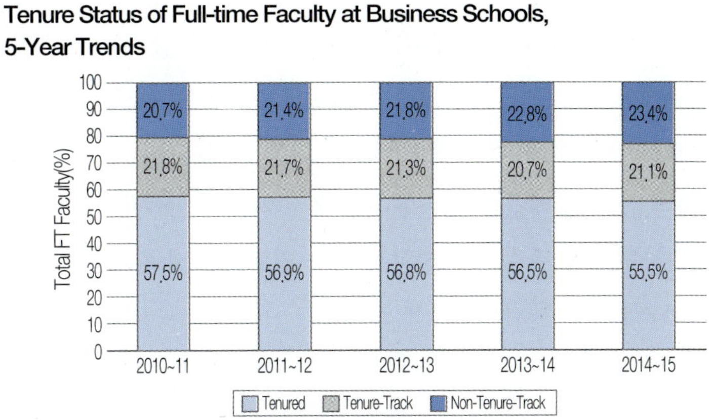

출처 AACSB Collaboration survey 2015-2016.

그림 7 AACSB 인증학교들의 종신고용교수 비율 변화

들의 보수에도 영향을 미칠 것이다. 종합해 보면, 학생수요가 많은 전공의 강사들은 일반적으로 더 높은 연봉을 받아야 하고, 학생들이 더 높은 수업료를 내고라도 가고자 하는 유명대학의 강사는 더 높은 연봉을 받아야 할 것이다. 하지만 현재 우리나라에 있는 대학교들의 연봉은 전공에 따른 차이는 없고, 학교에 따라서만 약간의 차이가 있다.

경영학의 경우, 우리나라 교수들의 연봉은 미국의 교육중심대학 교수들 연봉과 비슷하거나 약간 높다고 할 수 있다. 하지만 미국의 연구중심대학들과 비교해 보면 3~5배 정도 적다고 할 수 있다. 미국과 비교하는 이유는 우리나라 경영대교수들은 대부분 미국에서 학위를 받고 일부는 미국에서 조교수로 근무하다가 들어오기 때문이다. 우리나라 대학들에서 요구하는 연구의 수준은 미국의 연구중심대학들과 양적으로는 비슷하고, 강의시간은 연구중심대학들보다는 많지만 강의중심대학들보다는

적으면서도 행정의무는 엄청나게 많은 상황이다.

경영학교육을 바꾸기 위해서는 학술교수의 수를 줄이고 실무배경의 교수가 늘어나야 한다. 학술교수가 실무를 가르쳐도 업적을 만들 수 있는 체제를 갖춰야 하며, 교육과 학교에 대한 기여를 감안한 연봉조정도 필요하다. 또 실무배경을 가진 교수를 육성하여 산업에서의 경험을 대학에서 원하는 교육의 형태로 전환시킬 수 있도록 도와주어야 한다. 전통적인 교수들을 위한 강의방법을 교육하는 과정들도 과거에는 별로 없다가 최근에 많이 생기고 있다. 미국의 경우에는 실무배경의 교수희망자들을 위한 강의기법과 발표력을 키우는 과정도 있고, 산학과 이론의 중간단계 업적을 만들어 내는 저널이나 컨퍼런스 등이 있는데, 국내에는 그런 노력이 부족한 실정이다. 사전준비도 없이 숫자상으로만 산학협력 교육성과를 높이려 하면 진정한 변화를 꾀하기는 어려울 것이다.

이제는 경영학박사학위도 학술뿐만 아니라 산업계의 노하우를 개발하고 교육하기 위한 박사, 예를 들면 DBA가 필요한 시대가 되었다. 또 박사를 취득하는 남녀성별도 균형 잡힌 상태인지 판단해야 한다. 그림 8에서

Doctoral Degrees & Enrollments

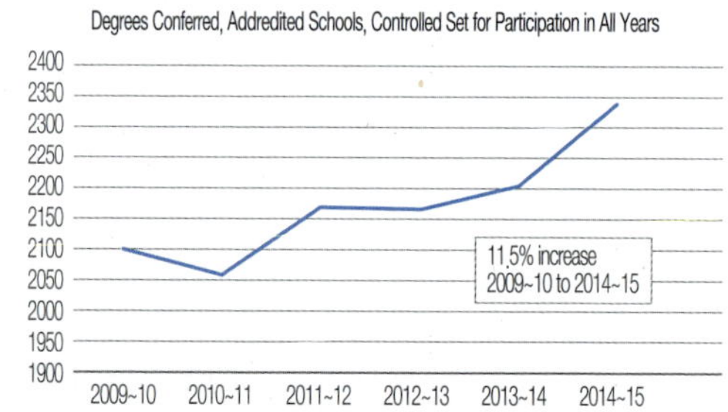

Enrollments, All Schools

Region	Female(%)
Oceania	48
Middle East	47
Latin America & Carbbean	46
Asia(excl Near & Middle East)	41
Canada	39
Europe & Near East	39
United States	37

출처 AACSB Collaboration survey 2015-2016.

그림 8 지역별 박사과정생 증가율

보듯이 국가별로 보면, 선진국보다 개발도상국 여성의 수가 더 크게 증가하고 있는데, 아시아는 선진국에 가까운 수치를 보이고 있어 앞으로의 추세를 지켜봐야 한다. 하지만 산업계부문 박사가 더 늘어난다면, 아무래도 당분간은 여성보다는 남성이 더 증가할 것으로 예상된다.

비즈모델

모든 제도나 조직, 사업 혹은 심지어 인문학이나 예술과 철학도 사회가 원하는 수준을 만족시킬 수 있어야 연속성을 갖게 되어 그 일을 하는 사람들이 보상을 받게 되고, 또 하고 싶어 하는 사람들이 늘어나게 된다.

경영교육 비즈모델의 핵심 구성요소는 교육시스템을 운영할 자금의 원천, 교육의 대상과 그들이 배우고자 하는 내용, 교육방법, 경쟁자 등이다. 국가마다 정책적으로 지원하는 산업들도 있지만, 대부분의 산업은 시장논리에 따라 자금의 원천이 결정된다. 교육의 경우에는 단순히 시장논리에 따라 결정되기보다는 그 효과가 장기간에 걸쳐 나타나기 때문에 국가나 지역사회가 원하는 인재를 육성하는 교육과정을 우선적으로 원하는 경우도 많다. 예전에는 경영학에서 우수한 인재를 많이 배출한다고 이유로 국가에서 경영교육을 지원해 주기도 했으나, 지금은 사회적 지원을 받지 못하는 상황이다.

결국 학교는 등록금의 수입에 의존해야 하는데, 특히 우리나라는 전통적으로 정부나 사회의 학교지원이 서구사회에 비해 턱없이 부족했다. 정부나 연구재단의 자금은 목적자금이거나 특정정책에 근거하여 연속성이 적어서 안정적이고 근본적인 변화를 위해 사용하기에는 어려움이 많다. 항상 눈에 보이는 성과를 내야 하는 생산적이지 못한 행정적 노력이 필요했고 동일한 사업자금이라 할지라도 시간이 지나면 시대상황에 맞춰 성과지표를 바꿔야만 했다. 대학이 자율적으로 근본적인 변화를 준비할 수 있는 재원이 필요하다. 그림 9 에서는 지역별 경영대학의 등록금과 비학위수익과정의 수입, 정부기관이나 외부기관의 연구자금이나 기부비율을 보여주고 있다.

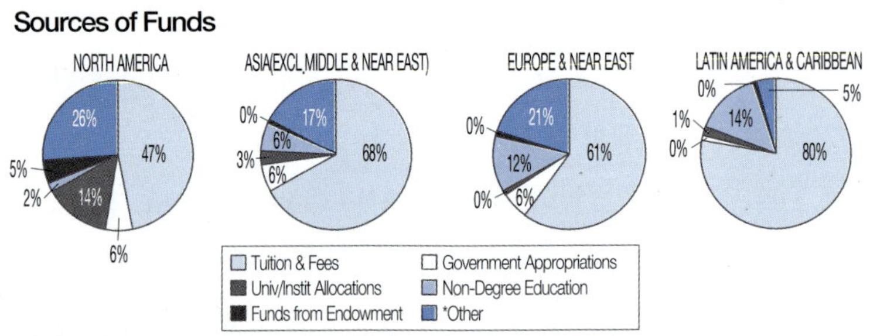

출처 AACSB Collaboration survey 2015-2016.

그림 9 지역별 경영대학의 등록금의존율

사실상 재학생들에게 보다 많은 혜택을 제공해야 하기 때문에 등록금에만 너무 의존하게 되면 미래를 위한 투자보다는 강의 중심의 대학이 될 수밖에 없다. 우리나라는 등록금의존율이 높으면서도 교수들은 연구 중심의 업적으로 평가받기 때문에 불균형을 이루고 있다. 학교가 새로운 교육에 투자하기 위해서는 재학생들을 위해서 사용해야 할 등록금 이외에 안정적인 재원이 있어야 하는데, 기본적으로는 동문들의 기부나 학교가 투자한 기술과 기업으로부터의 자금이 필요하다. 그러므로 경영대학도 안정적인 수익이 나고 산학이나 학생들에게 실무경험도 줄 수 있는 방안을 강구해야 할 것이다.

미래 대학의 비즈모델을 생각해 보기 위해서는 백지상태에서 생각해 볼 필요가 있다. 대학이 과연 필요할까? 이제 대학은 굳이 필요하지 않다는 이야기도 많이 나온다. 우리나라의 최근 통계를 보면 대학을 진학할 수 있는 청소년들의 수가 급격하게 줄어들고 있고, 더 나아가서 대학을 진학하려는 청소년들의 비율도 역시 줄고 있다. 즉, 현재 대학의 비즈모델은 지속가능성이 없다고 생각된다.

그렇다면 대학이 하던 교육은 필요 없는 것일까? 그렇지는 않다. 청소년들은 고등교육을 받아야 하고, 사회에서도 이를 원하고 있다. 하지만 모든 청소년들이 고등교육을 받을 필요는 없다. 지금까지 대학을 가려고 했던 이유는 돈을 많이 버는 안전하고 편한 사무직을 선호했기 때문이다. 하지만 이제는 표준화된 작업을 하는 사무직은 더 이상 좋은 직업이 되지 못하고 있다. 즉 창의적이지 못한 고등교육의 흉내만 내는 대학교육은 줄어들고, 표준화된 사무직이 아닌 경험으로 차별성은 만들어 내는 교육이 필요하다.

앞으로는 진정한 고등교육을 받고 싶어 하는 소수의 학생들을 위한 교육기관과 교수진, 또 이들을 위한 재원이 보다 다른 차원에서 준비되어야 할 것이다. 단체식 교육이 아닌 personal care로서 사회가 요구하는 높은 봉사정신과 인성, 자질과 능력을 갖출 수 있도록 교육해야 할 것이다. 어떻게 보면 겉모습에서는 현재의 대학교육과 유사하다고 볼 수 있지만, 규모가 작은 상태에서도 운영될 수 있는 방안을 찾아야 한다. 과거 귀족학교나 유명사립 혹은 국립학교처럼 되지 않기 위해서는 사회적으로 졸업

#1 reservation among global prospective students: Monet & Debt

Tuition	APAC: 2-Year FT MBA	Europe: 1-Year FT MBA	US: 2-Year FT MBA
<$40k	**70%**	40%	13%
40k to 79k	30%	**56%**	**38%**
80k to 119k	0%	4%	**37%**
120k+	0%	0%	11%

As a result…

- New financing sources
- Double debt calculations
- ROI questions

출처 AACSB Collaboration survey 2015-2016

그림 10 지역별 MBA의 등록금 비교

생에 대한 임금 및 신분구조가 바뀌어야 할 것이다.

보다 많은 다수의 청소년들 역시 하나의 물리적인 장소에서 표준화된 형태로 이루어지는 단체식 교육이 아닌 온라인교육과 현업에서의 적응교육 및 사회성 교육 등을 받을 수 있어야 할 것이다. 즉, 현재의 대학이 제공해 주지 못하는 이러한 교육을 제공할 수 있는 교육조직이 필요하다. 교육비도 경쟁력이 있어야 하고, 빠르게 변하는 수요도 감당해야 하며, 융통성 있는 과정운영과 personal care까지 제공해야 한다.

그림 10 에서는 지역별 MBA의 등록금을 비교하고 있는데, 지역별 경제상황을 고려해 보면 우리나라의 등록금수준은 아시아 평균보다 조금 높은 상태라고 할 수 있다. 특히 등록금은 학생들이 대학교육을 받지 않으려 하는 중요한 이유 중 하나이다. 경영대학의 가장 큰 수입원이었던 MBA의 경우, 투자한 등록금만큼 졸업 후 좋은 연봉의 직업을 가질 수 없다는 이유로 학생 수가 점차 줄어들고 있다. 그러므로 대학교육은 다양한 지식자원과 경험으로만 얻을 수 있는 지혜를 전달하고, 사회에 적응하

는 능력을 가치 있게 제공할 수 있어야 한다. 영국 혹은 유럽식의 직업별 혹은 특정기업별 특화학교제도를 우리나라 실정에 맞추는 것도 좋은 아이디어가 될 수 있을 것이다.

여기서 더 나아가 평생교육의 개념을 생각해 보아야 한다. 취미생활의 발전된 형태로서의 성인교육뿐만 아니라 두 번째 직업을 위한 교육이나 개인사업을 하다 취직하는 경우, 혹은 취직했다가 개인사업을 차리는 경우 등 사회가 발전하면서 생길 수 있는 다양한 인생경로에 필요한 교육을 제공하는 것이 또 다른 경영교육의 비즈모델이 될 수 있다. 예를 들면, 다양한 제2의 직업교육, 노후설계에 맞춘 자금관리교육이나 새로운 생활형 기업이나 협동조합형성 교육 등도 있을 수 있겠다.

성인뿐만 아니라 청소년들의 위한 평생교육도 중요하다. 어릴 때부터 경제관념을 가르치듯이 미래 직업을 위한 선행학습도 가능할 것이다. 유럽의 경우처럼 특정산업이나 회사에 맞춤형교육을 일찍부터 제공하는 것이 좋은 방법일 수 있다. 단지 기능이나 기술교육뿐만 아니라 직업에서 필요로 하는 인성이나 태도, 가치관 등을 어릴 때부터 교육하는 것이다. 단, 경쟁을 이겨내고 최고수준에 이르기 위해 자신의 한계를 극복해 나가는 능력도 같이 교육해야 할 것이다.

그러나 이를 현재의 대학시스템을 확장시켜서 이루러져 하기보다는 가장 잘 할 수 있는 교육조직이나 시스템을 설계하는 방법이 더 효과적이라고 생각한다. 현재 우리나라와 같이 정책적으로 통제하고 관리하기 용이한 일관된 구조와 역할을 지닌 대학이 아니라, 다양한 교육체제가 만들어져야 한다. 교육의 대상과 목적에 따라서 펀딩방법도 다를 것이며, 강사와 교육기간 및 교육방법뿐만 아니라 교육의 성과나 평가방법도 다양해져야 할 것이다. 교육체제에 대한 최종평가는 졸업생들이 사회에서 어떤 활동을 하는지에 따라서 결정될 것이다. 다양한 교육체제나 기관들이 늘어나면, 정부에서는 이러한 교육체제들에 대한 정보를 전 국민에게 정확히 알려주는 역할을 해야 한다. 그에 따라 이들을 종합해서 알려주는 매체들과 함께 이를 객관적으로 비교할 수 있는 다양한 인증절차도 생겨날 것이다.

사회가 발전하면서, 교육도 큰 변혁을 앞두고 있다. 학생이 자신에게 맞는 교육기관을 열심히 찾아 어디서 교육받을지 결정하고, 스스로의 결정을 믿고 책임지며, 열심히 노력하는 사람에게 좋은 결과를 낼 수 있게 해주어야 한다. 물론 실수를 하거나 적극적이지 않은 학생들에게도 자기개발을 할 수 있는 기회를 끊임없이 제공하는 교육체제들도 필요하다. 이를 통해 미래를 이끌어갈 우리나라의 다양하면서도 뛰어난 여러 가지 교육체제들로 이루어진 고등기업교육시스템을 기대해 본다.

저자 약력

김 훈

서강대학교 경영학과(경제학 부전공)를 졸업하고 채서일 교수님을 지도교수로 고려대학교에서 마케팅 전공의 경영학 석사와 박사를 받았으며 세명대학교 경영학과에 재직 중이다. 제일제당과 삼성경제연구소에서 경영 실무를 경험하고 미국 Oakland University에서 연구를 수행하였으며 JGSMS의 편집자로도 활동하고 있다. 마케팅 이론의 현실 적용에 큰 관심을 가지며 마케팅 전략과 도시마케팅, 마케팅 사례 개발 및 인문학과 경제 이론의 마케팅과의 연계, 중국 마케팅과 비교문화 연구 등이 주된 연구 분야로 한국적 마케팅의 틀 모색에 고심하고 있다.

김주영

고려대학교 경영대학을 졸업하고, 고려대에서 채서일 교수님 지도하에 마케팅전공으로 경영학 석사를 받고 박사과정을 이수하다가 미국 University of Michigan, Ann Arbor에서 마케팅전공으로 박사학위와 통계학 석사를 받았다. 한국에 와서는 국민대학교 경영대학 교수를 하고, 지금은 서강대학교 경영대학에 재직 중이다. 연구 분야는 psychometric 연구와 선택이론 및 유통연구와 통계적 방법론을 통한 전략연구 등으로 다양한 분야에 관심을 가지고 있다. 기아자동차와 신세계백화점, 에스콰이아 등 국내기업들의 자문 및 사외이사를 하였고, 전 세계 경영대학의 Honor Club인 Beta Gamma Sigma의 Board member로도 활동을 하고 있다.

고인곤

고려대학교 경영대학을 졸업하고, 고려대에서 마케팅전공으로 경영학 석사를 취득한 후, 벤처캐피털 업계에서 근무하며 투융자 업무를 수행하였다. 다년간의 실무경력을 쌓은 후, 다시 학업을 시작하여 채서일 교수님 지도하에 박사학위를 취득하고 지금은 강남대학교 글로벌 경영학부에 재직 중이다. 다수의 코스닥시장 등록실적이 있으며 현재는 중소기업청과 한국표준협회, 중소/벤처기업 등에서 경영자문 및 심사, 강의활동을 하고 있다. 연구관심 분야는 마케팅 분야에서는 지식경영과 럭셔리 마케팅전략, 공유경제 등이며, 중소/벤처기업 분야에서는 사업계획이나 여성/가족기업, 벤처캐피털의 투자효과 등이다.

이성호

고려대학교 경영대학을 졸업하고, 고려대에서 채서일 교수님의 지도하에 마케팅전공으로 경영학 석사과정을 이수하다 미국 University of Wisconsin-Madison에서 MBA, University of Illinois at Urbana-Champaign에서 마케팅전공, 소비자심리학부전공으로 경영학 박사학위를 받았다. 일리노이대학교에서 학생들을 가르쳤으며, 한국에 와서는 삼성경제연구소의 수석연구원, 박사학위과정 전에는 제일기획에서 근무한 바 있다. 1996년부터 서울시립대학교 경영학부 교수로 재직하고 있으며, 주된 관심분야는 마케팅전략, 브랜드 및 고객자산관리이다. 최근에는 innovation과 entrepreneurial marketing 분야에 대한 연구와 강의노력을 기울이고 있다. 이러한 노력은 국제/국내 저명학술지에 실린 많은 논문에 반영되어 있다. 학술 및 교내봉사활동 외에 다양한 기업에 대한 경영교육활동과 자문활동도 활발히 수행해오고 있다.

김재환

현재 고려대학교 경영대학 교수로 재직 중이다. 고려대학교 경영학과를 졸업, 동 대학원에서 마케팅 전공을 경영학 석사를 마쳤다. 이후 University of Iowa 통계학 석사를 거쳐, Ohio State University에서 경영학 박사를 취득하였다. University of Colorado at Boulder 경영대학에서 조교수 재직 시 마케팅분석론, 마케팅관리를 강의하였다. 주 관심분야는 데이터기반 마케팅 의사결정을 위한 모델링 연구이다.

박정은

고려대학교 영어영문학과를 졸업하고, 고려대에서 채서일 교수님 지도하에 마케팅전공으로 경영학 석사를 받고 박사과정을 수료하였고 미국 University of Alabama에서 마케팅전공으로 박사학위를 받았다. 이후 University of New Hampshire에서 교수로 4년간 재직하였고, 한국에 와서는 이화여자대학교 경영대학 교수로 재직하고 있다. 연구 분야는 마케팅 전략, 영업 전략 그리고 B2B 마케팅 및 유통/소매 등의 분야에 관심을 가지고 있다. 두산그룹의 오리콤의 사외이사를 하였고, 롯데 삼성, LG등의 자문 및 교육프로그램을 진행하였다. 현재 한국마케팅 학회의 Asia Marketing Journal의 편집장을 맡고 있고, 한국 유통학회의 부회장 및 사무국장을 역임하고 있다.

김성진

경북대학교 경영학과를 졸업하고, 동대학원에서 마케팅 전공으로 경영학 석사학위를 취득하였다. 이후 고려대학교에서 채서일 교수님 지도하에 경영학 박사학위를 받은 후, 미국 University of Alabama에서 박사 후 과정 겸 경영경제연구소 연구원으로 재직하였다. 현재는 서울여자대학교 경영학과 초빙교수로 재직 중이다. 연구 분야는 기업의 사회적 책임, 마케팅 전략, 유통전략 등의 분야에 관심을 가지고 있다. LG화학, 롯데제과, 어린이재단, 중소기업진흥공단, 중소기업연구원, 서울특별시 등을 대상으로 다수의 교육, 자문 및 프로젝트를 수행하였으며, 연구 결과들은 Asian Marketing Journal, 유통경영학회지, 상품학연구 등 다수의 학술지에 게재되었다.

장우정

고려대학교 독어독문학과를 졸업하고, 고려대에서 채서일 교수님 지도하에 마케팅전공으로 경영학 석사를 받고 박사과정을 이수하다가 미국 University of Alabama, Tuscaloosa에서 마케팅전공으로 박사학위를 받았다. 미국의 Illinois State University에서 마케팅 교수로 4년간 재직 후, 현재는 서울시립대학교 경영대학에 재직 중이다. 연구 분야는 마케팅 전략, 특히 기업의 고귀한 자원인 고객을 어떻게 효과적으로 활용하여 마케팅 성과를 향상시킬 수 있는지에 집중되어 있다. 구체적으로 기업의 신제품 개발 과정에서의 고객 참여와 고객관계관리를 통한 마케팅 성과 향상에 많은 연구를 진행하고 있다. 이러한 연구 노력은 Journal of Marketing을 포함한 다수의 저널에 게재되었다.

김모란

고려대학교 경영대학을 졸업하고, 동대학원에서 마케팅 전공으로 경영학 석사학위를 취득하였다. 이후 미국의 조지아 주립대학교(University of Georgia)에서 경영학 박사학위를 받은 후, 뉴욕 주립대학교(State University of New York)에 교수로 임용되었다. 현재는 귀국하여 한국의 울산과학기술원(UNIST)에서 경영학부 교수로 재직 중이다. 온라인 데이터베이스 마케팅, 소셜 미디어 마케팅 전략 등의 연구 주제에 관심을 갖고 있으며, 특히 소비자와 마켓에 대한 빅데이터를 정확하게 분석하고 이를 기업의 마케팅 전략에 활용하는 방법을 연구한다. BC카드와 김앤장 등 국내 기업들과 연계하여 빅데이터와 텍스트 마이닝 프로젝트 및 자문 업무를 수행하였고, 현재 한국마케팅학회와 마케팅과학회의 이사로 활동 중이다.

저자와의
협의하에
인지생략

마케팅의 미래준비
(Preparing for the Future of Marketing)

2017년 6월 7일 초판 인쇄
2017년 6월 14일 초판 1쇄 발행

저 자 : 이성호 · 장우정 · 김재환 · 김모란 · 고인곤 ·
박정은 · 김성진 · 김훈 · 김주영
발행인 : 정광식
발행처 : **비앤엠북스**
서울특별시 금천구 가산디지털1로 70 B1-103
등 록 2004. 12. 29. / 제313-2004-00298호
전 화 2627-5710~13, 팩스 2627-5720
홈페이지 www.대학교재.net
이 메 일 bnmbook@daum.net

가격 20,000원 ISBN 978-89-6821-064-8